KB261757

삼성전자
3.0
이야기

삼성전자
3.0
이야기

초판 1쇄 인쇄 | 2011년 4월 10일
초판 1쇄 발행 | 2011년 4월 15일
엮은이 | 이채윤
펴낸이 | 조종현
펴낸곳 | 북오션

종 이 | 페이퍼릿
출 력 | 푸른서울
인 쇄 | 광문인쇄
출판신고번호 | 제313-2007-000197호

주 소 | 서울시 마포구 서교동 468-2번지
이메일 | bookocean@naver.com
전 화 | (02)322-6709
팩 스 | (02)3143-3964

ISBN 978-89-93662-34-4 (13320)

*책값은 뒤표지에 있습니다.
*잘못 만들어진 책은 구입하신 서점에서 교환해 드립니다.

북오션은 책에 관한 아이디어와 원고를 설레는 마음으로 기다리고 있습니다. 책으로 만들고 싶은 아이디어가 있으신 분은 이메일(bookrose@naver.com)로 간단한 개요와 취지, 연락처 등을 보내주세요. 머뭇거리지 말고 문을 두드리세요. 길이 열릴 것입니다.

삼성전자 3.0 이야기

이채윤

북오션

삼성전자의 시작

> 기업가는 허영심이 매우 강하고 지극히 욕심이 많다. 그 때문에 의외의 위험에서도 태연하다. 그리고 이 위험을 정신적으로 극복하기 위해 사물을 여러 각도로 골똘히 생각하지 않을 수 없는 것이다. 손을 뺀다는 것은 생각할 수 없다. 성공은 철저한 사고와 최대의 위험을 짊어질 각오에서 탄생한다.
>
> – 다나카 쓰요시

2009년, 삼성전자는 매출 136조 원과 영업이익 10조 9,000억 원을 달성하며 세계 최고의 전자 기업으로 등극했다. 그리고 2010년에도 매출 153조 원과 영업이익 17조 원이란 사상 최대의 실적을 올리면서 1위 자리를 놓치지 않았다. 그동안 세계 전자 업계를 재패해오던 미국 HP(휴렛팩커드)와 독일 지멘스는 각 1,260억 달러(약 151조 원), 997억 달러(약 120조 원)의 실적을 올리며 2위와 3위로 밀려났다. 삼성전자는 매출 규모뿐만 아니라 영업이익에서도 131억 달러(약 15조 7,000억 원)에 그친 미국 GE(제너럴일렉트릭)를 처음 넘어섰다.

또한 삼성전자는 미국 경제주간지 〈비즈니스 위크〉와 세계적인 브랜드 컨설팅 업체 인터브랜드가 발표한 '글로벌 100대 브랜드(Best Global Brands)' 순위에서 19위를 차지했다. 2003년 20위권대에 진입한 이후 6년 만에 사상 처음으로 10위권대로 진입한 것이다.

삼성전자가 처음 탄생할 때 누구도 지금과 같은 세계적 브랜드가 되리라고는 생각지 못했다. 아니, 그렇기는커녕 삼성전자는 탄생하지도 못했을 뻔한 회사였다.

필자는 삼성전자란 브랜드 탄생의 산고 과정을 살펴보는 것으로 이 책을 열고자 한다.

삼성전자 탄생의 비화(秘話)를 살펴보는 것은 오늘날의 삼성전자를 이해하는 데 무척 도움이 되고 재미도 있을 것이란 판단 때문이다.

삼성전자의 탄생 비화는 1960년대와 70년대 경제개발 시기 대한민국이란 나라가 걸어온 길과 발자취를 함께한다.

삼성전자의 탄생

삼성전자의 탄생은 당시 시대상과 아주 밀접하게 맞물려 있다.

한마디로 말해서 삼성전자는 축복 속에서 태어난 회사가 아니다.

삼성그룹은 50년대 말부터 이미 국내 최대 재벌로 군림하고 있었다. 그런데 61년, 5·16 군사정변을 통해 최고 권력자가 된 박정희는 삼성을 탐탁지 않게 여겼다. 박정희는 소비재 사업과 경공업 분야에만 치중한 이병철을 돈벌이만을 추구하는 장사치 정도로 치부했다.

군사정변 직후 이병철은 소위 '사카린 밀수사건'으로 알려진 정치·경제적 사건에 휘말려서 우여곡절 끝에 자신의 최대 야심작이었던 '한국비료'를 국가에 헌납해야 했다. 그리고 정치권력 쪽과는 '불가근불가원(不可近不可遠) 원칙'을 세우고 오로지 사업에만 전념했다.

박정희는 이병철을 '호사스럽게 자라서 사치스럽게 사는 사람', '돈벌이 되는 소비재 장사나 하는 사람'으로 치부하고 있었고, 이병철은 이병철대로 박정희를 '일본인이 세운 만주사관학교를 나온 정체를 알 수 없는 군인', '좌익으로 잡혔을 때 동지들을 배신한 기회주의적이고 신의 없는 사람'으로 여기고 있었다. 실제로 박정희 정권 시절에 이병철은 다른 경제인들이 다 가는 청와대 신년 인사에 한 번도 간 적이 없었다. 나이가 많은 자신이 어린 박정희에게 문안 인사를 할 수 없다는 이유에서였다.

경제개발에 전념하고 있던 대통령 박정희는 60년대 중반부터 전자 산업에 많은 관심을 보이기 시작했다. 그가 전자 산업에 초미의 관심을 가지고 빠져든 것은 훗날 '한국 전자공업의 대부'라고 불리게 되는 김완희, 당시 콜롬비아대학 전자공학과 교수를 만난 이후부터다.

김완희 박사는 '전자공학계의 피타고라스 정리'라고 할 정도로 유명한 '브루니의 정리'에 대한 예외를 발견한 박사 논문을 발표해서 일약 전자공학계의 스타가 된 사람으로 콜롬비아대학으로부터 종신 교수직을 보장받을 만큼 세계적인 권위를 가진 공학자였다. 그는 아이비리그 최초의 한국인 종신 교수였다.

김완희는 1926년 경기도 화성군 오산에서 태어나서 경기중학교를 졸업하고 서울대학교 공과대학에서 전기공학을 전공했다. 그는 1953년 미국 유타대학 대학원에서 박사과정을 밟으면서 그 유명한 학위논문을 발표했던 것이다. 김완희의 박사 논문은 전자공학계의 기초를 발견한 것으로서 전자회로 설계에 중요한 표준으로 자리 잡았다.

박정희는 그에 대한 정보를 접하고는 간곡하게 한국으로 초청했다.

1967년 9월, 한국을 방문한 김완희는 국내의 전자 관련 연구소와 공장을 직접 둘러본 후, 청와대에서 두 시간 동안 한국 전자공업 육성에 대한 브리핑을 하였다. 김완희는 트랜지스터도 제대로 만들지 못하는 한국 전자 업계의 현실을 날카롭게 지적하면서 한국형 전자 산업 육성 방안을 제시했다.

전자공업은 다른 산업에 비해 첨단 기술에 대한 이해 없이는 정책 수립은 물론 지원도 어려운 분야입니다. 정책을 주도하는 사람들은 세계 시장을 선점하고 리드해가는 기술을 이해하고 그 진행 방향을 짐작하여 정책에 충분히 반영시켜야 하거든요. 그러지 않고서는 세계 시장에 발을 붙일 수가 없습니다…….

김완희의 해박한 지식과 식견에 감동한 박정희는 두 시간 동안 꼼짝도 하지 않고 경청했다. 김완희는 김완희대로 대통령의 그러한 자세에 감동했다. 김완희는 나중에 박정희가 정말 꼼짝도 않고 차트에서 눈을 뗀 적도 없었다고 기억했다. "교단에서 많은 학생들을 가르쳐왔지만 대통령만큼 집중해서 듣는 학생을 본 적이 없었다"라며 "보고를 하면서 보니 다소 전문적인 내용까지도 대통령은 이해하는 듯했다"고 이야기했다.

브리핑이 끝나고 식사를 하는 자리에서 박정희는 뭔가를 꺼내더니 탁자 위에 놓으면서 이렇게 말했다.

"김 박사, 미국 모토로라가 한국에서 이걸 만들겠다고 하면서 공장 부지 매입을 허가해달랍니다."

탁자 위에는 작은 트랜지스터가 올라가 있었다.

요 쪼매난(조그마한) 것이 한 개에 20에서 30달러나 하고, 손가방 하나면 몇 만 달러가 된다고 합디다. 그런데 우리는 지금도 면직물밖에 수출하지 못하니……. 차로 한 곳간을 채워도 손가방 하나만큼도 못하니……. 내, 이래서 김 박사를 보자고 한 겁니다. 김 박사, 제발 이 나라의 앞날을 위해서 전자공업을 제대로 육성할 수 있는 방도를 제시해주시오. •

박정희는 김완희의 학식과 전문적인 경험을 국내 전자공업과 과학 기술 육성에 활용하려 했고 김완희는 박정희의 청렴한 성격과 강직한 지도력에 끌렸다. 그 자리에서 김완희는 경제·산업·정치·사회·과학 기술 등에 관해 솔직히 또 소신 있게 진언하면서 트랜지스터도 제대로 만들지 못하던 한국의 전자 업계를 일으켜 세울 한국형 전자 산업 육성방안을 제시했다.

박정희는 전적으로 김완희의 의견에 동의했고, 주무 관계자들에게 신속한 지시를 내렸다.

약 8개월에 걸쳐 국내외 200여 명에 달하는 전문가의 협조와 도움으로 1968년 5월 드디어 〈전자공업진흥을 위한 조사 보고서〉가 완성됐다. 골자는 전자공업진흥원 설립 방안과 이를 법적으로 뒷받침해줄 전자공업진흥법을 제정하자는 것이었다. 이 보고서는 영문으로 작성되었고 총 4권, 1,000여 쪽에 달하는 방대한 분량이었다. 한글로 번역해 차트용으로 요약하는 데만도 2주일이나 걸렸고, 1968년 8월 1일 대통령에게 보고됐다.

보고서에 따르면 전자공업진흥원의 역할은 시제품 등 신제품을 직접 만들어 기업에 넘겨주며 해외시장 개척에 나서는 것이었다.

한국 전자공업 개화 시기에 이 보고서는 전자 업계에서 일종의 복음서로 통했다. 이 보고서는 전자공업진흥법 제정을 포함해 상공부, 과기처 등 정부 부처의 정책 입안 과정에 지대한 영향을 미쳤으며, 기업인들에게는 전자공업 기반을 구축하고 전자공업에 대해 신규 투자를 하는 데 있어 방향타 역할을 했다.

　1968년 12월 28일, 정부는 김완희가 제출한 〈전자공업진흥을 위한 조사 보고서〉를 바탕으로 전자 산업 기반을 마련하기 위한 전자공업진흥법을 제정한다. 김완희는 초창기 전자 산업의 효율적인 육성을 위해 전자공업진흥법을 제정한 후 제2차 경제개발 5개년 계획이 완료되는 1971년까지 이를 전담할 기관을 설립해야 한다고 건의했다.

　한편 김완희는 상공부와 청와대 비서실에서 짠 스케줄에 따라 경제계 대표들을 만났다. 그의 역할은 한국 경제인들에게 전자 산업에 투자하도록 권유하는 것이었다. 이는 박정희의 요청 때문이었다. 당시 박정희는 전자 산업에 심취해 있어서 성심여자고등학교 3학년에 재학 중이던 큰딸 박근혜를 서강대학교 전자공학과로 진학시킬 정도였다.

　박정희는 김완희가 한국에 머물면서 전자공업 진흥을 위해 일해 줄 것을 간곡하게 부탁했으나 김완희는 콜롬비아대학과의 관계를 정리할 수 없었기에 훗날을 기약해야만 했다.

　김완희는 박정희의 열정과 진심에서 우러난 신뢰에 대한 보답으로 미국으로 돌아간 후에도 박정희에게 수시로 편지를 보내 한국 전자 산업에 대한 조언을 아끼지 않았다. 그 후, 10년 동안 130여 통의 서신 왕래가 이어졌고, 박정희는 편지를 일일이 읽고 난 후 메모까지 붙여 해당 부서에 지시를 내렸다.

　훗날 김완희는 박정희의 권유로 귀국해서 제2대 한국전자공업진흥회장(1978~1982년)에 취임하였다. 그는 국내 전자 산업을 설계한 장본인으로서 30년간 전자 산업을 한국 최고의 수출산업으로 키워내는 데 큰 기여를 하였다.

사업 감각이 빠르고 시대 변화를 기민하게 포착할 줄 아는 사업가 이병철이 그 기회를 놓칠 리 없었다. 사실 이병철은 60년대 중반부터 전자 산업에 많은 관심을 갖고 있었다. 1968년 2월, 이미 이병철은 삼성물산에 개발부를 설치하고 전자 사업에 대한 신규 투자 문제를 검토하도록 지시했다. 사실 일본통인 이병철이 흉금을 털어놓고 지내는 일본 측 지인들 중에는 전자 업계의 인물들이 많았다. 이병철은 해마다 정초가 되면 일본으로 건너갔다. 일본의 앞서가는 기업들을 꾸준히 벤치마킹한 '도쿄구상'을 통해서 삼성을 재계 1위의 기업으로 이끌어온 것으로도 유명하다.

1967년 9월, 이병철은 한국을 방문하고 있던 김완희를 만날 기회를 만들었다. 김완희와 경기중학교 동창이자 당시 전주제지 사장인 유회춘의 주선으로 이루어진 만남이었다. 이병철은 전자 사업에 진출하려는 생각이 있다는 것을 김완희에게 알렸고, 김완희는 조용하지만 예리한 질문을 던지면서 도움을 요청하는 이병철에게 반해서 그 후, 귀국할 때마다 만나 전자 산업에 대한 의견을 듣고 성실히 자문을 해주었다. 당시 이병철이 차기 사업 분야로 '자동차' 보다 '전자'를 염두에 둔 이유가 전자는 생산품 1그램당 부가가치가 17원인 반면 자동차는 1그램당 3원 몇십 전에 불과해서였다는 재미있는 이야기가 전해오기도 한다.

이병철은 미국, 일본 전자 업계와 제휴를 모색하기 시작하면서 수원 매탄벌에 당시로써는 엄청난 규모인 대지 45만 평을 확보했고 경남 울주에도 70만 평의 공장 부지를 확보했다. 삼성이 대규모 공장 부지를 매입하자 사회 일각에서는 아직 사업을 시작도 안 했으면서 턱없이 많은 땅을 사들이는 이유를 의심하기 시작했다. 삼성이 부동산 투기를 하는 것이 아니냐고 의혹을 재기했으나 이병철은 그에 아랑곳하지 않고 이렇게 답변했다.

전자 산업이야말로 수입 대체 효과도 있고 해외 수출이 모두 가능한 첨단산업이다. 일본 산요전기의 도쿄 단지가 40만 평이다. 우리는 그보다 한 평이라도 더 커야 한다. 전자 산업은 규모의 경제가 무엇인가를 보여주는 사업이다.

이 대목은 훗날 이병철이 73세의 나이에도 사운을 걸고 반도체 개발에 투자하리란 것을 예언하는 듯한다.

삼성으로서는 넘어야 할 산이 많았다. 우선 삼성이 전자 사업에 관심을 갖기 시작하자 박정희가 불편한 심기를 드러냈다.

이병철과 만나 상당한 친밀감을 느꼈던 김완희가 박정희에게 은근히 삼성의 입장을 전달했다.

"삼성이 매우 구체적으로 전자 사업을 검토하고 있는 것으로 보입니다."

그러자 박정희는 시큰둥한 반응을 보였다.

"이 회장, 그 사람은 돈 냄새를 너무 잘 맡아요. 돈 버는 일에만 매달리는 그런 사람이 힘든 전자공업을 할 수 있을 것 같소?"

그러나 1969년 3월, 삼성은 일본의 산요전기와 합작 투자 계약을 체결하고 정부에 전자사업 인가신청을 낸다. 삼성은 기존 전자 회사들의 반발을 감안해서 한국에서 TV와 라디오를 생산하되 85퍼센트는 수출하고, 15퍼센트만 내수 시장에 공급한다는 사업 계획을 밝혔다. 예상대로 기존 전자 업체들의 반발은 극심했다. 그들은 삼성의 전자 사업 진출을 극렬히 반대하며 강경 투쟁 의사를 밝혔다. 삼성은 시작도 해보기 전에 곤경에 처하고 말았다.

1969년 6월 19일, 정부는 전자공업 육성 8개년 계획안을 대대적으로 발표했다.

그러자 이병철은 적극적이고 발 빠르게 행동했다. 사업성을 검토해본 결과, 전자 산업이야말로 기술과 노동력, 부가가치, 내수와 수출 전망 등 어느 모로 보나 우리나라의 경제 단계에 꼭 알맞은 산업이라는 결론을 내린 그는 정부 계획안이 발표되자 대중 앞에 잘 나타나지 않는 관례를 깨고 〈중앙일보〉에 '전자공업의 오늘과 내일'이라는 제목의 칼럼을 3회에 걸쳐 발표했다.

전자 산업은 그 영역과 기술혁신의 속도가 다른 분야에 비할 바가 아니어서 부단한 국제 경쟁을 감수해야 하는 어려운 사업입니다. 하지만 전자 산업은 부가가치가 높아 우리나라에서 꼭 해야 할 사업입니다. 현재 삼성이 계획하고 있는 사업이 순조롭게 진행되면 2년 후에는 연간 생산고 7,000만 달러, 원화로는 210억 원에 달하게 되어 이 중 90퍼센트를 수출하게 될 것입니다.

이 칼럼에서 이병철은 전자공업의 시대적 당위성을 설명하고 삼성이 전자 사업을 시작할 것이라고 천명한다. 이병철은 삼성이 수출을 겨냥하고 전자 산업에 진출한다는 명분을 정확히 밝힌 것이다.

삼성전자와 LG전자

1969년 6월 26일, 전자 업체들의 모임인 한국전자공업협동조합 산하 59개 전자 업체는 일제히 들고 일어났다.

"삼성이 추진하고 있는 전자공업 합작 투자 사업은 전자 사업이 아니라 조립 사업에 지나지 않는다. 정부는 합작 투자를 허용해서는 안 된다."

그들은 이런 취지의 대정부건의서를 내고 삼성의 발목을 잡고 늘어졌다.

그런데 이 싸움의 막후에는 이미 10년 전인 1958년부터 전자 사업을 시작해서 막강한 영향력을 구축하고 있던 전자 업체의 '대부'

격인 금성사(현 LG전자)가 버티고 있었다. 삼성의 도전장에 선발 업체인 금성사가 제동을 걸고 나선 셈이었다.

금성사의 구인회 회장과 삼성 이병철 회장은 동향 사람으로 동창이었다. 게다가 1957년 구인회의 삼남 구자학과 이병철의 차녀 이숙희가 혼인을 한 사돈 관계이기까지 해서 무척 절친한 사이였다. 이병철은 혼사 전에 제당업을 함께하자고 제안했을 정도로 양가의 관계는 좋았다. 그런데 구인회는 이병철이 자신의 '텃밭'인 전자 사업에 뛰어들겠다고 나서자 꽤나 큰 충격을 받았다.

이병철의 장남 이맹희의 자서전 『묻어둔 이야기』(청산, 1993)에는 이런 이야기가 나온다.

그날 야외 테이블에서 아버지와 구 회장님, 그리고 내가 앉아서 커피를 마시며 이런저런 담소를 나누다가 아버지가 전자 사업에 대해서 이야기를 꺼냈다.

"구 회장, 우리도 앞으로 전자 사업을 하려고 하네……." 지금도 분명히 기억하고 있지만 아버지는 꼭 이렇게 이야기했다. 아버지는 별다른 생각 없이 지나가는 투로 이야기를 던졌는데 반응은 예상치 못하게 터져 나왔다. 구 회장은 벌컥 화를 내면서 "남으니까 하려고 하지!"라고 느닷없이 쏘아붙였다. 즉, 이익이 보이니까 사돈이 하고 있는 사업에 끼어들려고 하지 않느냐는 뜻이었다. 나와 아버지로서는 전혀 예상할 수 없었던 반응이었다. 아직 전자 사업을 시작한 것도 아닌 시기에 설마 불만이 있다 하더라도 그렇게 화를 낼 줄은 상상도 하지 못했었다. 그때까지는 퍽 친하게 지내셨던 두 분은 이 일로 아주 서먹서먹해졌다.

나는 그 후로도 아버지가 그토록 난감해하고 곤란해하는 모습을 본 적이 없다. 아버지는 구 회장이 화를 내자 아무런 말도 못하고 그저 민망해하더니 자리에서 일어났다. 그 일로 두 분 사이는 아주 멀어졌다. 그 후 매제 구자학이는 결국 이 일로 처가격인 삼성의 일을 하다가 금성사로 돌아갔다.

또 구인회의 전기를 보면 삼성의 전자 사업 진출에 섭섭함을 표시하는 대목이 여러 번 등장한다. 구인회는 장남인 구자경 전 LG그룹 명예회장에게 이병철에 대한 서운한 감정을 이렇게 말했다.

그쪽에서 꼭 그래 하겠다면, 서운한 일이지만 우짜겠노. 서로 자식을 주고 있는 처진데 우짜노 말이다. 한 가지 섭섭한 점이 있다면 금성사가 지금 어려운 형편에 있는 점을 노려서 다리를 걸어 넘어뜨리자고 덤비는 것 같은 기라. 그러나 내는 내 할 일만 할란다. 나도 설탕 사업 할락하면 못할 거 있나. 하지만 나는 안 한다. 사돈이 하는 사업에는 손대지 않을 끼다. **

당시 금성사는 흑백 TV를 생산하고 있었으나 일본 제품에 비해 품질이 훨씬 떨어졌고 그나마 가격도 웬만한 월급쟁이는 엄두도 못 낼 정도로 비싸서 금성사는 판매부진으로 고전을 하고 있던 터였다.

어쨌거나 한때 우정을 영원히 간직할 것 같았던 이병철과 구인회는 삼성이 전자 산업에 진출함에 따라 돌이킬 수 없는 강을 건넜다. 이 일을 계기로 제일제당, 동양TV 이사, 호텔신라 사장, 중앙개발 사장 등 처가에서 활발한 경영 활동을 하던 구자학은 본가로 돌아가서 금성사 사장, LG반도체 회장 등을 지내게 된다.

사연이야 어찌되었든 삼성전자와 LG전자는 오늘날 한국 경제를 이룩하는 데 있어 핵심적 역할을 해온 공신들이다. 그 과정 속에서 두 회사는 서로 치열한 경쟁을 펼치는 동시에 이를 밑바탕 삼아 세계 유수의 전자 기업으로 성장했다.

이병철이 삼성물산의 전신인 '삼성상회'를 세운 것이 1938년, 구인회가 LG화학의 전신인 '락희화학공업사'를 세운 것이 1947년이다. 기업 나이로 따지면 삼성이 9년 선배지만 전자 산업은 LG전자가 오히려 10년 앞섰다. 구인회가 금성사를 세운 해는 1958년이고, 이병철이 삼성전자를 세운 해가 1969년이다.

구인회가 먹고살기조차 힘든 시절에 '망하기 십상'인 전자 사업을 삼성보다 10년이나 일찍 시작했다는 점은 오늘날 생각해보아도 놀라운 벤처 정신이 아닐 수 없다. 『LG전자 50년사』(LG전자, 2008)를 보면, 1958년 구인회는 형제들과 장남 구자경을 불러 놓고 이렇게 말했다.

우리가 언제까지 미제 PX 물건만 사 쓰고 라디오 하나 몬 맹글어 되겠나. 누구라도 해야 하는 기 안이가? 우리가 한번 해보는 기라. 몬자 하는 사람이 고생도 되겠지만서도 하다 보면 나쇼날이다, 도시바다 하는 거 맹키로 안 되겠나.

그런 점에서 LG전자의 창립은 삼성·LG 대결뿐 아니라 우리나라 산업 역사에 있어서도 매우 중대한 의미를 갖는다. LG전자와 삼성전자는 각 그룹 창립주의 굳은 결심 덕분에 탄생한 기업이었다.

삼성전자의 발전

전자 사업을 하겠다는 삼성과 죽어도 삼성의 전자 산업 진출을 막겠다는 기존 업체들 사이의 대치 상황은 지속되었다. 정부 관리들은 눈치만 살피고 있었다.

카드를 쥔 것은 박정희 대통령이었다. 결국 이병철은 박정희를 설득하기 위해서 면담을 요청했고, 청와대는 그를 불러들여서 자리를 마련했다. 이 자리에서 이병철은 전자 산업의 장래성을 설명하고 전자 산업을 국가적인 사업으로 육성해야 하며 삼성이 그 일에 앞장서게 해달라고 설득했다. 박정희는 이병철의 뛰어난 사업 수완만은 인정하고 있었던 터라 마지못해 삼성의 손을 들어주었다. 하지만 삼성이 만든 모든 전자 제품은 전량 수출해야 한다는 조건이 었다. 이병철은 울며 겨자 먹기로 그 조건을 수락했다. 그리하여 1969년 9월 2일 삼성전자에 대한 정부 인가가 났고 삼성은 그해 12 월 4일 일본 산요전기(三洋電機)와의 합작 법인인 '삼성산요전기' 의 설립등기를 마칠 수 있었다.

그렇게 해서 삼성전자는 산요전기에서 트랜지스터와 라디오, TV 기술을 배우면서 걸음마를 시작했고, 70년대 들어서면서 연간 15만 대의 흑백 TV를 생산하는 것을 비롯해서 냉장고, 세탁기 등 의 생산에 들어갈 수 있었다.

어렵게 좌판을 벌이기는 했으나 당시 선발 주자들의 텃세는 대단 했다. 라디오와 흑백 TV는 금성사가 시장을 평정하고 있었고, 냉장 고는 대한전선까지 합해서 3파전이 벌어졌다. 선풍기 시장에서는 한일선풍기와 신일선풍기가 왕자의 자리를 차지하고 있었다.

어렵사리 사업을 시작한 삼성전자는 70년대 들어서면서 자리를 잡기 시작했다. 74년 3월 냉장고, 74년 10월 세탁기, 78년 11월 전 자레인지를 본격 생산하였다.

그런데 문제는 70년대로 넘어가면서 삼성과 박정희의 관계가 더 욱 악화되었다는 점이다. 이건희는 당시를 이렇게 회고했다.

70년대에 삼성이 새 업종을 (시작) 한 게 석유화학하고 항공 두 개밖 에 없다. 그때는 박 대통령하고 사이가 나빠서 삼성이 신규사업 허가

신청을 내면 전부 퇴짜 맞을 때였다.

만약 삼성이 70년대 들어서 뒤늦게 전자 사업을 하겠다고 뛰어들었다면, 삼성전자라는 회사는 태어나지 못했을 수도 있었다.

70년대 초반까지 삼성전자는 고전을 면치 못했다. 후발 기업이라 온통 불리한 조건투성이였고 일본과의 합작 계약도 불공평해서 만성 적자에 시달렸다. 더구나 내수 판매를 하지 못하고 오로지 수출만 해야 했기에 고통은 배로 더해졌다. 이병철은 '한번 해보고 안 되면 청산해도 좋다'고 경영진에게 회사를 내맡기며 배수의 진을 쳤다.

그런데 1975년, 히트 상품 하나가 삼성전자를 회생시켰다.

삼성전자가 터트린 최초의 히트 상품은 '이코노TV' 였다. 이코노TV는 전원을 켬과 동시에 화면이 나왔다. 지금은 너무 당연한 얘기지만 당시에는 엄청난 '충격' 이었다. 그 시절 TV는 예열 과정을 한참 거쳐야 했기 때문이다. 예열이 필요 없으니 전기료도 훨씬 절약됐다. 마침 석유 파동 직후라 이코노TV는 불티나게 팔려나갔다.

이코노TV로 성장의 발판을 마련한 삼성전자는 1978년 세계 1위의 흑백 TV 생산업체로 올라섰다.

1983년, 이병철은 또 한 번 대모험을 감행했다. 바로 메모리 반도체 산업 진출 선언이었다. 여론의 반대가 들끓었다.

곁에서 이병철을 끝까지 설득한 이는 다름 아닌 아들 이건희 당시 부회장이었다. 1974년, 이건희는 비서실에서도 "사업성이 없다" 며 손사래 쳤던 한국반도체를 기어코 인수한 전력도 있었다. 삼성이 반도체 사업을 이병철의 마지막 작품이자 이건희의 첫 번째 작품이라고 말하는 이유는 여기에 있다.

반도체 사업에 뛰어들고 차근차근 성공의 열매를 거두어들이면서부터 삼성전자는 전자 기업으로서 세계에 알려졌다.

이후 삼성전자는 메모리, LCD, TV, 휴대전화 등 글로벌 시장에서 점유율 1위인 제품만 12개를 쏟아냈고 2000년대 들어서 글로벌 브랜드로서 세계적 기업으로 도약했다.

삼성 브랜드가 이처럼 짧은 기간에 세계시장에서 약진을 하게 된 데는 삼성의 제품력과 마케팅, 특히 스포츠 마케팅이 주효했다. 88 서울 올림픽 로컬스폰서를 맡은 것을 시작으로 2008년 베이징 올림픽까지 삼성은 브랜드 이미지를 전파하는 데 전력을 기울였다.

스포츠 마케팅이 빛을 발한 것은 이건희가 IOC 의원이 되고, 1998년 나가노 동계올림픽에서 무선기기 분야 공식 스폰서를 맡으면서부터이다. 그 후 삼성은 더욱 적극적인 스포츠 마케팅을 벌였고 2000년 시드니 올림픽, 2004년 아테네 올림픽의 공식후원사로 나서며 올림픽을 글로벌 마케팅의 장으로 활용했다.

또 2006년 독일월드컵 기간에는 히딩크 전 국가대표팀 감독을 광고모델로 동원해서 유럽 전역에서 축구를 테마로 한 TV, 신문, 옥외 광고를 집행하는 등 일관성 있는 광고로 프리미엄 이미지를 심었다. 근래에는 잉글랜드 프로축구 프리미어리그 명문구단 중 하나인 첼시의 유니폼에 삼성 로고가 박혀 있는 것을 볼 수 있다.

2010년 7월 5일, 일본의 주간지 〈닛케이(日經)비즈니스〉는 '삼성 최강의 비밀'이라는 제목의 특집 기사를 통해 삼성이 잘나가는 이유를 분석했다. 이 기사에 따르면 일본 기업에 비해 삼성의 경영 실적이 탁월한 것은 능력과 인재, 성과제일주의 및 그에 따른 파격적 보상체계 등에 그 비결이 있다.

이 잡지는 삼성전자의 2009년 순이익은 7,300억 엔에 달한 반면 일본의 대표 전자 업체인 소니와 파나소닉은 각각 400억 엔과 1,000억 엔 이상의 적자에 빠져 수렁 속을 허덕이고 있다고 분석했다. 또한 삼성전자의 시가총액은 약 9조 엔으로 소니, 파나소닉의 3배에 달한다고 전했다. 과거에는 일본을 쫓느라 여념이 없었던 삼성을 이제는 일본 기업들이 필사적으로 추격하는 형국이 되었다.

무엇이 이처럼 놀라운 역전 드라마를 만들어낸 것일까?

이 기사에서는 '약육강식의 경영'이 고도성장기 이후 일본에서는 사라진 반면 삼성은 약육강식의 경영을 끊임없이 추구해서 놀라운 성과를 얻어내고 있는 것이라 했다. 현재 삼성전자를 움직이고 있는 원동력은 고도로 단련된 8만 5,000명의 '삼성맨'이다.

〈닛케이비즈니스〉는 뛰어난 인재 선발과 삼성의 '혼'을 단련시키는 혹독한 사내연수, 밤낮을 잊고 업무에 몰두해야 하는 성과주의, 승진을 해야 할 때 승진하지 못하면 회사를 떠나야 하는 서바이벌 경쟁, 학벌과 문벌을 철저하게 배제하는 사내 문화, 엄정한 성과 평가와 인사 조치 등을 통해 삼성맨이 만들어지고 이들이 삼성전자의 경쟁력을 높이고 있다고 소개했다. 삼성맨은 국가 경제를 지탱하는 엘리트로 인정을 받으면서, 동시에 치열한 사내 경쟁을 통해 거액의 연봉이 보장되는 승진 코스를 밟아 올라간다. 이들은 사내 경쟁에서 살아남아야 한다는 '위기감'과 함께 자신의 노력이 결과적으로 사회와 국가를 발전시킨다는 강한 사명감도 지니고 있다는 것이다.

삼성전자의 급여는 부장급에서는 일본의 전자 업체와 비슷하지만 상위 1퍼센트인 임원이 되면 수천만 엔(약 수억 원)에서 억 엔대(약 10억 원대)로 연봉이 치솟고, 사내 최고위 임원인 이사회 임원이 되면 연봉 5억 엔에서 10억 엔에 스톡옵션도 부여돼 실질 수입은 막대한 규모가 된다. 이런 요소들 때문에 삼성전자의 사원들은 파격적 대우가 기다리는 종착지를 향해 맡겨진 분야에서 1등을 하기 위한 도전을 계속해가고 있다.

이 잡지는 여기에 글로벌 경쟁력 제고를 위한 철저한 외국어 교육과 비즈니스의 현지화도 삼성을 강하게 하는 요인이라고 분석했다.

삼성의 경영이념인 사업보국, 인재제일, 합리추구 등은 상당 부분 과거 일본 기업에서 배운 것이지만, 이제는 일본 기업들이 이를 배워야 하는 상황이 됐다.

〈닛케이비즈니스〉는 특히 목표를 향해 필사적으로 노력하는 삼

성 사원들의 열정과 자세는 일본이 잃어버린 것을 생각나게 한다고
지적하고, 특히 삼성의 '인재 만들기'는 앞으로 일본 기업들이 배
워야 할 것이라고 조언했다.

이제 삼성전자는 40살, 불혹의 나이가 되었다.

필자는 이 책에서 라디오와 흑백 TV를 만들 기술도 없어서 일본
기업의 하청을 받아 시작한 삼성전자가 세계 19위의 브랜드 파워를
자랑하는 초일류 기업으로 어떻게 성장했는가를 자근자근 일러드
리고자 한다.

2011년 봄

高城山房에서 이채윤

기업가는 기업을 구상해 그것을 실현시키고
합리적으로 운영하면서 새로운 기업을 단계적으로
일으켜나갈 때 더 없는 창조의 기쁨을 느낀다.
그 과정에서의 흥분과 긴장과 보람,
그리고 가끔 겪는 좌절감은 기업을 해본
사람이 아니고서는 알 수 없을 것이다.

– 이병철

PART 1

삼성전자와 반도체 신화

창업주 이병철

창업기

삼성그룹 및 삼성전자의 창업주 이병철은 1910년 경남 의령에서 대지주의 아들로 태어났다. 그가 처음 사업을 시작한 것은 와세다 대학을 중퇴하고 고향으로 돌아온 이듬해였다. 1년 동안 무위도식(無爲徒食)하며 칩거하던 이병철은 27세가 되던 1936년, 마산에서 협동정미소를 차리면서 사업 경험을 쌓기 시작한다. 그는 최신 도정기를 들여놓고 정미소를 하면서 도정된 쌀을 수송하기 위해서 운수회사를 차리는 한편, 식산은행에서 거액을 대출받아 부동산 사업에 진출했다. 그 결과 사업을 시작한 다음 해에 200만 평의 농지를 소유한 경남 최대의 대지주가 되었다. 그러나 그는 부동산에 지나치게 손을 대는 바람에 모든 것을 놓치는 우를 범하고 말았다. 때마침 중일전쟁이 일어나서 식산은행이 대출금 회수에 나서는 바람에 모든 것을 팔아서 빚을 갚아야 했다. 급하게 땅을 파느라 헐값에 매

매할 수밖에 없었고, 그 때문에 정미소와 운수회사까지도 정리해야
했다. 빈털터리 신세가 되고 만 것이다. 이병철은 자기 자본이 아닌
차입금으로 사업을 한다는 것이 얼마나 무서운 도박인지 절실하게
깨달았다.

이때의 쓰라린 경험은 훗날 그가 삼성이라는 대그룹을 일으키는
데 커다란 밑거름이 되었다. 그 후 그는 누구보다도 민감하게 국내
외의 정세 변화에 대처하면서 결코 무모한 투기를 하지 않고, 과욕
을 부리지 않는 철저한 합리주의적 경영자의 길을 걸었다.

후일 그는 자서전인 『호암자전(湖巖自傳)』(중앙일보사, 1986)에서
당시 무엇을 배웠는가에 대해 이렇게 언급했다.

사업은 반드시 시기와 정세에 맞춰야 한다. 그런 연후 사업을 할 때
에는 첫째 국내외 정세의 변동을 적확하게 통찰해야 하며, 둘째 과욕
을 버리고 자기 능력과 한계를 냉철하게 판단해야 한다. 셋째 요행을
바라는 투기는 절대 피해야 하며, 넷째 직관력의 연마를 중시하는 한
편 제2, 제3의 대비책을 미리 강구해둬야 한다. 만약 대세가 기울어
실패라는 판단이 서면 깨끗이 미련을 버리고 차선의 길을 택해야 한
다는 것을 절감했다.

이병철은 첫 사업에 실패한 후 절치부심하다가 실패의 기억을 털
어버리고 무대를 바꾸어서 대구에서 새롭게 출발했다. 1938년 3월

1일의 일이었다. 그는 '삼성상회(三星商會)'라는 간판을 내걸고 드디어 삼성그룹의 시작이라고 할 수 있는 사업의 첫발을 내디뎠다.

이병철은 두 번째 사업을 시작하기 전 사과, 밤 등의 청과물과 동해 방면에서 들어온 건어물, 잡화 등을 만주와 중국 일대에 수출하면 비교적 큰 자본을 들이지 않고도 수익을 올릴 수 있을 것이라고 판단했다. 그는 직접 중국 대륙을 여행하면서 면밀하게 무역업의 가능성을 검토했다. 모든 준비가 끝나자 농산물 집산지인 대구를 새로운 사업지로 선택한 것이다.

삼성상회는 그의 예상대로 순조로운 출발을 보였다. 이병철은 만주사변과 중일전쟁으로 만주와 중국 북부 지역까지 확대된 일본 경제권을 바탕으로 무역업을 하면서 기반을 잡았다. 그는 해방이 되기까지 처음 시작한 무역업에서 제분·제면업, 운수업, 부동산업, 정미업, 양조업 분야로 영역을 넓히면서 사업을 확장했다.

8·15 해방은 일제의 억압에 억눌려 있던 사업가들에게는 새로운 기회요 도전의 시작이었다. 해방 이후 미군정이 상업 활동의 자유를 보장했으므로 남한에는 각종 기업이 우후죽순처럼 생겨나 활발한 기업 활동을 벌이기 시작했다.

이병철은 이 새로운 시기를 맞아 본격적인 무역을 하기로 마음먹었다. 그는 대구에서의 사업을 정리하지 않고 당시 직원들에게 "현 사업의 경영은 모두 여러분에게 일임한다"고 말하고 1947년 5월 가족과 함께 서울로 상경했다.

서울에서 그는 국내 경제가 활성화됨에 따라 생활필수품의 소비가 급속히 증가할 것이라 예측하고, 1948년에 '삼성물산공사'를 출범시켰다.

이때 이병철은 선진 경영 기법을 동원해서 사업을 성공시켰다. 삼성물산공사는 굴지의 무역회사가 되었다. 그런데 그의 성공은 예상치 못한 한국전쟁 발발로 완전히 파괴되고 말았다. 인천 항만과 용산의 보세창고에 산더미처럼 산적되어 있던 삼성의 물품이 전화(戰火)로 모두 사라져 버렸던 것이다.

이병철은 모든 사업 기반을 잃고 3개월 동안 공산치하의 서울에 갇혀 있다가 9·28 서울수복을 맞아 대구로 향했다. 이병철은 대구에서 기사회생의 기회를 맞았다. 대구를 떠날 때 두고 온 조선양조에 들르자 생각지도 못했던 희소식이 기다리고 있었던 것이다.

이병철을 반갑게 맞은 김재소 사장, 이창업 지배인, 김재명 공장장은 그동안 흑자를 보아서 3억 원이나 되는 목돈이 비축되어 있다고 보고했다. 전쟁으로 전 국토가 초토화된 상태에서 3억 원이라는 거금은, 패전 직전에 몰린 장수를 지원하러 달려온 천군만마나 다름없었다.

여기에서 우리는 이병철의 용인철학이 빛을 발휘하는 순간을 보게 된다. 그리고 그가 그 후에도 왜 '인간중심', '인재제일'의 경영 철학을 가장 우선시하게 되었는지를 알 수 있다.

그는 매우 치밀하고 정교한 사람이었지만 사소한 일에는 매우 대범한 자세를 경주한 사업가였다.

이병철은 삼성을 경영하는 50년 동안 단 한 번도 서류에 결재를 하거나 수표에 도장을 찍지 않았다. 사업가로서 가장 중요하다고 할 수 있는 인감도장과 수표를 남에게 맡긴 채 사업을 한다는 것은 여간해서는 있을 수 없는 일이다.

이병철은 처음부터 지배인에게 그것을 맡겨두고 자신은 사업 구상을 하거나 사업 시찰을 다니곤 했다. 그는 혼자서 모든 일을 할 수 없다는 것을 알고 있었기에 자기만의 일을 찾아 나섰고 몸으로 실천했다.

이병철의 이러한 행동은 그만의 탁월한 용인술이라고 볼 수도 있다. 그는 『한비자』의 다음과 같은 말을 좌우명으로 삼고 배웠다.

한 사람의 힘으로는 다수의 힘을 이길 수 없다. 한 사람의 지혜로는 만물의 이치를 알기 어렵다. 한 사람의 지혜와 힘보다는 온 백성의 지혜와 힘을 쓰는 것이 낫다. 물론 한 사람의 생각만으로 일을 처리해도 성공하는 경우도 있지만 피로가 너무 클 것이고 실패할 경우 엉망진창이 되고 만다.

어쨌거나 거금을 손에 쥔 이병철은 피난지인 부산에서 1951년 1월 다시 '삼성물산'을 출범시켰다. 하지만 아직 전쟁이 한창인 환경 속에서 무역을 한다는 것은 여간 어려운 일이 아니었다. 수출은 엄두도 낼 수 없었고, 정부가 외화를 엄격히 통제하고 있었기 때문에 외화 확보가 어려워서 수입을 하는 것도 어려웠다.

그 무렵 낭보가 들어왔다. 홍콩의 에이전트가 전쟁 직전에 실어 보냈던 면실박(棉實粕: 목화씨에서 기름을 짜고 난 찌꺼기) 대금 3만 달러를 보내준다는 것이었다. 결국 삼성은 이 자금으로 발군의 능력을 발휘해 무역업계에서 정상의 자리에 오를 수 있었다.

그 후 삼성물산은 설탕, 비료, 종이, 양모, 나일론, 알루미늄, 의약품 등을 수입하고, 일본과 동남아에 고철, 오징어, 쌀을 수출하면서 승승장구했다. 훗날 삼성이 대규모 투자를 할 수 있게 해준 부의 기반이 다져지기 시작한 것이다.

1953년, 휴전협정이 체결되자 정부는 외화를 절약하고 경공업을 발전시키기 위한 경제 정책을 추진했다. 그러잖아도 수입업자들 간의 과도한 경쟁으로 무역업에 한계를 느끼고 있던 삼성은 발 빠르게 이에 대처해서 상업자본에서 산업자본으로 변신을 시도했다.

삼성은 1953년 10월 제일제당을, 다음 해인 1954년에 제일모직을 설립했다. 생필품 등 모든 물자가 부족했던 그 시절에 삼성 공장에서 만든 물건들은 불티나게 팔려나갔다. 상업자본에서 산업자본으로의 전환은 정부의 수입대체산업 지원책과 맞물려서 엄청난 성공을 거두었고, 이병철은 한국 최고의 부자 자리에 올라서면서 최초로 재벌(財閥)이라는 소리를 듣게 되었다.

한편 삼성은 이승만 정부 말기에 이루어진 은행 민영화에 참가해서 1957년 2월 흥업은행(현 우리은행)의 83퍼센트를, 1958년 10월에는 한국상업은행의 33퍼센트를, 1959년 4월에는 조흥은행의 55퍼센트를 인수함으로써 막강한 자본력을 확보하고, 국내 상업은행의 거의 반을 인수했다.

삼성은 이 시기에 풍부한 자금을 바탕으로 재정적으로 곤란을 겪고 있던 사업체들을 본격적으로 인수했다. 천일증권(1957년 8월), 한국타이어(1958년 12월), 동일방적(1958년 12월), 호남비료(1958년 12월)를 인수하면서 한국 제일의 재벌로 입지를 굳혔던 것이다.

금융자본까지 손에 넣은 이병철은 재계의 일인자로 등극했지만, 또다시 시련의 시기가 도래했다. 1960년 4·19 혁명과 다음 해에 이어진 5·16 군사정변 당시 탈세 혐의자, 부정 축재자로 몰린 것이다. 이병철은 자신의 최대 야심작이었던 '한국비료'를 국가에 헌납하는 것으로 해결했다. 그리고 정치권력 쪽과는 너무 가깝지도 너무 멀지도 않게 지낸다는 원칙을 세웠다.

1960년대에 삼성은 제당업, 모직업, 보험업, 수출업에 주력하고 있었다. 그러나 경공업 중심으로는 세계적 기업으로 발돋움하기 어렵다는 것을 깨닫고 새로운 분야로의 진출을 모색하기 시작했다. 1968년 이병철은 신규 유망 업종으로 전자 산업을 선택한 뒤 미국, 일본 전자 업계와의 제휴를 모색하기 시작했다. 전자 산업은 수입 대체 효과도 있고 해외 수출이 모두 가능한 첨단산업이었기 때문이다.

1968년 6월 12일, 이병철은 일본 〈아사히신문〉과의 인터뷰를 통해 전자 산업 진출을 선언했다.

한국 재벌의 공통점은 소비재 산업에 기반을 두고 있다. 따라서 중화학공업화에 어떻게 적응해나가느냐가 큰 과제이다. 전자공업은 앞으로의 성장 분야이다. 지금 미국이 최첨단을 가고 있지만 삼성도 여기에 나서고 싶다.

도쿄구상

삼성의 창업주 이병철은 그 유명한 '도쿄구상'을 통해서 일본의 앞서가는 기업들을 꾸준히 벤치마킹하면서 삼성을 재계 1위의 기업으로 이끌어왔다.

이병철의 도쿄구상은 우연한 기회에 이루어졌다. 1959년 12월 말, 이병철은 일본 방문을 마치고 귀국하려 했으나 서울에 폭설이 내려서 비행기가 이륙하지 못하는 사태가 벌어졌다. 그래서 할 수 없이 숙소였던 제국호텔로 발길을 돌려야 했다.

그날 밤 일본 TV에서는 연말을 맞이해 특별히 기획한 경제 전망 프로그램을 방영하고 있었다. 일본의 저명한 저널리스트, 석학들이 나와서 지난 해의 경제 동향에 대한 총결산과 새해 경제에 대한 전망을 하는 프로그램이었다.

그때 이병철은 무릎을 치며, "내게 저런 것을 보여주려고 서울에 폭설이 내린 모양"이라고 말했다.

이병철은 귀국을 연기한 채 일본 경제에 정통한 경제 담당 기자들을 만나서 TV에서 본 내용을 확인하며 그들의 이야기를 들었다. 기자들은 수치상으로 나타난 경제지표뿐만 아니라 실제로 경제 현장에서 일어나는 많은 이야기를 들려주었다.

이병철은 기자들의 이야기 가운데에서 흥미로운 분야를 골라냈다. 그리고 다시 그 분야의 전문가, 학자들을 만나서 새로운 시대가 요구하는 우수 업종과 상품에 대한 조언을 들었다.

그런 다음 이병철은 유명 사업가를 초청했다. 사업가들은 사업 현장에서 실제로 겪은 자신들의 경험과 노하우를 들려주었고, 새로운 사업을 바라보는 시각을 제시해주었다. 이병철은 일본의 재계 인물들과 폭넓은 교류 관계를 맺고 있었으므로 그들을 만나서 좀 더 구체적이고 확실한 정보를 얻을 수 있었던 것이다.

이런 몇 단계의 만남 끝에 이병철은 자신의 생각을 정리하고 구상을 다듬어나갔다. 그는 귀국 즉시 자신이 직접 작성한 유망 업종 리스트를 비서실에 건네며 우리 실정에 맞는 사업을 하나하나 점검하라고 지시했다.

그 후 이병철은 해마다 연말과 연초를 일본에서 지냈다. 그는 일본 언론이 특별 기획한 경제전망 기획프로그램을 보면서 자신의 사업 구상을 정리하곤 했다. 당시 일본은 고도 성장기를 맞고 있었으

므로 매스컴에서는 해마다 신정 연휴 동안 일본의 경제 발전에 초
점을 맞춘 기획물을 집중적으로 내보내고 있었다.

이병철은 이 기간 동안 일본의 경제개발과 기업가들의 역할에
대해 진지하게 공부하고 연구할 수 있었다. 일본의 공업화는 이병
철에게는 더없이 중요한 벤치마킹의 대상이자 교과서였다. 그는
당시 우리보다 앞서가는 일본 기업의 노하우를 자기 나름대로 소
화해냈고, 그것을 자기 방식으로 활용하는 방법을 터득했던 것이
다. 이렇게 해서 선정한 업종이 훗날 삼성의 주력 기업이 된 매스
컴, 제지, 보험, 전자, 중공업, 석유화학 등이었다.

전자 산업 진출을 결심한 이병철은 산요전기 공장을 방문해서 이
우에 도시오 회장을 만났다. 그는 일본에서 '경영의 신'이라 불리
는 마쓰시타 고노스케의 처남으로 마쓰시타와 함께 마쓰시타전기
산업을 일으켰으나 이후 독립해서 산요전기를 창업한 인물이다. 평
소 이병철과 돈독한 친분을 나누고 있던 이우에는 진심으로 우러난
조언을 해줬다.

전자 산업은 모래를 원료로 한 반도체칩에서 TV에 이르기까지 무에
서 유를 창조하는 산업입니다. 부가가치 99퍼센트의 창조 산업이니
전자 산업으로 미래를 준비하세요.

산요전기를 둘러본 이병철은 깜짝 놀랐다. 40만 평 대지 위에 펼

쳐진 산요전기 공장은 어마어마한 규모였던 것이다. 전자 산업에 미래가 달렸다는 것을 확신한 이병철은 귀국하자마자 매탄벌 대지를 사들이고 전자 산업을 시작할 준비를 했다.

1969년 1월, 이병철은 삼성전자주식회사를 설립했다. 그리고 12월에는 산요전기와 합작으로 삼성산요전기를, 1970년 1월에는 삼성NEC를 각각 설립해서 삼성전자를 이륙시킬 준비를 착착 진행했다.

산요전기와 NEC 입장에서 볼 때 삼성전자는 저렴한 임금과 풍부한 노동력을 제공하는 아웃소싱 전진기지였다.

삼성전자를 설립한 이후 삼성은 라디오, TV에서부터 반도체, 컴퓨터 등의 첨단산업에 전력을 기울이는 한편, 중화학공업과 방위산업 등에도 발 빠른 행보를 계속하면서 삼성의 세계화를 위해 진력했다.

이병철 리더십

곡식을 심는 일은 일년지계(一年之計)요, 나무를 심는 것은 십년지계(十年之計)이며, 인재를 양성하는 것은 백년대계(百年大計)라는 말이 있다.

이병철은 자원, 자본, 기술, 노동력 등의 생산 요소 중에서 인적 자원을 기업의 가장 큰 성장 요인으로 보았다. 그는 늘 국가와 기업의 장래는 사람에 의해 좌우된다고 말했고, 자신의 수족처럼 움직여주는 사람을 찾았다.

'의심나는 사람은 쓰지 말고 쓰는 사람은 의심하지 말라(疑人勿用, 用人勿疑)'는 정신이 투철했던 그는 사람을 아무나 쓰지 않았고, 사업을 운영할 수 있는 지도력과 능력이 있다고 판단되면 완전히 책임을 맡겨 역량을 충분히 발휘할 수 있게 배려를 아끼지 않았다. 그는 어떤 임무를 주어서 일을 완수하는 정도에 따라 신상필벌(信賞必罰)을 엄격히 적용했다.

이병철은 기업이 성공하는 요체는 인간 관리이며, 인사가 성공하면 기업은 당연히 성공한다는 확고한 철학을 지닌 사람이었다. 그에 따라 창업 이래 일관되게 합리적으로 인재를 선발하고 교육시킴으로써 '인재의 삼성'이라는 전통을 확립했다.

1980년 7월, 이병철은 한 경제 단체에서 '기업이란 과연 무엇인가'에 대해 이렇게 이야기했다.

기업은 사람이다. 기업은 문자 그대로 업을 기획하는 것이다. 그런데 세상의 많은 사람들은 사람이 기업을 경영한다는 이 소박한 원리를 잊고 있는 것 같다. 세상에는 돈이 돈을 번다는 말이 유포되고 있지만, 돈을 버는 것은 돈이나 권력이 아니라 사람인 것이다.

그는 '기업이 곧 사람'이라는 원칙을 반세기라는 결코 짧지 않은 시간 동안 견지함으로써 한국에서 전문 경영인 시대를 열었고, 자원이 일천한 한국에서 인적 자원을 통한 경제발전이라는 비전을 제시한 기업가로 평가받고 있다. 그는 어떻게 사람에게 일을 맡기는가, 어떻게 사람을 움직이는가에 대해서는 달인의 경지에 도달한 사람이었다.

02

시작은 미약했으나

반 걸음을 쌓지 않으면 천리를 갈 수 없고, 작은 흐름이 모이지 않으면
강하를 이루지 못한다.
— 순자

삼성전자의 초라한 시작

삼성전자는 1969년 1월 13일, 자본금 3억 3,000만 원, 직원 36명
으로 시작한 '삼성전자공업주식회사'가 모태다. 삼성전자가 설립
될 당시에는 전자 산업에 대한 기술이 전무한 상태였다.

첫해 매출액은 3,700만 원이었고, 영업이익은 마이너스 700만
원이었다.

초기에 삼성전자는 흑백 TV를 만들기 시작했는데 1970년 11월
감격 어린 TV 첫 생산에 성공했고, 두 달 뒤인 1971년 1월 중남미
파나마에 첫 수출을 시작했다. 이는 국내 최초로 이루어진 TV 수출
로서 한국 전자 제품 수출에 신기원을 이룬 쾌거였다.

이어서 삼성전자는 미국과 파나마 시장에 5만 7,000대의 수출을
성사시키면서, 창립 5년 만인 1974년 매출 134억 원을 올렸다. 순이
익은 6억 1,700만 원으로 첫 흑자를 기록했다. 거기에 1973년 말부

터 TV 시판이 허용됨으로써 삼성전자의 숨통이 트이기 시작했다.

흑백 TV를 만들던 삼성전자는 곧 컬러 TV 개발의 필요성을 느꼈다. 국내에서는 컬러 방송이 없었지만 선진국에서는 이미 50년대부터 컬러가 방송되고 있었고 동남아 국가들도 컬러 방송을 시작한 시절이라 컬러 TV를 만들어내지 않으면 삼성전자로서는 희망이 없었다.

1974년 컬러 TV 개발을 시작한 삼성전자는 일본의 주요 TV 메이커들에게 브라운관을 공급해달라고 요청했으나, 모두 거절당했다. 삼성전자의 기술 수준이 너무 낮아서 기술을 제공하려고 해도 소화할 능력이 없기 때문에 기술제휴를 할 수 없다는 이유에서였다. 결국에는 마쓰시타전기에서 컬러 TV용 브라운관 판매 제의를 받아들여서 생산을 시작할 수 있었다.

삼성전자는 1970년대 말까지 핵심 부품을 전량 일본 부품 업체에서 조달하여 조립만 하는 형태로 제품을 생산했으며, 제품과 품질 모두에서 열세에 있었다. 삼성전자가 생산한 선풍기는 설계부터 잘못되어 손으로 들어 올리면 선풍기 목 부분이 부러질 정도로 품질이 형편없었다. 지금이라면 심각한 문제라고 인식하겠지만, 그 당시 삼성전자에는 '전자 제품은 정교하고 복잡하니 고장이 날 수도 있다'라는 사고방식이 만연했다.

점차적으로 삼성전자는 생산기술을 연마하고, 때로는 외부에서 기술을 사들여 품질을 향상시켰다. 한 예로 삼성전자는 미국의 암페

어스(Ampherex)라는 회사로부터 핵심 부품인 마그네트론 (magnetron)을 생산하는 공장을 인수함으로써 전자레인지 제조 기술과 생산 시설을 동시에 확보할 수 있었다. 이 덕분에 삼성의 전자레인지는 그 품질을 인정받고 상당 기간 주요 수출 품목이 되었다. 사설교환기 기술은 미국의 GTE사와 한국의 카이스트가 공동 개발한 제품을 인수받아 생산기술을 확보했다.

반도체 사업의 시작

1970년대는 제1차 오일쇼크 등, 외풍이 몰아쳐서 성장 기복이 극히 심했던 시대였다. 1973년, 정부는 경공업 중심의 성장에 한계를 느끼고 중화학공업을 적극 추진하기 시작했다. 정부는 1975년에 수출 부진을 타개하기 위해 강력한 수출 드라이브 정책의 일환으로 종합무역상사(General Trading Companies) 제도를 도입하여 수출의 견인차 역할을 맡게 했다.

이는 삼성이 일본의 종합무역상사를 모델로 1971년 1월 정부 측에 〈종합무역상사 육성에 관한 건의〉를 제출한 데 따른 것이었다. 이 건의안에는 종합무역상사를 양성하는 목적과 방법이 포함되어 있었으며, 정부는 삼성의 건의 중 상당 부분을 받아들여 법을 발효시켰다.

그리하여 삼성그룹은 1975년 5월 19일, 종합무역상사 제1호로 등록했다. 그 후 종합무역상사는 한국 재벌 그룹을 대표하는 견인차 역할을 하면서 국제시장을 개척하고 '수출 한국'의 기치를 드높이며 점차 강력한 국제경쟁력을 갖추는 기회를 만들어나갔다.

종합무역상사로 등록한 삼성은 수출을 확대하기 위해 1975년 당시 16개였던 해외지부를 1978년에는 38개로 늘리면서 시장을 다변화했다. 또한 그룹의 사업 구조에서 중공업 비중을 높이기로 결정하고 조선과 중화학을 포함하는 중화학공업으로 진출하는 데 박차를 가했다. 그러면서 주요 수출 품목도 경공업 품목에서 중공업 품목과 플랜트로 전환했다.

삼성은 1972년에는 제일합섬, 1974년에는 삼성중공업과 삼성석유화학, 1978년에는 코리아엔지니어링과 삼성정밀 등을 설립하면서 중화학, 조선, 항공, 기계 사업 부문의 계열사를 만들어갔다. 또 1970년대 중반 중동 건설 특수를 계기로 1977년에는 삼성종합건설을 설립해 뒤늦게 건설업에도 진출했다. 뿐만 아니라 1977년 삼성반도체와 삼성GTE통신을 설립함으로써 향후 전개될 첨단산업 시대에 대비하는 밑그림을 짰다. 제대로 된 삼성전자의 출범은 바로 이때부터라고 보는 것이 옳을 것이다.

여기서 가장 주목할 것은 삼성의 반도체 산업 투자이다. 이 과감한 결단과 투자는 이병철이 지닌 대담한 기업가 정신과 기업 이니셔티브를 보여주는 좋은 예라고 할 수 있다. 그는 이 결단으로 '소비재 중심 재벌', '이익만 추구하는 장사치'라는 오명을 깨끗이 벗어던지고 삼성을 세계 일류 기업군에 들어서게 하였다.

당시는 일본과 미국의 첨단 기술 회사들이 이미 반도체 산업에서 우위를 차지하고 있었기 때문에 삼성이 후발 주자로 반도체를 생산한다고 발표했을 때 모두 회의적인 반응을 보였다. 그러나 이미 일본이 성공적으로 하이테크 산업과 자원 절약 산업으로 전환해서 고부가가치 산업을 성공시킨 데에 깊은 인상을 받은 이병철은 앞으로 나아갈 길은 그것뿐이라는 확신을 가지고 있었다.

실제로 삼성이 반도체 부문에 대한 대규모 투자를 결정하는 데는 일본이 결정적인 모델이 되었고, 현실적으로 일본 기업의 도움도 많이 받았다. 그러나 삼성이 본격적인 반도체 개발에 들어가 제품을 출하하기 시작하자 일본 반도체 업계는 삼성의 시장 진입에 방해 공작을 펴기 시작했다.

삼성이 1981년 64K D램, 1985년 256K D램을 대량으로 생산하기 시작하자 일본 반도체 업자들은 256K D램의 가격 하락을 주도하면서 덤핑을 시작했다. 당시 삼성은 기업의 운명이 바뀔지 모르겠다는 판단을 할 만큼 심각한 타격을 받았다.

1등 기업을 추구하는 무한한 집념

이병철은 굴러들어오는 기회를 절대로 놓치는 법이 없었다. 그는 무리하지 않으면서 일을 추진했고, 하면 된다는 것을 알고 있었다.

흔히 삼성 하면 안전 위주의 사업만 펼쳐온 것으로 알고 있는데, 그 것은 그가 젊은 날의 실패 경험 때문에 투기성 사업에는 쉽게 손을 대지 않았던 탓이다.

그러나 그는 시대의 변화와 그 흐름을 예민하게 포착하는 안테나를 가지고 있었고, 반도체 사업에서 볼 수 있듯이 확실하다는 판단이 설 때면 과감하게 전사적(全社的) 운명을 건 투자를 시도했다.

소비재 산업으로 돈을 벌어들였다는 비난을 받기도 했지만, 해방 이후 삼성만큼 제조업에 과감하게 투자한 회사도 그리 많지 않다. 삼성은 제일제당, 제일모직, 한국비료 등 그 시대가 요구하는 굵직한 제조업에 손을 댔다. 그리고 이병철은 인생 말년에 전자와 반도체 사업이라는 명운을 건 대도박을 시도했고, 커다란 성공을 거둠으로써 삼성이라는 이름을 전 세계에 드날렸다. 그것은 미래는 전자와 반도체, 컴퓨터의 시대가 될 것이라는 이병철식 직관의 승리였다고 할 수 있다.

원래 이병철은 한 치의 오차도 허용하지 않는, 철저하면서도 완벽한 스타일의 기업인으로 알려져 있다. 그는 머리끝에서부터 구두에 이르기까지 머리카락 한 올도 흐트러뜨리지 않는 완벽주의자였다. 또한 그는 평생 정확하고 규칙적인 일과를 보낸 것으로 유명했다. 이병철의 장남 이맹희는 『묻어둔 이야기』에서 아버지에 대해 이렇게 증언했다.

기상시간도 늘 아침 6시였고, 일어나기 전에 가만히 누워서 이것저 것 생각을 하곤 했다. 아마 중요한 결정 등은 이 시간에 하는 것 같았 다. 퇴근은 저녁 6시인데 일을 하다가 시계도 보지 않고 자리에서 일 어나면 6시였다. 더러 시간이 틀린다 해도 5분 정도의 차이였다. 잠 자리에 드는 시간도 늘 밤 10시에서 5분 정도의 오차밖에 없었다. 평 생을 두고 어김이 없었다.

이병철은 국제전화를 하기 전에는 사전에 메모를 해서 그 내용을 보며 설명함으로써 요금을 아꼈고, 회사 일로 골프를 칠 때는 공금 을 썼지만, 개인적인 초대일 경우에는 자신의 사비로 지불했다.

그 체질은 기업 경영에도 그대로 반영되었다. 그는 사업을 추진 할 때도 아주 세세한 부분까지 빈틈없이 챙겼다. 예를 들어서 서울 태평로의 삼성본관 옆에 동방생명과 중앙일보 사옥을 지을 때 외벽 대리석의 색상을 직접 고르고, 대리석의 칸과 칸 사이의 간격을 몇 밀리미터로 할 것인가까지 일일이 정해줄 정도였다.

이토록 깐깐한 완벽주의자였기에 1등 기업에 대한 집념도 강했 다. 삼성그룹을 있게 한 초기 기업들의 명칭이 '제일제당'과 '제일 모직'이란 이름을 달고 있는 것은 그가 항상 최고를 고집했던 것을 반증하는 것이다. '제일'이라는 이름에는 '무슨 일에나 제1의 기개 (氣槪)로 임하자'는 뜻이 담겨 있다고 한다.

최고에 대한 집념은 일상생활에서도 마찬가지여서 그는 양복, 신발, 셔츠, 넥타이, 만년필, 가방에 이르기까지 일류 제품만을 고집했다. 서화, 도자기 등의 골동품 애호가이기도 했던 이병철은 한마디로 '장인 정신의 신봉자'였다. 그는 이렇게 말한다.

골프채 하나를 만드는 데도 최고를 추구하는 장인 정신이 명품을 낳게 한다. 이는 골프채에 그치지 않고 사업을 포함한 모든 인간 활동에 통하는 것이다.

이병철은 평소 프랑스제 워터맨 만년필을 즐겨 사용했는데, 그는 수십만 개가 같은 형에서 찍혀나와 다 같아 보이는 만년필 가운데에서도 2, 3퍼센트만이 최고의 품질을 갖고 있다면서 그것은 펜촉의 촉감이 사뭇 다르다고 회고할 정도였다.

이렇듯 장인의 혼이 서린 명품을 선호하던 그가 평생에 걸쳐 국보 7점과 보물 4점을 포함해서 천여 점이 넘는 문화재를 수집했던 것도 결코 단순한 호사취미가 아니었을 것이다.

이런 철학을 지닌 이병철이 반도체에 전사적 운명을 걸 정도로 대단한 투자를 시도한 것은 당연한 귀결일 수도 있었다. 그는 울산에 '한국비료' 공장을 지을 때도 세계 최고의 규모를 추구했었다. 당시 단일 비료공장으로 일본이 연간 생산 18만 톤 규모의 공장을 가동하고 있었고 소련이 연간 생산 30만 톤 규모의 공장을 지을 계획을 발표한 상태였다. 이병철은 연간 생산 33만 톤 규모의 공장을 건설함으로써 1등주의를 처음 선보였다.

이 1등 정신은 삼성전자를 세우면서 수원 매탄벌에 대지 45만 평을 확보했을 때도 여실하게 나타난다. "일본 산요전기의 도쿄 단지가 40만 평인데 우리는 그보다 한 평이라도 더 커야 한다"는 것이 이병철의 생각이었던 것이다.

그러나 1983년 그가 반도체 산업에 사운을 건 투자를 결정했을 때는 아무도 한국이 세계 제일의 반도체 생산국이 될 거라고 생각하지 않았다. 이병철이 지금도 경영자로서 높이 평가받는 것은 사업을 조정하는 능력은 물론, 미래를 내다보는 예지와 언제나 한 걸음 앞서 가면서 시대를 주도하는 도전적 의지를 갖췄기 때문이다. 또한 기업 경영에서 1등을 무한히 추구하는 집념 때문이다.

또 시대적 운도 어느 정도는 작용했다. 당시 일본 반도체 회사들은 반도체 생산과정에서 소량의 독성 화학 물질이 발생한다며 환경 문제로 대규모 투자를 주저하고 있었고, 대만에서는 지진이 일어나고, 일본 반도체 회사에서 화재가 발생하는 등, 비집고 들어갈 만한 틈이 벌어졌었다.

미래를 내다보는 힘

삼성의 명운을 가른, 반도체에 대한 투자가 어떻게 이루어졌는지 살펴보자.

삼성의 반도체 사업은 이병철의 도쿄구상에서 나온 작품이 아니라 이건희의 아이디어에서 비롯되었다. 간단하게 그 사연을 요약하면 삼성의 반도체 진출은 이건희의 미래를 내다보는 선견력과 이병철의 과감한 결단력이 절묘하게 합쳐진 성공 신화라고 할 수 있다.

1974년, 이건희가 동양방송 이사로 있었을 때의 일이다.

1973년에 발생한 오일쇼크를 겪으면서 이건희는 자원이 없는 한국의 비참한 현실을 뼈저리게 느꼈다. 당시 일본 업체들이 TV, 냉장고에 들어가는 핵심부품인 IC의 물량과 가격을 통제하며 횡포를 부리자 이건희는 우리나라가 국제적인 경쟁력을 갖추려면 두뇌로 경쟁해야 하고, 부가가치가 높은 하이테크 산업으로 진출해야 한다고 생각했다. 그리고 여러 가지 사업유형을 검토하다가 반도체가 전자 산업의 씨앗이 될 것이라는 것을 인식하고 반도체 사업이 가장 유망하다는 결론을 내렸다.

이건희의 사업에 대한 선견력은 일찍이 반도체 사업의 미래를 내다보는 데서부터 나타났다고 보는 것이 옳을 것이다.

내가 기업 경영에 몸담은 것은 66년 동양방송에서부터였다. 처음 입사한 그때부터 지금까지 많은 어려움을 겪고 결단의 순간을 거쳤지만, 지금 와서 보면 반도체 사업처럼 내 어깨를 무겁게 했던 일도 없는 것 같다. 사실 나는 어려서부터 전자와 자동차 기술에 남다른 관심을 가지고 있었다. 일본 유학 시절에도 새로 나온 전자 제품들을 사다 뜯어보는 것이 취미였다. 수많은 전자 제품을 만져보면서 나는 자원이 없는 우리나라가 선진국 틈에 끼여 경쟁하려면 머리를 쓰는 수밖에 없다고 생각하게 되었다. 특히 73년에 닥친 오일쇼크에 큰 충격을 받은 이후, 그동안 내 나름대로 한국은 부가가치가 높은 첨단 하이테크 산업에 진출해야 한다는 확신을 가졌다. 74년 마침 한국반도체라는 회사가 파산에 직면했다는 소식을 들었다. 무엇보다도 '반도체'라는 이름에 끌렸다. 산업을 물색하면서 반도체 사업을 염두에 두고 있던 중이었다. 시대 조류가 산업사회에서 정보사회로 넘어가는 조짐을 보이고 있었고, 그중 핵심인 반도체 사업이 우리 민족의 재주와 특성에 딱 들어맞는 업종이라고 생각하고 있었다. 우리는 '젓가락 문화권'이어서 손재주가 좋고, 주거 생활 자체가 신발을 벗고 생활하는 등 청결을 중시한다. 이런 문화는 반도체 생산에 아주 적합하다. 반도체 생산은 미세한 작업이 요구되고 먼지 하나라도 있으면 안 되는, 고도의 청정 상태를 유지해야 하는 공정이기 때문이다.

마침 국내에는 시계에 들어가는 칩인 '워치칩'을 만드는 한국반도체란 회사가 부천에 공장을 가지고 있었다. 당시 그 공장은 초기 단계의 집적회로(IC)를 사용해서 숫자로 표시하는 전자 손목시계를 만들고 있었는데 이 제품은 박정희 대통령 시절, 청와대를 방문하는 외국인들에게 '한국의 기술'을 과시하는 선물 목록 중 하나이기도 했다. 이 회사는 미국의 캠코 사와 합작으로 운영하는 회사였는

데 경영 미숙으로 어려움을 겪고 있었다.

이건희는 부친인 이병철에게 한국반도체를 인수하자고 건의했다. 그러나 이병철은 그때까지 반도체의 중요성을 잘 인식하지 못하고 있었고, 비서진들도 사업 전망에 대한 확신을 갖지 못한 탓에 결단을 내리지 못했다.

그로부터 며칠 후 이건희는 자신의 사재(私財)를 털어 국내 최초의 웨이퍼 가공업체인 한국반도체를 인수해서 삼성반도체를 설립했다. 그것이 삼성반도체 사업의 씨앗이 되었다. 1974년 12월 6일의 일이었고 이건희는 당시 갓 서른 살을 넘긴 청년이었다. 만약 미래를 내다보는 그 결단이 없었다면 현재의 삼성은 존재하지 않았을지도 모른다.

이렇게 인수한 반도체 공장은 말이 반도체 공장이지 트랜지스터 웨이퍼를 겨우 생산할 정도의 조악한 시설을 가지고 있었다. 이건희는 공장 규모를 키워서 일본 기업과 어깨를 나란히 하는 반도체 회사로 만들 것을 건의했다.

하지만 삼성 사장단은 반도체 사업에 본격적으로 진출하는 것을 두려워하고 있었다.

2004년 12월, 반도체 30년 기념식에서 이건희는 당시를 이렇게 회고하며 말했다.

반도체 사업 진출 당시 경영진들이 'TV도 제대로 못 만드는데 너무 최첨단으로 가는 것은 위험하다’고 만류했지만 우리 기업이 살아남을 길은 머리를 쓰는 하이테크 산업밖에 없다고 생각해 과감히 투자를 결정했었다. 다른 분야도 그렇지만 반도체에서 시기를 놓치면 기회 손실이 큰 만큼 선점투자가 무엇보다 중요하다.

하지만 반도체 사업은 장치산업이기 때문에 본격적인 사업을 시작하려면 당장 4,000억 원의 투자가 필요했다. 당시 삼성그룹 전체의 시설 투자 규모가 연 8,000억 원 남짓인 것을 감안한다면 앞날이 불투명한 신규 사업에 그러한 투자 결단을 내린다는 것은 힘든 일이었다.

30년 전에 반도체 산업의 미래를 밝게 전망하는 사람은 삼성 안에서도 찾아보기 어려웠다. 동물적인 사업 감각의 소유자였던 이병철도 아들이 반도체 이야기를 꺼내면 이렇게 핀잔을 주었다.

“이놈아, 그 돈이면 TV를 몇백만 대나 더 만들 수 있는데 그 쪼그만 것 만드는 데 쓰겠다는 거냐?”

하지만 이건희는 끊임없이 미래 산업의 변화상을 설명하면서 아버지에게 선진 감각을 불어넣었다. 그는 장인인 홍진기 중앙일보 회장에게도 그런 설명을 했고 장인을 움직여서 아버지를 설득시키기도 했다. 홍진기는 이건희의 혜안을 기특하게 생각해서 이병철에게 이렇게 말했다.

“내가 외국에 나가봐도 사위의 얘기가 맞습디다.”

그런 과정을 겪으면서 이병철은 반도체의 중요성을 인식하게 되었고, 반도체 사업에 본격적으로 손을 대기 시작했다.

하지만 삼성의 반도체 사업이 처음부터 순탄한 과정을 겪었던 것은 아니다.

사업 초기 삼성은 후발 주자로서 선두 업체와의 간격을 하루빨리 줄여야 했지만 기술 장벽은 너무도 높아서 기술 확보에 무진 애를 먹고 있었다.

이병철은 고민 끝에 평소 친분이 있던 일본 NEC의 사장인 고바야시를 초빙하여 기술 지원을 정중하게 요청했다. 그 결과, 1976년 NEC 엔지니어들의 방한이 이루어졌지만 그들은 차일피일 핑계를 대며 기술이전을 기피했고, 삼성반도체는 적자를 면치 못했다.

이건희는 나름대로 반도체의 시련을 극복하기 위해서 진력을 다바쳤다. 그는 1970년대 중반 무렵, 미국 실리콘밸리를 50여 차례나 드나들었을 만큼 반도체에 미쳐 있었다. 그는 아이비리그를 비롯해 미국 전역의 대학을 강의실까지 뒤져가며 반도체 분야를 전공한 한국계 연구 인력을 맨투맨으로 만났다. 이건희는 그렇게 찾아낸 30대 초반의 젊은 인재들을 400만 원에서 500만 원이라는 파격적인 월급에 아파트까지 제공하는 조건으로 대거 스카우트했다. 당시 삼성전자 사장 월급이 100만 원이었다는 점을 감안하면 그들에 대한 대우가 얼마나 파격적이었는지 알 만할 것이다. 그것이 훗날 삼성반도체 신화를 낳는 밑거름이 되었다.

기술에 목말라하던 이건희는 반도체에 대한 선진 기술을 가지고 있던 미국 페어차일드 사를 여러 차례 방문하여 기술이전을 요청한 끝에 삼성반도체 지분의 30퍼센트를 내놓는 조건으로 승낙을 받아 냈다. 그는 지분을 양보하더라도 기술도입이 필요하다는 판단이 섰던 것이다.

하지만 문제는 거기서 끝나지 않았다. 기술이전을 위해 미국 현지에서 파견 온 실무진들은 정말 당황스러운 결론을 내놓았다.

"삼성의 기술 수준으로는 페어차일드의 64K D램 개발 신기술에 도전할 수 없다."

참으로 안타깝고 막막한 일이었다. 이건희는 그것이 한국의 실정이었고 삼성의 한계인 것을 뼈저리게 느꼈다.

1979년, 이병철은 더는 반도체 사업을 방치할 수 없다고 판단하고 직접 나섰다.

그는 당시 가전·TV 생산담당이었던 김광호 이사를 반도체 사업부로 보내서 사업을 정상화시키라는 특명을 내렸다.

김광호는 서울대 공대 출신으로 동양방송 기술 담당으로 있을 당시 탁월한 엔지니어 감각을 가진 것으로 알려져서 삼성전자 가전·TV 생산담당 이사로 발탁된 인물이다.

당시 강진구 반도체 사장은 직원들에게 김광호를 소개하면서 이렇게 배수진을 쳤다.

"만약 김 이사가 온 후에도 삼성반도체를 살리지 못한다면 더 이상 반도체 사업을 계속할 수 없을 것이다."

김광호는 대방동과 부천으로 나뉜 공장을 부천으로 통합하고 80년 말 삼성반도체를 삼성전자에 인수 합병시키는 한편, 시계칩 시장을 집중 공략, 전 세계 시계칩 시장에서 점유율을 60퍼센트로 끌어올리며 흑자회사로 변신시켰다. 그는 훗날 삼성전자 회장까지 지내게 된다.

그러나 반도체는 계속해서 진화하고 있었고, 삼성반도체가 갈 길은 아직도 멀었다.

도쿄선언

두 번째 결단은 아버지 몫이었다.

시대의 흐름을 빠르고 정확하게 간파했던 이병철은 기민한 대처로 새로운 산업 시대를 개척한 선구자적 기업가였다. 그는 무수한 기업들을 창업, 육성해오는 동안 단 하나의 부실기업도 용납지 않음으로써 한국 경영자들의 귀감이 된 사람이었다.

그는 아들의 성화로 반도체 사업을 시작했으나 곧 그 사업의 중요성을 깊이 인식했다. 이병철은 일본이 1973년 1차 오일쇼크 이후 산업 구조를 반도체 등 경박단소 업종으로 재편해서 세계 2위의 경제 대국으로 올라섰다는 것을 누구보다 잘 알고 있었다. 그는 국내외의 전문가들을 만나 많은 의견을 듣고 가르침을 받았다.

1982년 3월, 이병철은 미국을 방문했다. 21년 만의 미국 방문은 그에게 충격을 안겨주었다. 산업 대국 미국의 쇄락한 모습을 보았던 것이다. 미국을 대표하던 철강, 자동차 산업은 가동률이 떨어졌고 실업자들이 즐비했으며 그런 가운데도 노조는 쟁의를 멈추지 않고 있었다. 일본과의 무역 적자는 월 10억 달러를 넘어서고 있었고 일본의 자동차와 전자 제품들이 미국 시장을 주도했다.

이병철은 경제 전쟁에서 승리하고 있는 일본을 보고 일본을 따라잡아야 한다는 결론을 내렸다.

1983년 2월, 이병철은 도쿄에 머무르면서 '반도체 신규 투자'에 대한 최종 결심을 굳히고 있었다. 당시 삼성이 반도체에 사운을 건 투자를 하기에는 많은 위험이 도사리고 있었다. 선진국과의 심한 기술 격차, 막대한 투자 재원 조달, 고급 기술 인력의 확보, 공장 건설에 필요한 특수 설비, 불투명한 시장 전망 등 어느 것 하나 쉬운 조건이 없었다.

그러나 이병철은 최첨단 사업인 반도체 사업을 포기하고 그대로 물러난다면 삼성이 첨단 기술을 보유한 일등기업이 될 기회를 포기하고 마는 것이며, 그것은 선진국의 길을 포기하는 것과 같다는 신념에서 운명을 건 대결단을 내렸다.

이병철은 이러한 결단을 내리게 된 이유를 다음과 같이 『호암자전』에 기술하고 있다.

삼성은 해방 후와 동난 중에는 무역을 통해 물자조달의 기능을 맡았다. 휴전 후에는 수입대체산업을 일으켜 한국 경제가 원조 경제에서 자립 경제로 전환하는 기틀을 잡는 데 노력을 아끼지 않았다. 이어 중화학공업의 건설로 기간산업의 기반 조성에 몰두했다. 이제는 그것을 터전으로 해서 첨단 기술 산업을 개척해야 할 시기가 되었다고 판단했다. 언제나 삼성은 새 사업을 선택할 때는 항상 그 기준이 명확했다. 국가적 필요성이 무엇이냐, 국민의 이해가 어떻게 되느냐 또는 세계시장에서 경쟁할 수 있을까 하는 것 등이 그것이다. 이 기준에 견주어 현 단계의 국가적 과제는 '산업의 쌀'이며 21세기를 개척할 산업 혁신의 핵인 반도체를 개발하는 것이라고 판단했다.

1983년, 그는 〈중앙일보〉의 지면을 통해 삼성이 반도체 생산을 시작해야만 하는 이유를 다음과 같이 설명하기도 했다.

철강 1톤을 생산하면 그 부가가치가 20만 원밖에 되지 않지만 1톤짜리 자동차를 생산하면 500만 원의 부가가치가 발생하는 데 비해, 반도체를 1톤 생산하면 무려 1억 원의 부가가치가 발생한다.

2월 8일, 도쿄에서 이병철은 반도체 부문에 대한 대규모 투자를 결정하고 유명한 '도쿄선언'을 통해 사운을 건 64K D램 기술 개발 착수를 선언했다. 그러자 이미 우위를 점하고 있던 미국과 일본의 첨단 기술 회사들은 그렇게 쉽지만은 않을 것이라며 냉소적 반응을 보였다. 세계 최대 반도체 업체인 인텔이 이병철을 '과대망상증 환자'라고 평할 정도였다.

그러나 이병철은 일본이 성공적으로 이룩한 고부가가치 산업, 하이테크 산업에 깊은 인상을 받고 있었고, 앞으로 나아갈 길은 그것뿐이라는 확신을 가졌다.

그 후 이병철은 반도체 사업을 진두지휘하면서 한국 반도체의 신화를 이끌어냈다. 그는 우선 부천공장을 대체할 대규모 반도체 공장 부지 물색에 나섰다. 먼저 후보지로 수원, 신갈저수지 부근, 관악골프장 부근, 판교 부근, 기흥이 선정됐다. 이병철은 직접 국내외 지질·수질 전문가들과 함께 헬기를 타고 조사한 끝에 그해 12월 18일, 기흥 지역을 최종 낙점했다. 하지만 당시 기흥은 절대농지에다 산림보존지역으로 공장 설립이 불가능한 곳이었다. 이병철은 내무부장관을 역임했던 최치환 반도체 부문 사장과 함께 정부를 끈질기게 설득해서 1차로 10만 평에 대한 허가를 얻어내는 데 성공했다.

그 후 이병철은 기흥공장 건설에 삼성의 모든 것을 쏟아부었다.

공장을 짓는 동안 기술 장벽을 넘어서기 위해서 이윤우 당시 개발실장(현 삼성전자 부회장)이 기술진을 이끌고 일본을 찾았다. 하지만 어느 회사도 기술을 전수해주려 하지 않았다. 이윤우는 하는 수 없이 반도체에서는 '2류'에 속했던 샤프 사를 찾아갔다. 하지만 샤프 사에서는 삼성 기술진들을 기술 연수생 취급을 하면서, 생산공정을 자유롭게 견학할 기회도 주지 않았다. 했다. 이것은 기술 없는 회사가 겪어야 하는 설움이었다. 이윤우는 기흥 공장이 완공되자 그때의 서러웠던 경험을 되새기며 반도체 개발에 박차를 가했다.

기흥 반도체 단지

삼성은 기흥 반도체 공장을 건설하며 설계와 공사를 병행하는 속전속결 전략을 펼쳤다. 그리하여 대개 1년 반이 걸리는 공사를 6개월 만에 완공했고, 제품 생산을 2년이나 단축했다.

반도체 기술이라고는 전무한 회사가 어떻게 그런 일을 해낼 수 있었을까?

삼성전자는 반도체 역사상 전무후무한 일을 동시다발적으로 진행시키고 있었다.

반도체 라인을 건설하기 위해서 소문도 없이 수십만 평의 땅을 사들였고 곧바로 공장터를 닦았으며 그와 동시에, 삼성전자에서 가장 똑똑한 엔지니어들로 팀을 짜서 미국의 마이크론테크놀로지에 기술 파견을 보냈다. 삼성의 엔지니어들은 가장 기본적인 반도체 공정 교육만을 받을 수 있었고 마이크론테크놀로지의 기술진은 첨단 기술을 가르쳐주지는 않았다.

그러나 삼성의 엔지니어들은 남다른 행보를 보였다. 그들의 눈은 보물을 찾는 사람들처럼 반짝거렸고, 귀는 사소한 어떤 소리라도 잡아내는 안테나처럼 작동했다. 그들은 퇴근 후에 숙소에 일제히 모여앉아서 무엇인가 음흉한 일을 저지르는 사람들처럼 쑥덕거리고 소곤거리며 일을 도모했다. 그들이 하는 일이란 그날 배운 기술들을 토의하고, 낮에 사진 찍듯이 열심히 살펴본 마이크론의 반도체 라인들을 조합해서 그림으로 그려내는 일이었다. 그리고 조합이 끝나면 실시간으로 기흥공장에 도면을 만들어 넘겼다. 기흥에서는 이 도면을 받아서 반도체 라인을 하나씩 만들었다.

그와 동시에 삼성전자의 경영진들은 최첨단 반도체 장비들을 구입해서 설치했다. 이것이 기술 경험이 전혀 없는 삼성전자가 쟁쟁한 경쟁자들이 2년 넘게 걸려서 지은 공장을 6개월 만에 만들어낸 비밀이었다.

시간을 금같이 여기는 스피드 경영의 승리였다. 이렇게 전력투구한 결과 삼성은 64K D램 개발 착수를 발표한 지 10개월 만인 1983년 12월에 미국, 일본에 이어 세계에서 세 번째로 64K D램을 개발해내는 데 성공했다. 그러자 세계 반도체 업계는 믿을 수 없다는 반응을 보이면서 충격을 감추지 못했다.

하지만 이러한 기적에 가까운 기록은 평가절하되었다. 아쉽게도 설계 기술에서 힘에 부친 삼성은 미국 마이크론의 설계도를 기반으로 64K D램을 개발했던 것이다. 이러한 평가에 자존심이 상한 삼성 기술진은 256K D램의 자체 개발에 나섰고, 1984년 10월 드디어 자체 순수 설계로 256K D램 개발에 성공했다.

삼성이 이렇게 놀라운 결과를 얻을 수 있었던 것은 256K D램을 개발할 때 기존의 4인치 웨이퍼에서 5인치를 거치지 않고 곧바로 6인치 웨이퍼를 사용키로 결정했기 때문이었다.

당시 6인치 웨이퍼를 쓰는 기업은 극소수였지만 속도전에서 승리하지 못하면 이길 수 없다는 판단하에 무리를 해서라도 지름길을 선택했던 것이 1.4배의 생산성 향상 효과를 낳았다.

또 삼성은 기술도입을 하는 동시에 독자 개발을 진행했고, 생산라인을 설치했으며, 기술 단계가 다른 제품도 동시에 개발하였다. 이런 '병렬 개발 시스템'을 통해서 실패 위험을 줄이고 시간을 버는 데 성공했다.

그러나 본격적인 반도체 개발에 들어가서 제품이 출하되기 시작하자 일본의 반도체 업계는 삼성의 시장 진입을 방해하는 공작을 펴기 시작했다.

삼성이 64K D램을 본격 생산하기 시작하자 일본 업체들은 덤핑으로 맞섰다. 미국은 일본의 칩 메이커들에 반덤핑 관세를 매기기에 바빴다. 설상가상으로 1984년과 1985년, 전 세계는 극심한 반도체 불황에 빠져들었다, 국제 시장에서 64K D램 가격은 대거 폭락했고 삼성은 한 해에 수천억 원씩 적자를 보는 대규모 손실을 입었다. 재계 일각에서는 삼성이 반도체 때문에 자멸할지도 모른다는 우려를 하기도 하였다.

당시의 불황은 반도체 선발 업체인 인텔마저 D램 사업을 포기하게 만드는 결과를 낳았지만, 삼성은 오히려 256K D램, 1메가 D램 등 설비 투자를 늘리며 버텨나갔다. 많은 사람들이 그때 삼성이 버티지 않았더라면 지금의 삼성은 없었을 것이라는 데 동의하고 있다.

반도체 산업은 타이밍 업(業)이라고 할 수 있다. 불확실한 미래를 예측해서 수조 원에 이르는 막대한 선행 투자를 최적의 시기에 해야 하기 때문이다. 반도체 사업에서 최적의 투자 시기를 결정할 때는 피를 말리는 고통이 뒤따른다.

87년 반도체 역사의 전환점이 되는 중대한 고비가 있었다. 4메가 D램 개발 방식을 스택(stack)으로 할 것인가, 트렌치(trench)로 할 것인가를 결정하는 것이었다. 두 기술은 서로 장단점이 있어서 양산 단계에 이르기 전에는 어느 기술이 유리한지 누구도 판단할 수 없는 상황이었다. 미국, 일본의 업체도 쉽게 결정을 못 내리고 있었다. 당시 나는 일본 반도체 회사의 제조 과장들을 저녁 때 만나 새벽까지 토의했다. 이렇게 몇 차례를 거듭했지만 확실한 정답을 얻지 못했다. 반도체 전문가들도 두 기술의 장단점만 비교할 뿐 어느 쪽이 유리한지 단정 짓지 못했다.

나는 지금도 그렇지만 복잡한 문제일수록 단순히 해보려고 한다. 두 기술을 두고 단순화해 보니 스택은 회로를 고층으로 하는 것이고, 트렌치는 지하로 파들어 가는 식이었다. 지하를 파는 것보다 위로 쌓아올리는 것이 더 수월하고 문제가 생겨도 쉽게 고칠 수 있으리라고 판단했다. 스택으로 결정한 것이다.

이 결정은 훗날 트렌치를 채택한 도시바가 양산 시 생산성 저하로 D램의 선두 자리를 히타치에 빼앗겼고, 16메가 D램과 64메가 D램에 스택 방식이 적용되고 있는 것을 볼 때 올바른 선택이었다.

그리고 93년 또 한 번의 승부수를 띄웠다. 반도체 5라인을 8인치 웨이퍼 양산 라인으로 결정한 것이다. 그때까지만 해도 반도체 웨이퍼는 6인치가 세계 표준이었다. 면적은 제곱으로 증가한다는 것을 감안하면 6인치와 8인치는 생산량에서 두 배 정도의 차이가 난다. 그것을 알면서도 기술적인 위험 부담 때문에 누구도 8인치를 선택하지 못했다.

나는 고심 끝에 8인치로 결정했다. 실패하면 1조 원 이상의 손실이 예상되는 만큼 주변의 반대가 심했다. 그러나 우리가 세계 1위로 발돋움하려면 그때가 적기라고 생각했고, 월반(越班)하지 않으면 영원히 기술 후진국 신세를 면치 못하리라고 판단했다. 반도체 집적 기술은 83년에서 94년까지 10년 동안에만 무려 4천 배가 진보했다. 그만큼 기술 개발 주기가 계속 단축되고 있어서 단기간에 기술을 확보하지 못하면 엄청난 기회 상실을 초래한다. 그래서 나는 단계를 착실히 밟는 편안한 길을 버리고 월반을 택한 것이다.

그리고 93년 6월 5라인을 준공했고 숨 돌릴 새도 없이 6, 7라인에 착공하며 이듬해 7월부터 가동했다. 당시 각종 전문기관의 수요 예측이나 내부의 자금 사정은 추가 투자가 무리한 상황이었으나, 일본 업체들이 투자를 머뭇거릴 때 투자를 감행하는 공격 경영이 필요하다고 판단한 것이다.

그 결과 메가 D램 개발은 일본과 동시에 했지만 양산 시기를 앞당기고 8인치 웨이퍼를 사용함으로써 생산력에서 앞설 수 있었다. 이를 계기로 세계시장에서 일본 업체를 따돌리고 93년 10월 메모리 분야 세계 1위에 서게 된 것이다. 반도체 사업이 세계 정상에 오른 날, 나는 경영진에게 이렇게 말했다.

"목표가 있으면 뒤쫓아 가는 것은 어렵지 않다. 그러나 한 번 세계의 리더가 되면 목표를 자신이 찾지 않으면 안 되며, 또 리더 자리를 유지하는 것이 더 어렵다."

이는 나 스스로 하는 다짐이기도 했다.

03

반도체 신화

> 대사업이란 먼 곳에 있는 것을 주시하는 것이 아니라, 가까운 곳에 있는 분명한 일부터 착실하게 처리하는 것이다.　　　　－ 토머스 칼라일

반도체 1위 기업이 되다

일본의 덤핑 판매 이후로, 삼성은 일본에 의지하던 기술 개발을 미국 쪽으로 선회했다. 그리고 미국 회사에서 근무하던 한국인 기술자의 결정적인 도움을 받아 차세대 제품 개발에 성공할 수 있었다. 다행히 1986년부터 세계시장에서 반도체 가격이 상승하기 시작해 삼성은 명운을 가르는 갈림길에서 성공의 길로 들어섰다.

여기에는 삼성의 기업 전략이 주효했다. 삼성의 기업 전략이란 과거 일본처럼 '미국 회사에서 기술을 사들이고 해외에 확실한 수요자가 없어도 수출한다'는 생산 전략이었다. 결국 삼성은 일본 반도체의 성공 전략을 벤치마킹했지만, 그들의 공격을 받자 미국 기술에 의존하면서 기사회생의 길을 걸었던 것이다.

그 후 삼성은 기술 독립의 필요성을 뼈저리게 느끼고 자체 기술 개발에 매달린 결과 진정한 성공을 거머쥐게 되었다. 국제시장에서

일본과 경쟁을 벌여 승리함으로써 마침내 세계 1위를 차지하고 일류 기업의 반열에 서는 쾌거를 이룩한 것이다. 삼성의 성공은 국내 경제에도 막대한 영향을 미쳤다. 삼성반도체는 1992년 처음 1위에 오른 이후 단 한 차례도 선두를 빼앗기지 않고 20년 가까이 연속 수출 1위의 자리를 지키고 있다.

이병철은 기업의 부침이 심한 우리나라에서 50년간 사업가의 길을 걸어오며 재계 정상의 자리를 지켜온 거목이다. 그는 일단 사업에 손을 대면 언제나 우리나라 제일의 기업으로 만들었고, 그의 손을 거친 물건만은 믿을 수 있다는 신화를 창조해냈으며, 반도체 사업에서도 성공을 거둠으로써 국제경쟁사회에서 '기술 한국'의 이미지를 부각시키는 데 성공했다.

하지만 삼성의 사운을 건 반도체 사업은 이병철의 생전에는 빛을 발하지 못했다.

삼성은 1974년 한국반도체를 인수한 뒤, 무려 13년 동안 연속 적자를 내야만 했다. 적자 규모도 수천억 단위에 달했다. 모두가 반도체 사업은 이미 미국과 일본의 경쟁으로 승산이 없고, 더구나 기술이 전무한 삼성이 무모하게 도전할 사업이 아니라고 했다. 그런데 그토록 적자 사업을 기피하고 수익에 민감했던 이병철은 반도체 사업의 적자에는 관대했다. 반도체 사업만이 첨단산업을 꽃피울 수 있다는 믿음 때문이었다.

이병철은 반도체 계열사 이름을 '삼성통신반도체주식회사'라고 올리자 '삼성반도체통신주식회사'로 바꾸라고 할 정도로 반도체 사업이 미래 삼성의 주력 사업이 될 것임을 확신하고 있었다. 그는 연속 적자에도 불구하고 페어차일드를 인수하는 등 과감한 투자를 계속 진행했으며, 매월 두 차례 이상 과장급 실무자까지 참석시킨 반도체 관련 회의를 주재할 정도로 반도체 사업에 공을 들이고 애정을 쏟아부었다.

아이러니하게도 삼성반도체는 13년 동안 계속적인 적자를 면치 못하다가 이병철이 작고한 다음 해인 1988년에 이르러서야 흑자를 기록하기 시작했다. 묘하게도 창업주가 타계한 이듬해부터 흑자 구도를 만들어냄으로써 2세 경영인인 이건희의 입지를 공고히 굳히고, 선친의 그늘로부터 벗어나 그룹 총수의 자질을 검증받게 해주었다. 1988년에 기록한 첫 흑자는 그동안의 누적 적자를 메우고도 3,000억 원이 남을 정도로 경이적인 것이었다. 그리고 삼성은 1992년 세계 메모리 시장의 최대 강자로 떠올랐다. 메모리에서 벌어들인 돈은 삼성전자가 향후 LCD, 휴대전화 시장을 키울 든든한 자금이 되었고, 이러한 투자가 빛을 발해서 결국 오늘날 세계 굴지의 IT 기업 탄생이라는 기적이 일어난 것이다.

삼성은 D램 시장이 호황을 누리던 1994년, 반도체 사업 부문에서만 약 3조 원 이상의 영업이익을 올리는 등 막대한 성과를 거두며 세계적인 기업으로 도약하기 시작했다. 특히 1990년대 후반 반도체 경기가 극심한 불황을 겪을 때에도 삼성은 흑자 기조를 유지함으로써 '일등기업은 불황에도 살아남는다' 는 신화를 만들었다.

삼성은 D램 반도체 분야에서 20년째 세계 1위를 고수하고 있고, 반도체는 삼성은 물론 대한민국을 먹여 살리는 효자 노릇을 톡톡하게 하고 있다.

이건희가 강력하게 추진했던 반도체 부문 투자는 10년 뒤에 비로소 꽃을 피운 셈이다.

2000년, 삼성전자는 6조 원의 흑자를 냈다. 당시는 세계시장이 호황인 덕분이라고 보는 시각이 많았다. 그런데 다음해 IT 업계에 전 세계적인 불황이 찾아왔다. 세계적인 기업들이 적자의 늪에 빠져들기 시작했다. 하지만 삼성은 2조 9,000억 원의 흑자를 냈고, 2002년, 2003년, 2004년에도 지속적인 대규모 흑자를 내자, 전 세계가 삼성을 주목하기 시작했다. 삼성의 이러한 성공은 10년 이상을 내다본 이건희의 혜안에 기인한 것으로 보아야 한다. 이처럼 미래를 읽는 경영자의 힘은 아무리 강조해도 지나침이 없다.

노어냐? 낸드냐?

모든 사업의 성공에는 선견지명과 운이 따라야 하는 법이다.

지금 삼성전자가 세계시장을 주도하고 있는 플래시메모리는 한 천재의 전문적 안목과 직관력, 그리고 운이 따라준 사례라고 볼 수 있다.

1998년이 저물어갈 무렵의 일이다.

플래시메모리는 전원이 끊겨도 데이터를 보존하는 롬의 장점과 정보의 입출력이 자유로운 램의 장점을 모두 지니고 있어서 갈수록 쓰임새가 커지고 있는 반도체다.

플래시메모리의 원조는 'EEP롬'이라는 제품인데 EEP롬은 D램이나 S램 같은 메모리 제품과 달리 전원이 꺼진 상태에서도 정보를 저장하는 장점이 있으나 속도가 늦고 용량이 작다는 단점도 있어 주로 소형 가전제품의 핵심 정보를 저장하는 데 사용됐다.

플래시메모리는 이러한 EEP롬의 단점을 해결한 제품이다. EEP롬이 한 개의 정보 저장 공간(셀)을 구성하기 위해서 트랜지스터 회로 2개를 사용하는 데 반해 플래시메모리는 1개를 사용했다. 덕분에 용량을 늘리기 쉬워졌다.

플래시메모리는 기본 회로의 특성에 따라 코드 저장형인 '노어(NOR)'와 데이터 저장형인 '낸드' 두 가지로 나뉜다. 당시는 인텔이 노어 방식의 플래시메모리를 일찍 개발해서 시장을 장악하고 있었고, 낸드 방식은 개발 초기 단계에 있었다.

노어 플래시는 읽기 속도가 빨라서 소량의 핵심 데이터를 저장하는 데 많이 사용되었고, 낸드 플래시는 좁은 면적에 셀을 수직으로 배열할 수 있어서 용량을 늘리기 쉽지만 속도가 다소 느렸다.

그러나 황창규는 낸드 플래시의 개발 가능성과 시장 확대를 내다보고 있었다. 그는 낸드 플래시가 휴대형 정보 기기에 쓰이기에 적합한 제품이라는 것을 간파했다. 낸드 플래시가 앞으로 하드디스크 등의 용량이 큰 데이터 저장기기를 대체할 것으로 내다본 것이다.

그러나 당시 삼성 수뇌부는 물론 구조조정본부도 황창규가 주장하는 낸드의 시장성을 점치기 어려워서 선뜻 결정을 내리지 못한 채 시간을 보내고 있었다. 황창규는 속이 탔지만 달리 방법이 없었다.

황창규의 예측대로 1999년 이후 플래시메모리 시장은 기하급수적으로 커지기 시작했다. 그러자 삼성은 이 분야에서도 재빠르게 기술 개발에 나섰다. 1998년에 128메가 제품을 개발한 데 이어 1999년에 256메가, 2000년에 512메가 제품을 연이어 선보였다.

삼성이 이처럼 빨리 성장하자 흥미롭게도 2001년에 도시바가 삼성에 낸드형 플래시메모리 합작 개발을 제안했다. 당시 일본 반도체 업계는 혹독한 불황으로 구조조정을 추진하고 있었는데, 도시바는 D램 사업을 정리하면서 낸드 플래시메모리 사업에 승부수를 걸기 위해서 삼성 측에 극비 제안을 해온 것이다.

도시바는 낸드 플래시메모리에 대한 다수의 기술 특허를 보유하고 있었고, 낸드 플래시메모리 시장을 45퍼센트나 점유한 선두 업체였다.

도시바가 삼성에 사업 합작을 제의한 배경은 삼성의 막대한 자금을 활용하는 동시에 삼성을 자기편으로 만들어서 미래 경쟁자를 사전에 제어하겠다는 포석이었다.

그러나 모바일 시대가 오면 플래시메모리 시장이 급속히 커질 것을 예견했던 황창규는 도시바의 제의를 거부하리라 마음먹었다.

이건희의 결단

이건희는 도시바의 제의를 놓고 두 달 동안 고민을 한 끝에 직접 일본으로 날아가 도시바가 왜 그런 제의를 했는지 확인하기 시작했다. 그때 이건희는 윤종용 부회장, 이윤우 반도체 총괄사장, 이학수 구조조정본부장 등 수뇌부를 모두 일본으로 불러들였다.

시장조사 결과 독자적으로 사업을 추진하는 것이 바람직하다는 잠정 결론을 내린 이건희는 마지막으로 사업 부서장인 황창규를 불러들였다.

"음식점으로 자리를 옮깁시다."

황창규가 호텔에 도착하자 이건희는 머물고 있던 오쿠라 호텔을 빠져나와 일행을 데리고 부근의 샤브샤브 음식점 '자쿠로'로 향했다. 이건희는 이미 자신이 머물고 있는 것으로 알려진 호텔은 보안이 100퍼센트 유지된다고 장담할 수 없어 음식점으로 자리를 옮긴 것이다. 삼성 수뇌부가 모두 회동한 이 자리는 삼성의 간판 사업인 반도체의 미래를 결정하는 아주 중대한 자리였다.

“황 사장, 도시바 제의를 어떻게 생각하나요?”

이건희는 황창규에게 물었다.

“낸드 플래시는 저희 회사가 수종사업(樹種事業)으로 키워온 핵심 프로젝트입니다. 독자적으로 사업을 추진하는 것이 바람직합니다. 지금은 도시바에 비해 기술 수준이 조금 뒤지지만 1년 안에 따라잡을 수 있습니다. 제게 맡겨주십시오.”

황창규는 단호하게 독자 개발을 주장했다.

“좋소. 도시바가 기분 나쁘지 않게 정중하게 거절하고 우리 페이스대로 나갑시다.”

이건희는 황창규의 주장을 받아들이고, 도시바의 제의는 정중히 거절했다.

이렇게 해서 오늘날 애플의 아이폰이나 아이패드, 각종 MP3 기기나 휴대 장치에 없어서는 안 될 부품으로 자리 잡은 삼성의 낸드 플래시메모리가 태어난 것이다. 사실 어떻게 보면 삼성으로서는 도시바의 ‘러브콜’을 뿌리치기 어려운 상황이었다. 당시 도시바는 세계 시장의 45퍼센트 이상을 점유하고 있었고 삼성으로서는 앞날을 장담할 수 없는 상황이었다.

그러나 황창규는 기술 개발에 자신감을 가지고 있었고 시장이 열릴 것이라는 자신의 판단을 믿었기에 낸드 플래시메모리의 독자 사업을 밀어붙인 것이다.

천재적 엔지니어와 선견력을 가진 오너의 결단이 반도체의 역사를 바꾸어놓는 순간이었다. 그러한 결단이 없었다면 낸드 플래시메모리 사업은 도시바의 그늘에 가려 몇 년은 후퇴했을 것이다.

그 후 삼성은 도시바의 견제를 완전히 따돌리고 낸드 플래시메모리 분야에서 우월한 입지를 확보해나갔다. 이것이 'D램 신화'에 이은 '플래시메모리 신화'의 시작이었다.

도시바가 공동 개발을 제안했던 2001년에 삼성은 낸드 플래시메모리 시장에서 시장점유율 27퍼센트로 도시바에 이어 2위였으나, 다음 해인 2002년에는 1기가 제품으로 시장점유율을 단숨에 45퍼센트까지 끌어올리면서 1년 만에 도시바를 제치고 1위로 올라섰다.

삼성은 2001년 1기가, 2002년 2기가, 2003년 4기가, 2004년 8기가, 2005년에 16기가, 2006년에 32기가 플래시메모리를 독자적으로 개발하는 데 성공했다. 이러한 성과는 빠른 시장 점유율로 나타났다.

오랫동안 인텔이 세계시장 점유율 1위를 유지하는 상황에서 삼성은 독자적으로 개발한 낸드형 플래시메모리 제품으로 점차 시장을 확대해나갔다. 그리고 마침내 2003년, 전체 플래시메모리 분야에서 인텔을 제치고 선두를 차지했다.

삼성은 2004년 낸드 플래시의 세계시장 점유율 65퍼센트를 달성함으로써 또 하나의 월드베스트 제품을 갖추게 되었다.

황창규는 2005년 세계 지식 포럼(WKF)에서 이렇게 밝혔다.

제가 플래시메모리를 예찬하는 이유는 이것이 전자 부품이면서도 새로운 제품 시장을 창출해낸다는 데 있지요. D램은 아무리 잘 만들어도 PC 시장의 경기가 안 좋으면 생산 업체로선 꼼짝할 수 없습니다. 공급과잉 상태를 앉아서 당할 수밖에 없는 것이 D램 사업의 맹점이지요. 하지만 플래시메모리는 다릅니다. 플래시메모리는 휴대전화, 디지털 카메라나 디지털 캠코더, MP3, USB 드라이브 등에 핵심 부품으로 들어가면서 디지털 저장 장치의 혁명을 이끌고 있습니다. 더욱이 이들 완제품이 부품인 플래시메모리의 규격이나 가격을 정하는 것이 아니라, 플래시메모리의 생산에 맞춰 완제품을 생산하기 때문에 과거 전자 부품과 완제품 사이에서 볼 수 있던 관계가 뒤바뀐 것입니다. MP3 플레이어 시장에서 한국이 세계 최강이 된 것도 플래시메모리가 있기에 가능했고, 노키아 등의 휴대전화 업체들도 이젠 삼성전자의 플래시메모리가 없으면 제품을 못 만들 정도가 됐습니다.

성공 신화를 바탕으로 한 사업 영역 확장

삼성전자는 반도체에서의 성공을 바탕으로 사업 영역을 넓혀갔다. 삼성전자가 D램에 이어 진출한 사업 영역은 플래시메모리와 LCD 그리고 휴대전화이다.

플래시메모리는 그 공정이 D램과 유사하며, D램과 생산 라인의 공유가 가능하다. LCD 역시 각각의 화소가 하나의 트랜지스터이므로, D램과 생산공정이 유사하다.

D램에 이어 삼성이 올인한 플래시메모리, LCD는 모두 산업 표준이 존재하고, 범용 기술로 생산 가능한 일상재적인 성격을 갖는다. 삼성전자의 기술과 제품군의 가장 큰 특징은 산업 표준이 있고 분명한 기술 발전의 트레젝토리(trajectory), 즉 진화 발전 방향이 뚜렷한 기술에 집중한다는 것이다. 다시 말하면 산업 표준이 있고, 범용 기술이기 때문에 삼성이 후발 기업이었음에도 생산 설비에 투자함으로써 사업을 시작할 수 있었고, 그것이 삼성의 체질과 맞아 떨어져서 기록적인 성공을 거둘 수 있었다.

메모리형 반도체는 18개월마다 메모리의 집적도가 두 배 증가한다는 '무어의 법칙'에 입각하여 발전해왔다. 삼성전자는 기술의 발전 방향을 설정하고 연구개발 노력을 배가했다. 예를 들어 128메가 D램의 시판 다음에는 18개월 내에 256메가 D램의 시대가 올 것이므로, 삼성전자가 가진 단 한 가지 목표는 18개월 이내에 256메가 D램을 개발하여 시판하도록 모든 직원이 합심하여 노력하는 것이다. 마찬가지로 플래시메모리에는 12개월마다 집적도가 두 배 증가한다는 이른바 '황의 법칙'이라는 트렌드를 만들어내기까지 했다. 삼성전자의 LCD 사업도 역시 집적도를 높여가면서 패널의 사이즈를 키우고 동시에 수율을 높여 비용을 절감하는 뚜렷한 기술의 발전 방향이 존재한다.

소니가 세상에 단 하나밖에 없는 유일한 제품을 만드는 데 주력했다면, 삼성전자는 이미 시장이 성숙한 일상 제품을 생산하면서, 비용 절감을 꾀하여 경쟁 우위를 추구하는 방법을 선택해왔다. 이렇게 일상재적인 성격의 제품에 집중하는 삼성전자와 소니는 포트폴리오에서 극명한 대조를 이룬다. 이 대조는 소니가 몰락한 이유이고, 이후 미래의 삼성이 떠안아야 하는 문제가 된다.

제2의 IT 혁명을 이끄는 반도체

요즘 길이나 지하철에서 마주치는 젊은이들에게 디지털 기기는 없어서는 안 될 필수품이다. 그들은 MP3 플레이어를 목에 걸고 있거나 주머니에 넣고 다니며, 둘 중 하나는 귀에 이어폰을 꽂고 있다. 또 껌 크기만 한 USB 드라이브를 휴대전화 고리에 달고 다니는 비즈니스맨들도 부지기수다.

이미 휴대전화는 초등학생부터 노인들까지 안 가진 사람을 찾는 것이 힘들 정도다. 디지털카메라나 디지털 캠코더도 이제는 각 가정에 한 개씩은 가지고 있다.

2007년 이후, 스마트폰은 제2의 전자통신 혁명, 즉 '모바일 빅뱅'을 몰고 왔다. 아이폰과 아이패드가 몰고 온 '애플 쇼크' 이후 전 세계는 스마트폰의 파도에 휩쓸리고 있다.

이 같은 디지털 저장 장치나 모바일 기기를 구동시키는 대표적인 부품이 플래시메모리다.

휴대용 저장 매체로 플래시메모리가 활용되는 이유는 전원이 꺼져도 데이터가 그대로 유지되는 특성 때문이다. 모바일 제품은 사용하지 않을 때 전원을 꺼놓는데 이 같은 상태에서도 데이터를 그대로 유지한다. 이제 플래시 러시가 소비자 생활에도 '혁명'을 가져오리라는 것을 의심하는 사람은 아무도 없다.

낸드 플래시는 MP3, 휴대전화, 디지털 카메라, 디지털 캠코더, 게임기, 스마트폰, 노트북뿐만 아니라 각종 가전제품, 자동차, 항공기, 배, 블랙박스에 본격적으로 채용되기 시작하고 있다. 2기가급 플래시메모리 하나면 미국과 캐나다 지도를 통째로 담을 수 있기 때문에 이미 고급 차종인 벤츠, 렉서스 등에는 영상 이미지센서와 함께 장착되어 블랙박스 및 내비게이션으로 활용되고 있다. 5년에서 10년 후에는 좀 더 대중화될 것이므로 플래시메모리 시장은 더욱 확대될 것이다.

낸드와 노어 플래시메모리의 장점만을 결합해서, 읽기와 쓰기 속도가 탁월하게 만든 '퓨전 메모리'도 디지털 혁명에서 빼놓을 수 없는 공신이다. 이미 휴대전화 시장에서는 80퍼센트 이상이 퓨전 메모리를 채용하고 있다.

퓨전 메모리란 바로 메모리와 시스템 LSI(정보 저장 기능이 없는 반도체)를 결합한 멀티칩 패키지다. 이러한 멀티칩 패키지가 가능한 이유는 삼성이 지속적으로 신개념의 메모리 반도체를 생산해내고 있기 때문이다.

삼성은 특히 퓨전 메모리인 '원낸드'를 차세대 성장 동력으로 지목했다. 2005년 6월, 300밀리미터급 시스템 LSI 전용 라인을 가동하기 시작한 삼성전자는 LSI 분야에서 '톱5'로 진입했다. 또 65나노급 차세대 로직도 개발하는 한편 10년이 넘게 세계 1위를 차지하고 있는 DDI(디스플레이 구동칩)는 D램, 플래시에 이은 차세대 '캐시카우'가 되었다.

삼성은 전 세계 D램 시장은 물론 플래시메모리와 퓨전메모리 시장을 장악함으로써 당분간 반도체 블루오션을 지속적으로 항해할 것으로 보인다.

앞에서 살펴본 대로 삼성의 메모리 반도체는 하드 드라이브를 대체하거나 전에는 있지도 않았던 디지털 기기 영역을 개척·확장함으로써 삼성호를 순항시키고 있다. 그야말로 반도체가 만드는 유토피아가 열리고 있는 것이다.

인텔 엔터프라이즈의 프로세서 최고기술책임자(CTO)인 로버트 융은 2005년 서울에서 열린 세계 지식 포럼에서 앞으로의 반도체 사업을 이렇게 전망했다.

앞으로 30년 이내에 반도체칩의 사이즈와 비용이 비약적으로 적어지고 성능은 1만 배 이상 개선되는 추세가 이어질 것이다. 현재 반도체의 계산 능력을 동물로 따지면 쥐 수준이며 향후 20년 이내에 계산 능력이 인간 수준으로 개선될 것이다. 2060년경이 되면 계산 능력이 전 인류의 두뇌 능력을 합한 것 이상으로까지 개선될 것이다. 앞으로 사람 사이의 모든 의사소통 기구는 컴퓨터화할 것이며 모든 컴퓨터는 의사소통이 가능해질 것이며 이 같은 반도체 혁명으로 사람의 생활과 문화도 크게 바뀔 것이다.

삼성전자 반도체 사업 일지

※ **1974년** 한국반도체 인수로 반도체 사업 진출

※ **1983년** 이병철 '도쿄선언'(반도체 사업 본격화)

　미국, 일본에 이어 세계 3번째 64K D램 개발, 기흥공장 착공, 삼성반도체통신 설립

※ **1988년** 삼성전자, 삼성반도체통신 합병

※ **1992년** 64메가 D램 세계 최초 개발, D램 시장 세계 1위

※ **1993년** 세계 메모리 반도체 1위

※ **1994년** 256메가 D램 세계 최초 개발

※ **1996년** 1기가 D램 세계 최초 개발

※ **2001년** 4기가 D램 세계 최초 개발

※ **2002년** 황창규 사장 '메모리 신성장론(황의 법칙)' 발표

※ **2003년** 플래시메모리 세계 1위

※ **2004년** 삼성반도체 사업 진출 30년, 60나노 8기가 플래시메모리 개발

※ **2005년** 60나노 16기가 플래시메모리 개발, 화성반도체 제2단지 착공

※ **2010년** 5월 17일, 화성반도체 16라인 기공식

고립 속에 조금이라도
놀랄 만한 것이 이루어진 적은 없다.
개인의 경쟁력은 ‘당신이 아는 것’에
‘당신이 아는 사람’을 곱한 것과 같다.

– 첼 A. 노오스토롬

삼성전자의 현주소

후계자 이건희

준비된 황태자

삼성전자는 2009년에 이어 2010년에도 세계 전자 업체 중 매출과 수익면에서 1위의 자리를 고수함으로써 세계가 주목하는 IT기업으로 등극했다.

일제의 혹독한 식민지 통치와 참담한 한국전쟁을 겪은 세계 최빈국에서 매출 분야 세계 1위인 전자 기업이 탄생한 것이다. 그것은 전자 사업을 시작한 지 40년 만에 이룩한 도전의 역사다.

삼성전자의 성장에 큰 획을 긋는 두 가지 사건이 있다면 반도체에 '올인' 할 것을 공표한 이병철의 1983년 도쿄선언과 이건희의 1993년 '프랑크푸르트 신경영 선언'이다. "마누라와 자식 빼고 모두 다 바꿔라!"라는 말로 유명한 신경영 선언 이후, 삼성은 선대 회장이 일구어놓은 국내 1위의 기업에서 세계 1위를 향해서 성장하는 기업으로 거듭나기 시작했다.

세상 사람들은 이건희를 선대인 이병철의 체제와 카리스마를 그대로 이어받은 행운아 정도로 알고 있다. 이건희 체제로 들어서면서부터 삼성전자는 반도체 분야 세계 1위로 도약한 후 LCD, 휴대전화 분야에서 놀라운 실적을 올리며 LCD TV, PDP TV, 모니터, D램, 블루레이 플레이어, 터치폰, 스마트 TV, 3D TV, 모노레이저 복합기, DDI, 스마트폰용 애플리케이션 프로세서(AP) 등 20여개 품목을 세계 1등 제품으로 만들어냈다.

그런데 이러한 실적이 선대 회장의 후광만으로 가능한 것이었을까?

삼성전자가 이 같은 실적을 올리기까지는 삼성호의 키를 이어받은 새로운 선장 이건희의 새로운 리더십이 필요했다.

'창업은 쉽고, 이룬 것을 지키기는 어렵다(創業易守成難)'는 말이 있다.

창업 1대에서 거대한 부나 사업을 이룩했더라도 자손들이 이어받아서 더욱 큰 번영을 누리는 경우는 매우 드물다. 창업자는 자신이 일으킨 사업의 요체를 정확히 파악하고 있고 많은 경험이 축적되어 있어서 난제가 생길 때 적절히 대응하고 위기를 넘길 수 있다. 하지만 창업 2대는 그렇지 못한 경우가 허다하다. 대개 창업자의 자손들은 창업자보다 더 좋은 교육을 받고, 더 논리적이며, 더 좋은 품성을 타고난다. 하지만 사업은 지식이나 품성만으로 이루어지는 것이 아니기 때문에 그들이 수성(守成)을 이루어내는 경우는 극히 드물다. 한마디로 말해서 창업도 어려운 일이지만 그만큼 수성도 어려운 것이 사업이다.

사실 선친의 유업으로 삼성호의 키를 쥔 새로운 선장은 망망대해에 떠 있는 망연함을 무수히 느꼈다고 한다. 이건희는 2세 경영인으로서 수성을 하기 위해서는 창업보다 더 진지한 각오와 각고의 노력이 필요하다는 것을 절실하게 느꼈다. 그는 매년 〈포춘〉지가 발표하는 세계 500대 기업 리스트를 보면서 기업의 평균수명은 30년, 즉 십 년에 3분의 1씩 도태되고 있다는 현실을 직시했다.

이건희는 셋째 아들이다. 장자를 선호하는 우리나라의 전통적인 승계 방식대로라면 후계자가 될 수 없었던 사람이었다. 하지만 이병철은 일찌감치 자식들의 숨겨진 재능을 간파했고 태종 이방원이 그랬던 것처럼 셋째 아들을 후계자로 지목하고, 그가 기업을 이어받는 데 아무 걸림돌도 남겨놓지 않았다. 그런 점에서 이건희는 행운아이기는 했다.

이건희는 거함 삼성호의 키를 물려받기까지 아버지에게서 혹독한 경영수업을 받았다. 그는 1978년 삼성그룹 부회장으로 승진한 이후 회장실 바로 옆방에서 근무했다. 그는 아버지의 스케줄에 맞추어 그림자처럼 수행하며 황태자 교육을 받았고, 용인에 있는 아버지 숙소로 가서 취침을 확인한 후 귀가하는 생활을 계속했다. 말하자면 이건희는 아버지에게 삼성을 단순히 물려받은 게 아니었다. 그는 소위 제왕학(帝王學)이라 할 수 있는 후계자 교육을 철두철미하게 받았다.

이병철은 자신의 후계자가 될 아들에게 "사람에 대한 공부를 가장 많이 해라" "적고 또 적어라. 거기서 큰 그림이 나온다" "말을 삼가고 반복해 캐묻고 경청하라" "검을 들되, 휘두르지 않고 목적을 달성하라" 등의 뜻 깊은 가르침을 남겼다. 이건희가 훗날 시대를 앞서가는 경구를 말하고, 시대를 예견할 수 있었던 것은 그만큼 많은 공부와 생각과 정신적 단련을 했기 때문이다.

이건희는 이 땅에서 처음 공식적으로 '인재제일'을 부르짖으며 자기 인생의 80퍼센트를 인재를 키우는 데 투자했던 사람을 아버지로 두었다. 그는 그런 아버지 밑에서 일거수일투족을 보고 배우며 후계자로 키워졌다.

말하자면 이건희는 아버지에 의해서 만들어진 완벽한 후계자인 셈이다. 이 '완벽한 황태자'는 때로 개인적으로 고독을 느끼면서도, 강력한 리더십이 무엇이고 번뜩이는 카리스마가 무엇인지를 철저하게 깨달은 셈이다.

이병철은 경영 일선에 항상 셋째 아들인 이건희를 동반하고 다녔다. 그는 늘 아들에게 그 자리에서 '직접 해보라'며 많은 일을 주문했다. 하지만 그 어떤 일도 자세하게 설명해주지 않았다. 이건희는 "이럴 때는 이렇게 하고, 저런 경우에는 저렇게 처리하라고 구체적으로 가르치는 식이 절대 아니었다"고 회고했다.

25년간 삼성그룹의 자문 역할을 맡아온 이창우 성균관대학 명예

교수는 『다시 이병철에게 배워라』(서울문화사, 2003)에서 "이병철 회장은 후계자인 이건희 회장을 교육시킬 때 무엇보다 2세 경영인으로서 상황 변화에 대처하는 '어떻게(How)'의 개념을 심어주기 위해 노력했다"고 언급했다. 이건희는 문제가 생길 때마다 어떻게 대처할 것인가를 자신에게 끊임없이 물으며 사고를 키워나가는 소위 '케이스 스터디(case study)'를 받았다. 이것이 이병철식 후계자 교육의 핵심이었던 것이다.

이병철의 독특한 교육 방법은 경영자 수업을 받는 학생 이건희에게는 매우 난감한 퍼즐과도 같았다. 이건희는 답답하기도 하고 이해되지 않을 때도 많았다. 그렇다고 회장실을 박차고 들어가 이것은 이렇고, 저것은 저렇고 따져 물을 처지도 아니었다. 속절없이 속만 태우며 스스로 풀어나가야만 했다.

그런 아들의 마음은 모르겠다는 듯이 이병철은 현장에서 부딪치며 스스로 익히는 방식을 묵묵히 고수했다. 20년 가까운 시간이 지나면서 '가르치기보다는 스스로 배우고 익히게 만든다'는 독특한 수업 방식이 점차 빛을 발하기 시작했다.

이건희는 훗날 "어느덧 현장을 통해 경영을 생각하는 자신을 발견하게 됐다"고 회고했다. 여건에 따라 수시로 변하는 것이 경영 현장이므로 해결하는 방법도 그만큼 다양하다는 것을 깨달은 것이다. 이건희는 모든 상황에는 그에 적절한 대처 방식이 있다는 사실을 자연스럽게 알게 되었다.

이처럼 아버지 이병철의 엄격하면서도 독특한 교육은 이건희에게 삼성그룹을 지금의 재계 1위 기업으로 성장시키는 초석이 되었다. 이 당시 자신이 받은 경영 수업에 대해 이건희는 자신의 에세이집에서 이렇게 회고했다.

선친은 경영일선에 항상 나를 동반하셨고 많은 일을 내게 직접 해보라고 주문하셨다. 하지만 자세하게 설명해주지는 않으셨다. 현장에 부딪치며 스스로 익히도록 하셨던 것이다. 이런 시간이 쌓이면서 '경영은 이론이 아닌 실제이며 감(感)'이라는 체험적 교훈을 배웠다. 한편 장인은 기업 경영과 관련된 정치, 경제, 법률, 행정 등의 지식이 어떻게 서로 작용하며, 이 지식들을 어떻게 활용할 것인지를 문답식으로 자상하게 설명해주셨다. 결국 나는 두 분의 가르침을 통해 경영에 관한 이론과 실무를 동시에 배운 셈이다.

이건희에게는 이병철의 평생 사업 동반자인 홍진기 중앙일보 회장이 있었다. 법무부와 내무부 장관을 지낸 홍진기는 1965년부터 1986년 세상을 떠날 때까지 중앙일보와 동양방송을 이끌었고, 이건희와는 장인과 사위로 인연을 맺은 사이이기도 했다.

1987년 11월 19일, 삼성 사장단은 이병철이 숨을 거둔 지 5분 만에 삼성그룹의 회장으로 이건희를 추대한다.

삼성그룹의 총수가 된 이건희는 회장 취임 4개월 만에 한 월간지와 가진 인터뷰에서 다른 재벌 2세들과는 달리 자신은 준비된 후계자임을 천명하는 의미심장한 발언을 한다.

그가 부회장이 된 것은 10년 전이지만 실제 후계자로 지명을 받은 것은 15년이 넘었고, 그 15년이라는 긴 세월 동안 삼성호를 넘겨받을 준비를 해왔다는 것을 강조했다. 신경영 선언 이후, 이건희는 그가 얼마나 많이 훈련되었고 준비해왔는지를 행동으로 보여주었다.

젊은 선장은 불안했다

삼성호의 키를 넘겨받은 46세의 젊은 선장은 불안했다.

당시 삼성은 국내에서 가장 잘나가는 기업이었다. 삼성의 매출은 국내 1위를 달리고 있었고, 삼성인들의 사기와 자부심은 그 어느 때보다 높아 보였다. 그러나 이건희는 삼성이 국내 제일의 기업이라고 하지만 많은 문제점을 안고 있다고 생각했다.

삼성전자는 3만 명이 만든 물건을 6천 명이 고치러 다닙니다. 이런 낭비적 집단은 이 세상에 없어요. 삼성전자는 암으로 치면 2기입니다.

사람들은 신속한 애프터서비스(AS)가 삼성전자의 강점이라고 했지만, 신임 회장이 보기에 삼성전자는 중병에 걸린 환자였다. 새로운 선장은 삼성전자를 살리는 길은 변화와 개혁밖에 없다고 생각했다.

직관력이 빠른 이건희는 무엇인가 다른 세상이 가까이 오고 있음을 감지하기 시작했다. 산업화 시대, 즉 굴뚝산업이라고 불리는 제조업 시대가 저물고 컴퓨터, 인터넷으로 대변되는 지식정보화 사회가 다가오고 있었던 것이다. 앨빈 토플러와 피터 드러커의 애독자인 젊은 회장 이건희는 산업화 시대와 지식정보화 시대는 전적으로 다른 시대라는 것을 인식하고 있었다.

그는 삼성인 개개인은 모두 훌륭하지만 의사소통이 잘 안 되고 있다는 것, 너무 급하게 결과를 얻으려고 해서 진정한 연구가 이루어지지 않고 있다는 것, 그러면서도 한국에서 제일이라는 쓸데없는 자만에 빠져 있다는 것을 간파하고 여러 차례 지시를 내렸다.

잘한다는 삼성이 왜 이것밖에 못 만들고, 그것밖에 못 받느냐. 우리

삼성은 분명히 2류다. 지금은 죽느냐 사느냐 할 때이다. 단지 더 잘해
보자고 할 때가 아니다.

이건희는 삼성호를 넘겨받은 이듬해인 1988년, 새롭게 각오를
다지며 제2의 창업을 선언했다. 그는 '세계 초일류 기업으로의 도
약'을 그룹의 21세기 비전으로 제시하며 대대적인 구조조정에 들
어갔다. 그는 경영의 효율성을 높이기 위해 그때까지 분리되어 있
던 전자, 반도체, 통신을 삼성전자 산하로 합병하고 유전공학, 우주
항공 분야의 신규 사업을 추진하는 단안을 내렸다. 또한 선대 회장
시절 막강한 정보력과 권한을 자랑했던 비서실부터 대대적 개혁을
시작했다.

그런데 여러 해가 지나도 50년 동안 굳어진 삼성의 체질은 쉽게
바뀌지 않았다.

취임 직후인 1988년 5월, 이건희는 마이크로파이브를 인수하고,
10월에는 프랑스 빠이오와 합작회사를 설립하는 등 의욕적으로 공
격 경영에 나섰지만, 조직 안팎에서는 우려와 의심 어린 시선으로
새로운 선장의 항해를 바라볼 뿐이었다. 이건희는 답답했다. 어디
서부터 어떻게 구체적으로 풀어나가야 할지 막막했다.

제2의 창업 선언을 하고 5년 동안 삼성호를 이끌던 새 선장은 점
점 더 큰 위기감을 느끼기 시작했다. 이건희는 자신이 이끄는 삼성
이 3류 기업으로 전락할지도 모른다는 불안을 떨쳐버릴 수 없었다.

그 당시를 그는 이렇게 회고했다.

회장으로 취임한 이듬해, 제2의 창업을 선언하고 변화와 개혁을 강조했다. 그러나 몇 년이 지나도록 변하는 것이 없었다. 50년 동안 굳어진 체질은 너무도 단단했다. 삼성이 제일이라는 착각에서 벗어나지 못했다. 특히 1992년 여름에서 겨울까지 나는 불면증에 시달렸다. 이대로 가다가는 삼성 전체가 사그라질 것 같은 절박한 심정이었다. 체중이 10킬로그램 이상 줄었다.

모든 후계자는 보이지 않는 부채를 가지고 있다. 물려받은 자산은 자기 자신이 일구어낸 것이 아니기 때문이다. 그 자산이 큰 것일수록 물려준 사람의 영향력에 짓눌리게 마련이다. 이건희에게 아버지가 드리운 그림자는 너무 짙었다. 새로운 회장이 취임하고 오랜 시간이 지났는데도 사장단과 임원진, 비서진들은 기득권을 놓치지 않기 위해 서로 눈치만 보고 움직이지 않았다. 그렇다고 지난날 많은 업적을 남기며 아버지와 함께 삼성을 키워온 원로들을 함부로 내칠 수도 없는 일이었다.

이건희 체제가 시작된 시점은 국내외 정세가 소용돌이치던 시기이기도 했다.

국내에서는 1987년 6월 항쟁 결과로 전두환 대통령이 후계자로 지목한 노태우 후보가 대통령 직선제라는 국민의 민주주의적 열망을 받아들였고, 1988년에는 서울 올림픽이 성공적으로 치러졌다. 국제적으로는 1985년 소련의 고르바초프가 페레스트로이카를 선언한 이래 냉전 체제가 종식되고 냉전보다 더 무서운 경제 전쟁이 본격화되고 있던 시기였다.

그런 와중에 이건희는 세계 각국을 순방하면서 세계시장에서 삼성이 차지하는 초라한 위상을 확인하고, 절체절명의 위기감 속에서 새로운 변신을 시도한다.

삼성전자는 1988년 6월, 중국에 현지 공장을 건설하는 것을 시작으로 9월에는 헝가리에 컬러 TV를 생산하는 합작회사 공장을 건설하기로 합의서를 교환했다.

1993년 1월, 이건희는 삼성의 전자 관련 사장단을 이끌고 LA 시내의 가전제품 매장을 둘러보다가 아연실색했다. 매장 중앙에는 GE, 월풀, 필립스, 소니, NEC 등 세계적 브랜드의 상품들이 전시되어 있었는데, 삼성 제품은 눈에도 잘 띄지 않는 구석에 처박혀 있었던 것이다. 이건희는 삼성의 현주소를 거기서 읽었다.

당시 삼성 제품은 월마트 등의 할인점에서 중저가 제품으로 팔리고 있을 뿐 블루밍 데일스나 노드스트롬 같은 고급 백화점에서는 제대로 취급하지도 않고 있었다. 삼성 제품은 누가 보아도 세계 일류 상품들에 비해 기능이나 디자인 면에서 뒤떨어져 보였다.

이건희는 이렇게 나가다가는 삼성이 세계 일류 기업이 되기는커녕 삼류로 몰락하고 말 것이라는 불길한 예감에 사로잡혔다. 그는 그해 2월, 김광호 삼성전자 사장, 윤종용 삼성전기 사장 등 7, 8명의 전자 사장단을 불러들여 LA에 있는 센추리플라자 호텔에서 '전자부문 수출품 현지 비교평가회의'를 열었다.

이 비교평가회의가 열린 200여 평의 홀에는 VTR, 냉장고, 세탁기, 에어컨, 텔레비전, 전자레인지 등 78가지에 이르는 경쟁사의 제품들이 삼성 제품과 나란히 전시되어 있었다. 여러 회사의 제품이 한자리에 모이자 제품의 디자인, 재질, 성능이 한눈에 비교되었다.

이건희는 세계 최고 제품의 디자인과 품질을 삼성 제품과 비교, 평가했다.

삼성이 생산하는 VTR의 부품이 도시바보다 30퍼센트나 많으면서 가격은 오히려 30퍼센트가 싼데, 어떻게 경쟁이 되겠습니까? TV의 가로, 세로가 4 대 3이나 16 대 9가 아닌, 독창적인 와이드 제품을 만들어야 합니다. TV 브라운관이 볼록한데 평면으로 만드는 길을 찾아봅시다. 그리고 리모컨이 너무 복잡해요. 리모컨이 복잡한 것은 기술진이 사용자들의 편의를 생각지 않았기 때문입니다. 손에 잡기 쉽고 간단히 온오프 기능만 있는 리모컨을 만드는 방안을 연구해봅시다.

그는 제품의 겉모양만을 따진 것이 아니라 사장단이 보는 앞에서 삼성 제품과 경쟁사 제품을 하나하나 분해하면서 제품의 기능과 부품들의 차이점을 지적해나갔다. 그 결과 삼성 제품의 문제점이 고

스란히 도출되었다. 삼성 사장단은 모두 하나같이 이건희의 지적에 공감하고 고개를 떨어뜨렸다. 회의가 끝날 즈음 이건희는 비장한 어조로 말했다.

삼성은 지난 1986년도에 망한 회사입니다. 나는 이미 15년 전부터 위기를 느껴왔습니다. 지금은 잘해보자고 할 때가 아니라 죽느냐 사느냐의 기로에 서 있는 때입니다. 우리 제품은 선진국을 따라잡기에는 아직 멀었습니다. 2등 정신을 버리십시오. 세계 제일이 아니면 앞으로 살아남을 수 없습니다.

이 말은 삼성이 국내 최고라는 자만심에 빠져 있던 삼성 사장단에게는 폭탄 선언이었다. 이건희는 이 비교평가회의를 나흘 동안이나 주재하면서 사장단 전체에게 자기가 만든 제품의 속까지 낱낱이 알지 못하면 안 된다는 것을 깨닫게 했다. 훗날 이건희는 LA 회의의 의미를 다음과 같이 밝혔다.

LA 회의는 현 위치를 바로 알자는 것이었다. 과거 10년간 삼성은 너무 놀았다. 방향도 엉망이었다. 바로 가자, 힘을 합치자, 우리의 위치를 알자! 실력에 비해 너무 억울한 것 아니냐는 안타까움에서 마련된 게 LA 회의였다.

타고난 엔지니어 정신의 소유자

그런데 이건희는 어떻게 전자 제품을 하나하나 분해하면서 제품의 기능과 부품들의 차이점을 지적할 수 있었을까?

그는 일본 와세다대학에서 경제학을, 미국 조지워싱턴대학에서 경영학을 전공했다. 전공으로 보면 그가 그런 능력을 지니고 있을 이유가 없다. 하지만 그는 어려서부터 직접 전자제품을 분해해보고 조립하는 취미를 가진 덕분에 오디오, VTR, 심지어 자동차마저도 뜯어보고 조립할 줄 아는 실력을 갖추고 있었다. 또한 이건희는 그 취미를 엔지니어링 경영에 접목시켜서 각 분야에서 전문가 못지않은 전문 지식을 갖추고 있었다. 그는 세계 어느 경영자보다 과학 기술을 중시하는 사람이고, 그러한 엔지니어 정신에 투철한 경영을 해야 한다고 믿는 사람이었다. 그래서 이건희는 심지어 이런 철학적인 말까지 남겼다.

사물의 본질을 알지 못하면 주체적인 삶을 살 수 없다. 수동적인 존재, 겉도는 존재로 남고 만다. 가령 지하철을 타더라도 그 운행 원리를 알지 못하면 그것은 '타는' 것이 아니라 그것에 '태워지는' 것에 불과하다. 삶이란 언제나 그러한 것이다.

그의 취미 중 가장 독특하고 괄목할 만한 성과를 거둔 것은 각종 기계의 분해와 조립이라고 할 수 있다. 그는 유학 시절부터 중고차

나 전자 제품을 사서 그 원리를 알기 위해 뜯어보고 다시 조립하곤
했다. 그 결과 휴대전화든 오디오든 웬만한 첨단기기를 직접 분해
하고 조립할 수 있는 능력을 갖췄다.

일본과 미국 소재 삼성 지사의 주요 업무 중 하나는 선진 제품의
개발 동향이나 컴덱스쇼 등 전시회 관련 비디오나 신제품을 회장에
게 보내는 것이다. 또한 삼성전자에서 개발하는 신제품은 항상 회
장에게 가장 먼저 보내진다.

제품을 받아본 이건희는 GE, 노키아, 소니 등 경쟁사의 신제품과
삼성 제품을 비교했다. 놀라운 것은 단지 비교만 하는 게 아니라 직
접 그 제품을 사용해보는 것은 물론, 어떤 경우에는 제품을 분해하
고 재조립해보면서 매우 구체적으로 비교 분석한다는 점이다. 삼성
에서 라인스톱 제도나 비교전시 경영이 가능했던 것은 이건희의 이
러한 엔지니어 정신과 관련이 있다.

컴퓨터 작업은 직원들에게 시키면 된다고 믿는 경영자들이 많이
있다. 그러나 이건희는 "자신이 모르는 일을 하는 사람의 생산성을
무슨 수로 평가한단 말인가?" 하고 묻는다.

그는 생산관리와 품질 향상은 설비 생산성의 향상만으로 해결되
지 않는다는 것을 알고 있다. 제품의 경쟁력은 생산량에 대한 경쟁
력이 아니라 생산관리 방법의 경쟁력이라고 강조하면서 제품은 엔
지니어 경영자가 만들어야 한다는 지론을 가지고 있는 것이다. 그
결과 엔지니어 경영 철학이 생겨났다. 이건희 취임 이후 삼성이 엔

지니어 중심의 경영을 하게 된 데도 이러한 엔지니어링 정신이 작용한 것이다.

그래서 이건희가 회장으로 취임한 이후 삼성전자에는 자연스럽게 엔지니어 CEO들의 전성시대가 도래했다. 이건희는 "기술의 진행 방향을 아는 사람이 전자 CEO를 맡아야 한다"며 관리 부문 출신 사장을 테크노 CEO인 강진구 사장으로 교체했다. 그 후 삼성전자는 강진구 – 김광호 – 윤종용으로 이어지는 테크노 CEO들의 활약으로 반도체, 휴대전화, LCD로 이어지는 월드베스트 상품을 만들어내 세계 초일류 기업의 대열에 들어가게 된다.

이건희는 미국 유학 생활 1년 반 동안 승용차를 여섯 번이나 바꾸었는데, 그 이유가 재벌 2세로서의 호사가 아니라 차를 보다 잘 알기 위해서였다고 한다.

제가 처음 산 차는 이집트 대사가 타던 차였어요. 새 차를 사놓고 50 마일도 안 뛰었는데 아랍전쟁이 터져서 본국으로 발령이 난 겁니다. 새 차가 6천6백 불 할 땐데 그걸 4천2백 불에 샀습니다. 그걸 서너 달 타고 4천8백 불에 팔았습니다. 6백 불을 남긴 거죠. 또 미국인이 1년도 안 탄 걸 사서 깨끗하게 청소하고 왁스 먹여서 타다가 팔았죠. 이렇게 1년 반 사는 동안 여섯 번 차를 바꾸었는데 나중에 올 때보니까 6~7백 불 정도가 남았더라고요. 우린 힘이 남을 때니까 청소를 잘해서 몇 달 타고도 팔 때는 더 비싸게 팔 수 있는 거죠. **

그는 자동차를 여섯번이나 바꾸어 타면서 차에 대해서 잘 알게
된 덕분에 오히려 이문을 남기고 그 생활을 즐길 수 있었던 것이다.
기업도 그처럼 다각적이고 입체적인 사고를 하면서 거듭나야만 주
체적인 기업으로 살아남는다는 것이 그의 생각이다.

제 성격이 여러 분야에 관심이 많아 파고들고, 또 세계 일류라면 특히
관심이 많습니다. 심지어 사기전과 20범이라든지, 절도 전과 20번이
라든지…… 또 어떤 사람이 대한민국 1등이라면 전 만나보고 싶고 얘
기하고 싶고 그렇습니다. ••

이처럼 이건희의 관심은 외양적으로 드러난 사실이나 현상보다
는 그 이면에 내재된 원리나 뜻을 파고드는 데 있었다. 그는 독특하
고 새로운 것을 그냥 지나치는 법이 없었다.
미래에 대한 선견력과 비전은 어느 날 갑자기 생겨나는 것이 아
니다. 미래를 직관적으로 느끼고 기회를 선점하는 전략을 세우기
위해서는 무엇보다 관련 분야에 대해 전문적인 지식과 사고력을 갖
추고 있어야 한다.
이건희는 청와대 정보팀에 뒤지지 않는다는 삼성 정보팀이 올려
주는 최신 정보를 매일 접하고 있으므로 미래의 경영이나 기술이
어떻게 변화하는지 쉽게 알 수 있는 유리한 입장에 있다. 그에게는
휴대전화든 오디오든 웬만한 첨단 기기를 직접 분해하고 조립할 수

있는 능력도 있다. 또 일본인 고문을 비롯한 각계 전문가와 수시로 대화를 나누며 상상력과 직관력을 키울 수 있는 위치에 있다. 그의 남다른 통찰력과 집중력은 그러한 여건 속에서 나온 것이다.

이처럼 이건희의 직관형 코드는 IT 산업과 딱 맞아떨어져서 삼성을 초일류 기업으로 키웠고 그를 시대를 선도하는 인물로 만들어냈다.

너도 나도 국제화를 이야기하지만 개인 차원에서 국제화를 준비하는 사람은 많지 않은 것 같다. 성공적인 국제화를 위해서는 사람의 인식이 바뀌어야 하고 행동도 바뀌어야 한다. 바깥세상은 계속 변화하고 있는데 '아직도'라는 한국인이다. '국내에서는 그래도 최고다' 하는 자만에 빠져 있어서는 안 된다. 특정 지역에 국한되는 국내용 관리자에서 벗어나 전 세계를 호령할 수 있는 글로벌 전략가로 다시 태어나야 한다. 그러기 위해서는 의식의 국제화가 선행되어야 한다. 남을 거부하고 내 것만 지키려는 폐쇄적 자세로는 다른 문화를 포용할 수 없다. 의식적 타성을 타파하고 마음의 창을 활짝 열어야 하며 국제사회에서 통용되는 에티켓도 겸비해야 한다. 한국에서는 한국식 예의범절만 지켜도 되지만 국제적인 에티켓도 몸에 배어 있어야 국제적인 문화인이 될 수 있다.

물론 외국어 능력은 기본이다. 스위스, 독일과 같이 잘사는 나라에서는 대부분의 국민이 2, 3개 국어를 구사한다. 글로벌 전략가가 되기 위해서는 한국에서 태어났더라도 2개 정도의 외국어는 구사할 수 있어야 한다. 무한 경쟁에 접어든 오늘날 기업 차원에서는 글로벌 전략가를 조기에 육성, 확보하는 일이 급하다. 국내 시장에만 안주해 있는 국내용 관리자를 글로벌 전략가로 키우기 위해서는 이들을 해외로 내보내 현지 역사와 문화, 풍습을 직접 익히게 하거나, 국내 부서에 외국인을 채용하여 이들을 통해 국제적 감각을 높일 수 있도록 해야 한다. 100년 전 신사유람단을 해외에 파견했던 심정으로 국내용 관리자를 조속히 해외에 보내 글로벌 전략가로 육성하는 것은 생존을 위한 기업의 기본적 책무이다. 국제화를 갈구하는 심정 못지않게 우리에게 또 한 가지 필요한 것이 장보고(張保皐)와 같은 개척 정신과 활동력이다. 장보고는 신라 시대에 당나라에 건너가서 그 나라의 장수까지 되었다. 하지만 해적에게 붙잡혀 노예 생활을 하는 동포들의 참상에 분개한 나머지 고국으로 돌아와 지금의 완도에 청해진(淸海鎭)이라는 해군 진영을 설치했다. 그때부터 동남아 일대의 해적을 소탕하고 군사적으로 해상권을 장악했다. 우리 상품을 중국과 일본에 수출하고 중국, 일본 상품을 운송·중개했다. 그의 지도력으로 이루어진 국제 해운과 삼각무역은 오늘날의 무역에 비하더라도 전혀 손색이 없다. 그는 신라 번영에 크게 이바지했다. 장보고와 청해진의 명성은 오늘날 스페인, 포르투갈에서도 찾아볼 수 있다. 그의 활약에서 보듯이 우리 민족은 지구상의 그 어떤 민족보다 우수했고, 국제적 감각 또한 탁월했다. 이런 우수한 민족이 어떻게 하다가 그 오랜 세월 동안 우물 안 개구리가 되었고, 끝내 나라까지 두 동강으로 쪼개버리고 말았는지 안타깝기 그지없다.

　오늘의 경제 전쟁에서 우리의 위치는 1000년 전 청해진을 세울 때와 비슷하다. 이러한 때에 민족적 자부심으로 힘을 합해 '제2의 청해진'을 세울 수 있도록 노력해야 하지 않을까.

– 이건희

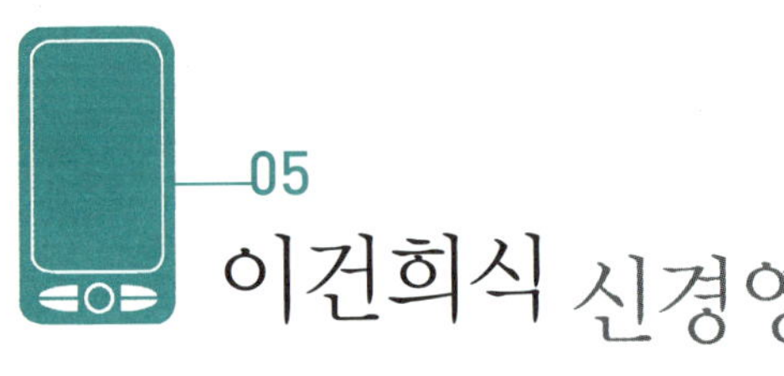

이건희식 신경영

> 기업은 이익을 내야 한다. 그렇지 많으면 망할 것이다. 그러나 오직 이
> 익을 내기 위해서 비즈니스를 한다면, 그 경우에도 망할 것이다. 왜냐하
> 면 더 이상 존재할 이유가 없기 때문이다.   −헨리 포드

후쿠다 보고서

새로운 회장 체제가 가동된 이후 삼성이 거둔 경영 성과는 나쁘지 않았다. 이건희 회장 취임 첫해인 1988년, 삼성그룹의 총매출이 20조 1,000억 원, 세후이익은 3,411억 원이었다. 전년도에 비해 매출은 2조 7,000억 원이 늘어났고 이익은 1,200억 원이 늘어났다.

그리고 이건희가 아연실색을 하며 LA 회의를 주도하던 바로 전해인 1992년의 총매출액은 38조 2,100억 원으로 1988년보다 두 배 가까이 늘어났고 수출액도 1987년의 11억 2,500만 달러에서 1992년에 18억 6,000만 달러로 꾸준하게 늘어났다.

또한 삼성전자는 10.4인치 TFT−LCD를 개발하는 데 성공했으며 컬러 TV 등 4개 제품이 세계 명품으로 선정되었다. 삼성전자는 1992년 7월, 영국 빌링엄에 컬러 TV 공장을 건설하고 8월에는 세계 최초로 64메가 D램을 개발했다. 11월에는 중국에 생산 법인을 설립했으며, 11월 30일 수출의 날에 삼성전자는 제조업계 최초로 수출 40억 달러를 돌파하는 기염을 토했다.

그러나 이건희는 여전히 불안감에 휩싸여 있었다. 세계 일등 기업을 꿈꾸는 그에게 눈에도 잘 띄지 않는 구석에 처박혀 먼지를 뒤집어쓰고 있는 삼성 제품의 몰골은 악몽과도 같은 것이었다. 그때부터 이건희는 드러내놓고 무사안일에 빠진 경영진과 임원들을 암덩어리에 비유하며 강한 비판을 시작했다.

나는 1979년부터 불량은 안 된다고 소리소리 질렀으나 부회장 혹은 후계자라는 핸디캡에 따라 내 말이 강하지 않았습니다. 회장 취임 5년이 지나서도 불량은 안 된다, 양이 아니라 질로 향해가라고 했는데도 아직 양을 외치고 있습니다. 비서실장, 삼성전자 사장, 비서실 전자팀장, 삼성전자의 본부장이 양을 지향합니다. 어처구니없는 발상입니다. 썩어 빠진 정신입니다. 암을 번지게 하는 것입니다.

LA에서 비교평가회의를 마치고 난 몇 달 후인 6월 4일, 일본 도쿄 오쿠라호텔에서는 이건희 회장 주재로 삼성전자 기술개발 대책회의가 열리고 있었다. 이 자리에는 이수빈 비서실장, 윤종용 삼성전기 사장, 배종렬 홍보팀장, 후쿠다 삼성전자 디자인고문 등 10여 명이 참석했다.

무거운 분위기 속에 회의가 끝나자 이건희는 후쿠다를 포함한 서너 명의 일본인 고문을 따로 객실로 불러들였다. 이들은 일본 전자 업체의 선진 기술을 전수받기 위해 지난 1988년부터 이건희가 직접 스카우트한 인물들이었다. 이건희는 그날 삼성전자의 문제점을 지적해주는 그들과 밤을 새워 이야기를 나누었다.

일본인 고문들은 각자가 느낀 삼성의 문제점을 지적했다. 이 자리에서 가장 솔직하고 신랄한 비판을 가한 사람은 디자인 고문 후쿠다 타미오였다. 그는 삼성 제품의 디자인이 갖는 문제점을 낱낱이 지적했다. 그는 삼성의 디자인 수준은 한마디로 수준이하이며 자신이 "삼성의 고문으로 온 것을 후회하고 있다"는 말까지 했다.

후쿠다의 신랄한 지적은 이건희에게 또 하나의 충격을 안겨주었다. 후쿠다는 뜻밖에도 이 자리에서 미리 준비한, 삼성전자에 대한 문제점을 담은 〈경영과 디자인〉이란 제목의 보고서를 이건희 회장에게 전달했다. 이것이 이른바 '후쿠다 보고서'다.

후쿠다 타미오는 1948년 일본 고베에서 태어나 경도공예섬유대 의장공예학과와 미국 일리노이공과대학원 디자인학과를 나온 후, NEC 디자인센터, 교세라 디자인실 경영전략팀에서 근무하다가 1989년에 삼성전자 정보통신 부문 디자인 고문으로 영입된 사람이었다.

다음날 오후, 이건희는 독일 프랑크푸르트로 향하는 비행기 안에서 '후쿠다 보고서'를 펼쳐들고 몇 번이고 정독해 나갔다. 삼성 디자인의 문제점을 낱낱이 지적한 그 보고서에서 후쿠다는 "삼성이 디자인 개혁을 이루지 않으면 삼성의 성장은 있을 수 없다"고 단언하고, 삼성전자가 하루빨리 디자인과 상품 기획 실력을 더 키워야 한다고 지적했다. 후쿠다의 지적은 이건희의 심중을 흔들었고, 그의 개혁 의지에 불을 댕겼다.

그런데 프랑크푸르트에는 이건희의 개혁 의지에 불을 댕기는 기폭제가 된 사건이 또 하나 기다리고 있었다.

1993년 6월 5일, 하네다 공항을 떠나려는 이건희에게 SBC(삼성사내방송)팀이 제작한 30분짜리 비디오테이프 한 개가 전달되었다. 프랑크푸르트에 도착한 이건희는 호텔에서 여장을 풀자마자 그 비디오테이프를 틀어보았다. 그 테이프에는 세탁기 제조 과정에서 불량품이 나오고 있는데도 어설픈 응급조치를 하면서 그대로 생산되는 과정이 취재되어 있었다.

이건희는 분노와 허탈감을 느꼈다. 그는 곧바로 서울로 전화를 걸었다. 이건희는 전화를 받은 이학수 비서실 차장에게 삼성 핵심 경영진을 당장 프랑크푸르트로 소집할 것을 명령했다.

이건희는 이때의 감정을 국내로 돌아온 지 석 달 뒤 〈신동아〉 기자와 가진 인터뷰에서 다음과 같이 격렬하게 토로했다.

LA회의 이후 모두 잘하겠다고 해서 잘하는 줄로만 알았어요. 그러다가 프랑크푸르트로 가는 비행기 안에서 후쿠다 타미오 산업디자인 고문이 제 앞으로 올린 보고서를 우연히 보게 됐습니다. 그 보고서의 내용은 삼성전자가 이래 갖고는 안 된다는 경고장과 같았습니다. 그것을 사업본부장에게 수없이 올렸는데도 안 먹히니 마지막으로 물러날 각오를 하고 나에게 올렸다고 되어 있었어요. 기가 막히고 화가 치밀어 올랐습니다. 비서실장이고 본부장이고 사장이고 몽땅 나한테 거짓말을 했어요. 모두가 나를 속인 것이죠. 집 안에 병균이 들어왔는데 5년, 10년 동안 나를 속여왔습니다. 소위 측근이라는 사람들이 이 정도라면 나머지 사람들은 어느 정도였겠습니까?

마누라와 자식 빼고 모두 다 바꿔라!

그리하여 6월 7일 프랑크푸르트 켄벤스키호텔에는 난데없이 윤종용 사장(현 삼성전자 고문), 비서실 김순택 경영관리팀장(현 삼성전자 부회장), 현명관 삼성물산 건설부문 사장 등 200여 명의 삼성 경영진들이 몰려드는 진풍경이 연출되었다.

비상경영회의장에 비장한 모습으로 이건희가 등장하자 참석자들의 긴장은 극에 달했다.

이건희는 삼성 경영진에게 '신경영 선언'을 하고 '질경영'에 대한 그의 경영 철학을 설파하며 열변을 토했다.

앞으로 21세기에는 초일류가 아니면 살아남지 못합니다. 대변혁의 시대에 하루속히 글로벌 스탠더드에 적응하지 못하면 삼성은 영원히 이류, 삼류로 뒤처지고 맙니다. 마누라와 자식을 빼고는 다 바꾸어야 합니다. 그래야 살아남을 수 있습니다.

'나부터 변하자', '마누라 자식 빼고 다 바꾸자', '양을 버리고 질 위주로 가자'는 취지의 이 신경영 선언은 삼성 조직 전체에 대한 대폭적 수술의 시작을 알리는 신호탄이었다.

그는 4개월간 LA, 도쿄, 프랑크푸르트, 오사카, 런던 등 삼성의 세계 주요 거점 도시로 1,800여 명의 임직원을 불러들여 세계가 어떻게 변해가고 있는가, 세계무대에서 삼성이 어떤 위치에 있는가를 눈으로 보여주면서 500시간에 걸쳐 삼성이 가져야 할 비전을 직접 설파했다. 특히 사장단에게는 장장 800시간을 할애했다. 이 회의는 저녁 8시에 시작해서 다음날 새벽 2시까지 이어지기 일쑤였다.

그해 6월 7일 프랑크푸르트에서 시작된 해외 간담회는 68일간이나 이어졌다.

평소에 말이 없고 과묵한 것으로 알려졌던 이건희로서는 정말 이례적인 사건이었다. 이건희는 표정에 변화가 없고 말투도 어눌했지만 눈에 보이는 것보다 그 이면에 숨겨진 원리를 찾아내서 문제의 핵심을 파고들었다. 그는 거의 철학자를 연상시킬 정도로 깊이 있게 생각했다. 이건희는 시대를 리드하는 화두를 제시하며 삼성인들을 일사분란하고 기민하게 움직이게 만드는 카리스마를 발휘하기 시작했다.

『삼성 60년사』(삼성그룹, 1998) 연보를 보면 프랑크푸르트 회의의 첫날인 6월 7일을 이건희가 '삼성 신경영 선언'을 한 날로 기록하고 있고, 다음과 같이 신경영을 규정해놓고 있다.

> 현실에 대한 명확한 인식과 자기반성을 통해 '남을 탓하기보다는 나부터 변화하겠다'는 의지를 가지고 인간미와 도덕성, 예의범절, 에티켓 등을 기본으로 해서 변화의 방향을 한 방향으로 통일하며, 질 위주 경영을 바탕으로 국제화와 정보화 그리고 복합화를 이룩해 국제 경쟁력을 높이고 궁극적으로 인류 사회에 봉사하는 21세기 세계 초일류기업을 지향하는 경영 철학이다.

한마디로 말해서 신경영 선언은 잘나가는 것으로 알고 있던 삼성인들이 국내에서의 일등에 만족하며 희희낙락하던 우물 안 개구리였음을 일깨우는 새로운 비전 제시였다. 이는 곧 삼성을 철저하게 변혁시켰다.

이건희의 리더십은 그때부터 빛을 발하기 시작했다.

그는 단순히 비전 제시에만 그치지 않았다. 그는 숨 쉴 틈 없이 가시적 실행조치를 내렸다. 7시에 출근하고 4시에 퇴근하는 '7·4제', 불량품이 나올 경우 라인을 세우는 '라인스톱제도' 등 새로운 규범이 삼성인들을 강타했다.

그때 많은 삼성인들은 이것이 '진짜 혁명'이라고 이야기했다. 그

전까지 삼성은 '어떤 일이 있더라도 생산 라인은 세우지 않는다' 는 철칙을 가지고 있었기 때문이다. 삼성인들은 신경영의 깊은 철학이 무엇인지는 몰라도 변화와 개혁을 몸으로 깨닫고 있었다.

임원들에 대한 개혁 강도는 더욱 높았다. 임원들은 사무실에 앉아 있을 시간이 없었다. 현장을 중시하는 이건희의 경영 방침에 따라 영업 현장이나 생산 공장으로 나가야 했다. 심지어는 6개월 동안 차출되어 신경영에 대한 교육을 받기도 했다.

신경영은 문화 혁명으로 자리를 잡아갔다. 이후 삼성은 정보화 시대에 대비해 정보 인프라를 갖추고, 글로벌 경영을 위해 해외투자를 늘리고, 핵심 역량 중심으로 사업 구조를 개편하기 시작했다.

> 양과 질의 비중이 1 대 99도 안 된다. 0 대 100이다. 10 대 90이나 1 대 99로 생각한다면, 이것이 언젠가는 5 대 5로 간다. 한쪽을 0으로 만들지 않는 한 절대로 안 된다.

이건희는 이렇게 강조하며 신경영의 핵심 키워드를 '질을 높이는 경영' 으로 잡았고, 질에 대해 확고한 의지를 보였다. 그는 불량품이 나올 경우 몇 개월이 걸리더라도 라인을 돌리지 못하게 했다. 완전한 제품이 나오기 전까지는 사재를 털어서 종업원들의 임금을 주겠다고 선언하기도 했다.

신경영 선언 당시 이건희가 쏟아낸 말들은 '이건희 회장 신드

롬'으로 불리며 우리나라 경제계 전체에 큰 반향을 일으켰다. '은 둔하는 황태자'로 불리던 그는 비장한 결의를 다지며 대중들 앞에 모습을 드러낸 것이다. 그의 변신은 이미 1993년 신년사에서 예고 되었다.

첨단 경영 시대의 승리자가 되기 위해서는 남보다 앞서는 정보력과 기업 안보 차원의 홍보력 강화가 필수 요건입니다.

이건희는 4월에 대구성서공단에 소형 승용차 공장을 건설하는 문제를 놓고 대구시장과 협의를 했고, 5월 12일 중소기업인들을 대상으로 '국가 경쟁력 강화를 위한 대기업과 중소기업의 역할'이라는 주제로 대중 강연을 했으며, 바로 삼 일 후 고려대학교 강당에서 한국경영학회가 주는 경영자 대상을 수상하며 '삼성의 제2창업과 한국 기업'이라는 주제로 기념 강연을 했다. 이건희의 행보는 거기에 그치지 않았다. 그는 5월 17일부터 20일까지 KBS 라디오의 '경제전망대'에 출연했고, 또 5월 26일에는 충남 대전 대덕에 있는 한국과학기술원 강당에서 초중고 과학 교사 및 교수들을 상대로 해서 '과학 한국의 오늘과 내일'이란 주제로 강연을 했다. 도저히 은둔하는 황태자로 볼 수 없는 행보였다.

이건희는 그렇게 변신의 의지를 다지다가 마침내 프랑크푸르트 선언으로 신경영의 칼을 높이 뽑아든 것이었다. 그로서는 신경영 선언을 위한 행보를 미리 준비해놓고 한 걸음 한 걸음 발걸음을 내딛고 있었던 셈이다.

또한 이건희는 제2창업 제2기를 선포하는 의미에서 그룹의 경영 이념과 정신, 그룹 마크, 사가 등을 바꾸고 대대적인 개혁 작업에 나섰다. 특히 삼성의 워드마크는 타원을 비스듬하게 처리하여 동적이고 혁신적인 느낌을 주도록 했으며, 아울러 영문 로고의 디자인을 정교하게 처리하여 기술주의를 표방했다. 전반적인 느낌은 누구에게도 부담 없는 평범한 인상을 주도록 함으로써 고객 중심의 핵심 가치를 나타내도록 했다.

1993년 5월 3일, 미국의 종합경제지인 〈포춘〉은 한국의 대표적인 기업인으로 이건희를 선정해서 커버스토리로 다루며 삼성전자를 주목하라는 기사를 실었다.

세계 일등 기업을 벤치마킹하라

신경영 선언 이후, 삼성이 가장 먼저 실행에 들어간 작업은 세계 일등 기업을 벤치마킹하는 것이었다. 프랑크푸르트 대장정에 참여했던 삼성 수뇌부는 삼성의 취약점을 보강하려면 세계 일등 기업들을 배우는 수밖에 없다고 결론을 내렸다.

삼성은 1993, 1994년 2년 동안에 걸쳐 그룹 차원에서 대대적인 벤치마킹을 벌여나갔다.

우선 전자, 중공업, 섬유, 재고관리, 마케팅, 고객서비스, 물류, 판매관리 등 각 분야에서 세계적인 노하우를 가진 일등 기업들을 선정했다. 그리고 본격적인 연구와 벤치마킹에 들어갔다.

벤치마킹 대상으로 확정된 기업은 일본과 미국의 선진 기업들이 많았다. 과거 이병철이 일본 기업에 대한 벤치마킹을 실시해서 삼성이 거느린 많은 계열사를 만들어냈다면, 이번 벤치마킹은 회장 개인의 차원을 넘어 그룹의 모든 임원이 참여한 벤치마킹이었다. 그야말로 그룹 출범 이래 유례를 찾아볼 수 없는 대대적이고 전폭적인 벤치마킹이었다.

삼성의 벤치마킹은 산업 부문별 벤치마킹과 경영 기법별 벤치마킹, 두 파트로 나뉘어져 진행되었다.

첫 번째 산업 부문별 벤치마킹 대상을 보면, 전자는 소니와 마쓰시타, 중공업은 미쓰비시, 섬유는 도레이를 선정했다.

두 번째 경영 기법에 대한 벤치마킹 대상을 살펴보면, 신제품 개발은 모토로라, 소니, 3M. 생산 작업 관리는 HP, 필립모리스. 품질 관리는 제록스, 웨스팅하우스. 마케팅은 마이크로소프트, 헬렌 커티, 더 리미티드. 판매관리는 IBM, P&G. 재고관리는 웨스팅하우스, 애플컴퓨터, 페덱스. 고객 서비스는 제록스, 노드스트롬. 물류는 허시, 메리케이 코스메틱 등 산업 분야 전반에 걸쳐 광범위하게 선정하였다.

이러한 벤치마킹이 이루어지는 동안 한편으로는 대대적인 내부

정비에 들어갔다. 1993년 삼성은 그룹 창립 이래 최대인 299명의 임원에 대한 인사를 단행했다. 삼성이 개혁하고 있다는 단호한 의지를 보여준 조치였다. 결과적으로 이 조치는 조직 전체에 개혁 분위기를 확고하게 심어주었다. '사람이 경쟁력'이라는 인식은 신경영이 손꼽은 마지막 성공 요인이었다.

이건희는 신경영은 교육을 통해서 정착된다고 생각했다. 그래서 신경영이라는 이름 아래 그룹 차원에서, 각 회사 차원에서, 단위 사업장 차원에서 삼성인을 대상으로 한 교육이 이루어졌다. 교육은 국내에서뿐만 아니라 독일의 프랑크푸르트, 일본의 도쿄, 미국의 LA 등지에서 많은 비용을 들여가며 강도 높게 실시되었다.

이건희는 신경영의 정착을 위해서는 세계 최고 수준의 인재를 뽑아야 하고, 그들이 제대로 능력을 발휘할 수 있게 여건을 만들어주어야 하며, 성과에 대해서는 철저히 보상한다는 '인재·성과 중심 경영'을 신경영의 핵심으로 내세웠다.

이건희는 동시에 삼성 제품을 세계 최고 수준으로 끌어올리기 위한 작업에 들어갔다. 그는 삼성의 기술 수준을 파악한 후, 이를 세계 초우량 기업의 수준과 비교해 격차를 측정하고, 그 격차를 조기에 축소시키는 것을 기본 전략으로 세웠다.

우선적으로 전 삼성인을 벤치마커로 만드는 것부터 시작했다. 이건희는 삼성의 4천여 임원 모두에게 과제를 내주었고, 그 과제를 달성하지 못하는 사람은 옷 벗을 각오를 하라고, 단단히 못 박았다.

또한 850명에 달하는 최고경영진의 개혁을 위해 전문 CEO 과정 교육을 실시했다. 이들은 국내외에서 각각 3개월간 교육을 받았는데, 특히 해외 연수 중에는 해당 국가를 좀 더 잘 이해하기 위해 비행기를 타지 말고 내륙으로 이동하며 그 나라의 실정을 파악하라는 지시를 받았다.

수천 명의 임원과 엔지니어들은 세계 각지를 돌면서, 핵심 일등 기업들에 대한 벤치마킹을 실시해서 그들의 앞선 운영 시스템을 도출해내는 데 주력했다. 그들은 이건희의 지시대로 세계 초우량 기업의 수준을 파악해 측정하고, 그 격차를 조기에 축소시키는 전략을 실행해나갔다.

신경영을 시작했을 때 세계 D램 시장은 호황기였다. 1994년, 삼성전자는 반도체 사업 부문에서만 약 3조 원 이상의 영업이익을 올리는 등 막대한 성과를 거두며 세계적인 기업으로 도약하기 시작했다.

삼성의 '신경영'은 한국 경제가 사상 초유의 혼란에 빠졌던 IMF 시기에 극적인 효과를 나타냈다. IMF 구제금융 사태로 한국 경제 전체가 휘청거릴 때 삼성도 잠시 허둥대기는 했지만, 다른 기업에 비하면 의연하게 그 터널을 빠져나올 수 있었다. 신경영을 통해서 이미 구조조정을 단행했기 때문이다.

구조조정 결과 삼성인의 역량이 몇 단계 업그레이드된 상태였기에 삼성은 이미 IMF를 맞을 대비가 되어 있었다. IMF 시기에 벌어진 구조조정은 삼성인에게는 결코 새로운 것이 아니었다. 초기에는 조금 혼란을 겪기는 했지만 새로운 상황에 비교적 잘 적응할 수 있었고, 삼성을 다시 한 번 업그레이드시키는 계기가 되었다.

이건희는 IMF 한파가 몰아닥친 1998년 신년사에서 자신의 생명과 재산, 명예를 포함한 모든 것을 던질 각오가 되어 있다고 말하고, 일류가 되지 않으면 살아남을 수 없다고 선언했다. 그리하여 다른 어느 기업보다 신속하게 구조조정을 완수한 삼성은 1998년부터 다시 흑자를 내기 시작해서 1999년에 5조 원, 2000년에는 10조 원대의 이익을 만들어냈다.

삼성은 IMF 외환위기를 성공적으로 극복하고 10년도 안 되는 짧은 기간에 디지털 융합 시대를 주도하는 기업으로 도약하는 전기를 마련했던 것이다.

만약 삼성이 신경영을 통한 구조조정을 미리 해놓지 않은 상태에서 다른 그룹들처럼 IMF직격탄을 맞았다면 지금의 삼성은 존재하지 않았을 것이다.

선택과 집중, 그리고 종합화

신경영의 개혁이 시작되고 2년 정도가 지나자 그 효과가 서서히 나타나기 시작했다. 세계 일등 기업들의 노하우를 전수받아서 돌아온 삼성인들은 대상 기업의 장단점을 낱낱이 분석해서 삼성의 것으로 만들었다. 그렇게 개발한 핵심 기술은 우수한 품질을 가진 상품 생산으로 이어졌고, 삼성의 국제경쟁력은 점차 높아지기 시작했다.

1993년 '마누라와 자식만 빼고 다 바꾸라'는 선언으로 시작된 이건희의 신경영은 천재 육성론, 스포츠 마케팅, 골프 경영학, 문화 경영, 윤리 경영 등 또 다른 경영 철학을 많이 낳았다.

IMF 외환위기 이후에야 우리나라에 구조조정이라는 말이 흔해졌지만, 삼성에서는 그 이전부터 개혁과 혁신이라는 방향을 설정하고 실천해나갔다. 그때부터 삼성 경영의 화두는 '선택과 집중'이었다.

재벌들의 무리한 확장 경영이 IMF를 초래한 원인이었다는 비난을 받으면서 기업들은 핵심 역량 위주로 구조조정을 감행하였다. 한정된 자원과 기업의 능력을 감안하고 재무적인 리스크를 줄일 수 있다는 점에서 선택과 집중은 그때부터 기업 경영의 대세가 되었다.

전 세계에서 선택과 집중에 성공한 기업을 뽑으라면 이동통신 업체인 '노키아'를 들 수 있을 것이다. 1865년 제지업으로 출발한 노키아는 140년에 달하는 오랜 역사를 자랑하지만, 글로벌 기업으로 부상한 것은 불과 20여 년에 지나지 않는다. 고무, 전선, 화학 등 다양한 분야로 확대 성장을 지향하던 노키아는 1980년대 말 핀란드에 금융 위기가 닥치자 몰락 직전에 몰렸다. 당시 노키아 사장이었던 카리 카이라모가 갑자기 사망하자, 경영 실패의 죄책감을 이기지 못해 자살했다는 소문이 나돌 정도였다.

이런 노키아를 수렁에서 건진 것이 바로 선택과 집중을 통한 경영혁신이었다. 1992년 노키아 CEO로 취임한 욜마 오릴라는 취임과 동시에 업계 1위가 아니거나 1위가 될 가능성이 없는 사업은 과감하게 정리할 것을 선언했다.

욜마 오릴라는 이 회사의 모체이자 근간이 되어온 펄프 사업을 포함해서 1위를 차지할 수 없다고 생각되는 모든 분야를 매각 처리하는 강력한 선택과 집중 전략을 추진했다.

오릴리는 1988년 당시 매출 비중이 10퍼센트 정도에 불과했던 이동통신을 미래사업으로 채택하고 이동통신 단말기와 정보통신 인프라 부문만을 가지고 사활을 건 항해를 시작했다. 이후 노키아는 세계 최고의 이동통신 제품을 만들기 위해 매년 매출의 8, 9퍼센트 이상을 연구개발에 쏟아부으며 전사적 힘을 기울였고, 연구개발을 기본적인 기업 정신으로 내세웠다.

노키아는 핀란드, 미국, 중국 등 14개국에 52개의 연구개발 센터를 설치하고 전 직원의 30퍼센트에 해당하는 1만 7천 명을 연구 부문에 할당했다. 그 결과 노키아는 품질과 서비스 면에서 세계인에게 인정을 받게 되었고, 전 세계 휴대전화 시장의 35퍼센트 이상을 차지하는 휴대전화 분야 1위 기업이 되었다. 노키아 사례는 선택과 집중 전략을 통해 기업이 어떻게 세계시장에서 살아남는가를 보여준 모범 사례다.

노카아에게서 선택과 집중을 배웠지만 삼성전자는 업종 전문화만이 최선은 아니라는 '종합화 전략' 을 펴나갔다. 무조건적인 긴축,

감량 경영보다는 사업의 다각화가 오히려 조직의 역동성을 키워주고 더 높은 성장과 높은 부가가치를 올리는 경우가 많기 때문이다. 또 미래에는 많은 전자제품과 기기들이 퓨전화되거나 여러 기술이 융합되는 것이 일반적 추세일 것을 예상한 포석인 셈이었다.

우선 삼성전자는 세계적인 기업들과 전략적 제휴를 맺는 데 주력했다. 마이크로소프트, IBM, HP는 물론 소니, 도시바 등 일본의 유수 기업들과 제휴를 시도했다. 이것은 삼성전자가 원하는 바이기도 했지만 세계적 기업들도 원하는 것이었다.

삼성전자가 종합화 전략에서 성공을 거두기 시작하면서 '토털 솔루션'이 가능해졌기 때문이다. 이를테면 마이크로소프트는 홈 네트워크, 오피스 네트워크와 관련된 세계 표준 시장을 장악하기 위해 여러 기업과의 제휴를 모색하고 있었는데 삼성전자는 반도체칩, LCD 패널, 가전제품 등을 일괄해서 직접 만들고 있으므로, 마이크로소프트의 입장에서 보면 매우 편리한 상대라고 할 수 있다. 삼성전자는 퓨전, 컨버전스와 같은 새로운 개념을 어느 기업보다 빨리 인지했고 그것을 실천한 기업이 되었다. 많은 전문가들은 삼성전자가 이러한 장점을 지니고 있기 때문에 소니를 제칠 수 있었다고 평가하고 있다.

소비자 요구의 세분화, 고도화, 추상화에 대응해 나타나기 시작한 기술의 융합은 정보기술의 발전에 따라 더욱 고도화되었다. 이제 융합 비즈니스가 21세기의 주류를 이룰 것이라는 데는 아무도 이의를 달지 않는다. 퓨전은 이제 영역과 국적을 넘나드는 경영 활동을 상징하는 키워드로 발전했고, 제품과 기술, 서비스 등에서는 퓨전화가 이미 대세라 할 수 있다.

디지털 기기와 광대역 네트워크가 결합하여 음성·데이터, 통신·방송, 유·무선 간의 통합, 융합화가 빠르게 진전되고 디지털 융합은 산업 간의 경계를 넘어 텔레매틱스, 홈네트워크, 전자금융과 같이 지금까지는 볼 수 없었던 새로운 개념의 제품군을 만들어내고 있다.

예를 들어 디지털 기술의 발전이 휴대전화를 디지털 카메라, MP3, TV, 캠코더, 와이브로(휴대인터넷), 모바일 금융, 모바일 음악 등이 복합된 제품으로 변신시켰고 이러한 변화가 삼성전자를 디지털 융합 시대를 주도하는 초일류 기업으로 도약시킨 전기가 되었다.

삼성전자의 사업 구조는 메모리, 디스플레이, 정보통신, 디지털 가전의 4개 분야가 골고루 매출과 순이익에 기여하는 구조로 이루어져 있다. 디스플레이와 메모리를 비롯한 자체 반도체 제품들이 휴대전화나 디지털 가전에 장착되어 가격 경쟁력을 확보하고 매출과 순이익 향상에 기여하면서 시장 지배력을 확대해나가고, 확대된 시장만큼 반도체 제품들의 공급 수량도 늘어나는 선순환 구조를 갖추고 경쟁 업체를 우군으로 끌어들이며 큰 재미를 보는 것이다.

삼성은 앞으로 디지털 융합 시대에 발맞춰 차세대 신규 사업을 조기에 일류 수준으로 끌어올릴 계획을 갖고 있다. 삼성은 세트 기술과 첨단 반도체 기술을 가미해 시장을 점차 확대해갈 것이다. 2차 전지사업 · 유기발광다이오드(OLED) 등 차세대 핵심품목을 조기에 일등 상품으로 올려놓고, 나노 · 미세 전자기계 시스템 등 미래를 위한 기반 기술을 축적하고, 미래 기술 선점에 박차를 가해서 하드웨어 분야의 경쟁력을 높여나가는 한편, 디지털 기술의 융합에 의해 탄생한 유비쿼터스 시대를 여는 초일류 기업으로 거듭난다는 것이 삼성의 21세기 로드맵이다.

앞으로의 세상은 디지털 컨버전스를 통해서 디지털화가 가능한 기능 요소들은 하나의 단말기로 합쳐질 것이라고 예상되고 있다. 이렇게 복잡성이 증가된 기기들은 하나의 네트워크로 연결되어 물리적으로는 각각의 기기지만 기능적으로는 거대한 하나의 기기인 것처럼 국경을 가리지 않고 작동될 것으로 보인다.

2005년, 삼성전자가 개발한 고성능 디지털 TV 수신칩은 전 세계적인 디지털 방송의 확대와 디지털 TV의 보급에 발맞추어 삼성전자를 ‘디지털 TV 분야의 토털 솔루션 업체’로 자리매김하게 만들어줄 제품이다. 삼성전자의 종합화 전략은 스마트 TV 시장을 확대해나가는 강력한 무기가 되고 있다.

실제로 삼성전자는 내부적으로 디지털 미디어 산업은 브로드밴드, 유비쿼터스 컴퓨팅 시대가 현실화되는 대변혁의 여명기에 운명이 달렸다고 인식했다. 그 때문에 디지털 컨버전스를 화두로 다양한 연구를 진행시켰다. 다음 세대에서는 TV, 오디오, PC 등 AV 가전은 물론 냉장고, 에어컨, 세탁기 등 생활 가전이 모두 하나의 홈네트워크 시스템으로 연결될 것이라고 본 것이다.

반면 이제는 2등 기업으로 전락한 소니의 수모를 살펴보자.

일본의 경제주간지 〈닛케이 비즈니스〉는 소니가 삼성에게 밀리기 시작하자 소니 내부에 문제가 있다고 지적하는 기사를 실었다. 소니는 기술로 커온 기업인데, 지나치게 과거의 영화와 효율만 생각하다 보니 언제부터인가 장인 정신이 사라지고 조직 전체에 균열이 생기기 시작했다는 것이다.

〈닛케이비즈니스〉는 소니 임원의 말을 이렇게 인용하고 있다.

"아직까지도 소니에는 1밀리미터의 차이에 집착하는 기술자 근성을 가진 사무라이가 있다. 그러나 평균점에 만족하는 엔지니어가 늘어간다면, 수년 후에는 그런 사무라이는 천연기념물이 되고 말 것이다."

그리고 또 다른 소니 임원은 이렇게 탄식했다.

"새로운 제품이 나오지 않고 있다. 이러다가는 이부카(창업자)의 유전자가 소니에서 사라지고 말 것이다."

진작 이런 상황을 예측했던 소니의 전임 회장 오가 노리오(大賀典雄)는 수년 전에 이데이 노부유키(出井伸之) 회장에게 이런 질문을 던진 적이 있다.

"소니의 경영자는 세상을 변화시키는 히트 상품을 만들어왔다. 모리타 전 회장은 워크맨을, 나는 CD와 MD를. 이데이 자네는 도

대체 무엇을 만들 수 있나."

이것은 소니의 장인 정신, 일등 정신이 사라지는 것을 안타까워하는 일본의 절규에 가깝다.

2002년 4월 2일, 미국 뉴욕의 주식시장에서 삼성전자의 시가총액이 소니를 제치자 일본은 충격을 받았다. 하지만 이미 예견된 일이었다.

대부분의 투자자들은 '소니 쇼크'가 일어나자 "소니의 미래가 보이지 않는다"고 말하고 있다. 삼성이 질주하는 사이 경쟁 업체인 소니는 계속적인 수익 감소로 불안한 모습을 보이고 있다. 그러자 일본 언론들은 일제히 "이부카 스피릿(정신)이여, 되살아나라!"고 외쳤다.

현재 소니는 충격에서 벗어나기 위해 다시 기력을 재충전하고 창의력 개발에 매진하고 있다. 한때 소니는 '가진 것은 머리와 기술밖에 없다'고 자부하던 이들의 집단이었다. 그런데 왜 소니가 어려움과 수모를 겪고 있는 것일까?

그것은 소니가 과거의 영광에 안주하면서 시대의 흐름을 읽는 데 소홀했기 때문이다. 신제품 개발에서 경쟁사들에게 밀리기 시작하면서 겪게 된 자중지란인 것이다.

소니는 가전제품 제조업의 한계를 극복하기 위해 부가가치가 높은 것으로 알려진 음반, 영화, 게임 사업에 진출하여 하드웨어와 소프트웨어를 결합한 소프트화 전략을 펼쳤지만 새로운 사업에서 큰 이득을 얻지 못하고 있다. 소프트화 전략에 고취된 나머지 제품 개발을 소홀히 함으로써 강세를 보이던 오디오 및 비디오 기기 같은 제품들의 경쟁력이 약화되었다.

2002년, 소니의 맞수인 마쓰시타는 플라즈마 TV라는 신제품을 내놓으며 시장점유율 24퍼센트를 기록했다. 그러나 TV의 제왕이었던 소니는 플라즈마 TV 생산을 위해 NEC와 기술제휴를 해야 할 정도로 시장을 내다보지 못했고, 차세대 제품으로 떠오른 LCD TV 생산을 위해서는 삼성과 제휴하는 수모를 겪어야 했다.

사태는 여기서 끝나지 않았다. 기선을 제압한 마쓰시타는 소니가 상상도 하지 못한 완전히 새로운 제품군인 하드디스크 드라이브가 장착된 DVD 리코더를 만들어냈다. 마쓰시타는 이 제품으로 소니의 아성에 도전해 DVD 리코더 시장을 50퍼센트 이상이나 점유하는 일대 파란을 일으켰다. 마쓰시타는 과거에는 존재하지 않았던 신제품을 만들어냄으로써 소니가 지배하던 시장을 잠식해 들어갔던 것이다. 2년 뒤인 2004년 소니에서도 PSX DVD 리코더라는 유사제품을 내놓았지만, 이미 마쓰시타가 장악한 시장은 포기해야 했다.

소니가 이런 수모를 겪게 된 이유는 과거 워크맨, CD, MD에서 영화를 누렸던, 단품 개발 위주의 습성을 버리지 못한 데서 찾을 수 있을 것이다. 우리는 앞에서 살펴보았듯이 제품과 기술 그리고 서비스 등이 융합하는 엔지니어링 퓨전화 시대를 맞고 있다. 엔지니어링 퓨전 제품은 기능의 융합과 복합화의 형태로 나타나는데, 소니는 그 흐름을 제대로 인식하지 못하고 단품 위주의 제품을 고집한 탓에 마쓰시타와 삼성에 밀리는 입장이 되고 말았던 것이다.

피터 드러커는 일찌감치 그러한 복합화 시대의 흐름을 읽어냈다. 그는 『프로페셔널의 조건』(청림출판, 2001)이라는 책에서 바이올린이나 첼로를 연주하는 사람은 전문화를 아주 잘하는 것이 중요하나, 이들이 모두 모여 연주하는 오케스트라에서는 종합화와 협동이 결정적으로 중요하다고 강조했다. 모든 연주자로 하여금 악보를 알게 하려면 그 악보는 모든 연주자가 이해할 수 있는 공통의 언어로 쓰여 있어야 한다. 즉, 통합을 이루는 공통의 핵이 있어야만 하는 것이다.

그것은 경험을 통해 우리가 알고 있듯이, 공통의 시장과 공통의 기술에 의해 제공된다. 수십 개의 회사를 거느린 그룹에게 개별 회사처럼 소수 업종 전문화를 강요하는 것은 안 된다.

양에서 질로 전환한 삼성은 선택과 집중이란 말로 흔히 표현되곤 했다. 그러나 삼성이 어느 정도의 성공을 거두기 시작하면서 경영 포인트는 반도체, LCD, 휴대전화 등으로 집중화된 생산 능력을 퓨전화시키는 방향으로 모아졌다. 이른바 디지털 컨버전스 시대를 맞이해서는 제품의 퓨전화, 경영의 퓨전화가 시대적 요청이 된 것이다.

한마디로 제품의 종합화 전략을 부르는 말로서 ‘선택과 종합’이 새로운 경영 마인드를 구축했다는 것을 의미한다.

일찍이 이건희는 1992년 경영자대상 수상기념 강연에서 이런 말을 한 적이 있다.

현재 미국과 일본에서 대형 적자를 내는 기업은 대부분 도요타, IBM, 마쓰시타와 같이 일반적으로 단일 업종으로 나타나고 있습니다. 그러나 GE와 같이 기계, 전자, 가전, 반도체, 토목, 미사일이 다 합쳐져 있는 기업이야말로 융통성과 경쟁력을 가지게 됩니다. 따라서 '문어발식 경영'이라는 편견은 어느 정도 수정되어야 한다고 봅니다. 자동차는 전자로 넘어가고 중공업도 모든 게 자동화되어야 하니 전자와 합쳐져야 하는 등 업의 개념이 없어질 가능성이 있습니다. 이렇게 되면 단순 업종만 영위하는 기업은 이러한 업의 개념 변화에 적절히 대응하지 못하고 앞으로 점점 더 경쟁력이 저하될 수 있습니다.

당시 그가 이런 말을 한 것은 국내에서 재벌들의 문어발식 경영을 비난하는 소리가 높았기 때문이기도 한데, 그때 이미 이건희는 퓨전 경영에 대한 마인드를 정립하고 있었던 듯하다.

자기 분야에서 일등을 하는 장인 정신도 좋지만, 이제 그것을 종합화하는 상상력이 필요한 시대가 찾아왔다. 예전에는 기술자가 자기 전문 분야에만 정통하면 되었으나, 앞으로는 종합적인 사고 능력을 갖추고 다른 분야까지 폭넓게 알아야 할 것이다.

그래서 엔지니어링 경영 마인드는 시대를 움직이는 철학이 되어가고 있다. 기술자는 어떻게 하면 잘 팔리는 상품을 불량 없이 싸게 만들어내는가를 생각해야 함은 물론, 어떻게 하면 이익을 많이 낼 수 있는가도 연구하고 해결하는 종합 기술자가 되어야 한다.

유능한 기술자가 되려면 우선 자기 분야의 핵심 기술을 정확히 알고, 변화의 추세도 파악하고 있어야 한다. 또한 '내가 제일'이라는 사고방식에서 벗어나 자기의 약점과 강점을 분명히 알아야 한다. 앞으로의 세계는 '일한 대가'에서 '생각한 대가'로 살아남는 시대이다. 이제부터는 사업을 하는 사람이나 기술자나 항상 고객의 입장에서 생각하고 업무에 반영하는 종합 기술자가 되어야 한다.

2005년 삼성전자 정보통신총괄 이기태 사장은 앞으로의 세상을 이렇게 단 한마디로 예견한 바 있다.

"훗날 모든 정보기기는 휴대전화에 통합될 것이다."

스마트폰이 대세를 이어가고 있는 오늘날 딱 맞아떨어진 예언이다.

애니콜 신화의 탄생

반도체에 이어서 오늘날 삼성전자의 위상을 가져다준 애니콜 신화의 탄생에 대해서 살펴보기로 하자.

1993년 6월 이건희는 프랑크푸르트 선언 당시 삼성전자 무선사업부 이사였던 이기태를 따로 불러들였다. 그 무렵 삼성은 기술적으로 미흡해서 불량품이 양산되고 있었다. 이건희는 아주 심각한 어조로 말했다.

"이것은 위험 상황입니다. 일류만이 살아남는다는 것을 명심하세요."

이건희의 말에 이기태는 불량품을 만들 수밖에 없는 기술 수준을 뼈저리게 자책하면서 그 자리에서 눈물을 흘리고 말았다. 이건희는 그런 그에게 다시 한 번 최선을 다해보라고 독려했다. 그러나 이듬해인 1994년에도 불량품은 계속 나왔다. 하루아침에 기술 수준을 일류로 도약시키기에는 역부족인 듯했다. 이건희는 불량품을 만들어 파는 것은 사기라고 말하면서, 1995년 당시 시중에서 통화 불만이 많던 휴대전화를 모두 수거해 리콜할 것을 지시했다. 프랑크푸르트 선언 이후 양보다 질을 그렇게 강조했건만 제품 불량률이 11.8퍼센트에 달했던 것이다.

그리하여 그 유명한 '애니콜 화형식'이라는 일대 사건이 벌어졌다. 이기태는 그동안 판매된 휴대전화에 대한 리콜을 실시해서 수거한 제품을 한곳에 모았다. 1995년 3월 9일, 삼성전자 구미공장 운동장에는 수거한 휴대전화, 팩시밀리, 무선전화기 등 통신기기 15만 개가 산더미처럼 쌓여 있었다. 이기태의 지시가 떨어지자 '품질은 나의 인격이요, 자존심!'이라고 쓴 현수막 아래에서, '품질확보'라는 문구가 박힌 머리띠를 두른 2,000여 명의 임직원들이 지켜보는 가운데 기기들에 불이 붙었다. 휴대전화 가격만 계산해도

150억 원에 달하는 제품이 연기와 함께 순식간에 잿더미로 변했다. 날씨는 끄물끄물거리고 빗발마저 흩뿌렸다. 이건희는 임원들과 함께 철제의자에 앉아서 묵묵히 그 광경을 지켜보았다.

화형식은 삼성의 질 경영에 대한 강력한 의지를 상징하는 중요한 사건이었다. 이기태는 자식과도 같은 제품을 불태운 뒤 이런 말을 했다.

내 혼이 들어간 제품이 불에 타는 것을 보니 말로는 표현할 수 없는 감정이 교차하더군요. 그런데 희한하게 타고 남은 재를 불도저가 밀고 갈 때쯤 갑자기 각오랄까, 결연함이 생깁디다. 그 불길은 과거와의 단절을 상징한 겁니다. •

이기태는 잿더미에서 다시 시작해서 드디어 '애니콜 신화'를 만들어냈다. 애니콜 화형식 이후 그야말로 목숨을 건 기술 개발 끝에 삼성 애니콜은 세계적인 브랜드가 되었다. 삼성 애니콜이 노키아, 모토로라에 이어 세계 시장점유율 3위를 달성했던 것이다.

이기태는 삼성전자를 글로벌 브랜드로 올려놓은 일등공신이다. 이건희도 이기태를 기술 하나로 무(無)에서 유(有)를 창조한 인재로 평가한다.

이기태는 삼성전자에 입사한 이래 30여 년 동안 통신 분야에서 한우물을 판 베테랑 엔지니어였다. 그는 취재 기자가 취미를 묻자 '취미는 없다'고 단호하게 말한 것으로도 유명하다. 이기태는 '시간이 나면 신제품을 테스트하거나 제품을 생각하는 것'이 유일한 취미인, 일과 취미가 하나라서 행복한 사람이다.

이기태가 삼성전자에 입사한 것은 1973년의 일로 당시 그가 출발한 곳은 '삼성산요전기'라는 합작회사였다. TV와 라디오를 만드는 이 회사에서 그는 남들이 선호하는 TV 대신 라디오를 선택했다. 군에서 육군통신학교 무선통신 교관으로 근무했기 때문이다.

애니콜 신화를 만든 이기태는 초고속 승진 끝에 2001년 드디어 삼성전자 정보통신 총괄 대표이사 사장이 됐다. 이기태는 삼성전자 사장들 중 가장 오랜 기간 동안 자기 분야를 담당한 덕분에 휴대전화의 개발 단계부터 직접 챙길 수 있었고, '애니콜=이기태'라는 등식을 만들어냈다. 이기태는 철저한 품질관리로 고가품 시장을 집중 공략해 휴대전화뿐 아니라 삼성 제품 전체의 이미지를 바꾸는 데도 커다란 기여를 했다.

시사주간지 〈뉴스위크〉는 2004년 6월 7일자 기사에서 그를 '무선통신의 선구자'로 선정했다. 〈뉴스위크〉는 하이테크 분야의 다른 기업인들이 인터넷 쇼핑사업에만 집중할 때 이기태는 혁신적 제품 개발에 전념하여 새로운 무선통신 혁명이 다가오는 상황에서 우리의 삶을 변화시킨 대표적 통신 부문 개척자이며, 미래를 향한 비전을 가진 인물이라고 극찬했다. 〈뉴스위크〉는 또 미래에는 휴대전화가 모든 전자 기기의 중추 역할을 하게 될 것이라는 이기태 사장의 말을 인용하면서 그는 휴대전화로 TV 시청을 비롯해 음악 감상, 인터넷 서핑 등을 할 수 있는 미래를 준비하고 있다고 전했다. 아울러 삼성 휴대전화의 성공 요인은 가장 먼저 새로운 기능을 적용해 제품의 가치를 높임으로써 높은 가격에 판매할 수 있었던 데 있다고 평가했다. 이와 함께 삼성전자의 휴대전화는 세계 최초로 TV, 카메라, 캠코더, MP3 플레이어 등 새롭고 다양한 기능들을 컨버전스했다고 소개했다.

이기태는 2004년 4월 중국 하이난다오(海南島)에서 열린 제3회 '보아오 포럼(Boao Forum for Asia Annual Conference 2004)'에 초청받아 세계적인 브랜드로 성장한 삼성 휴대전화의 성공 비결에 대해 연설했다. 이기태가 포럼의 주제 연설자로 초청받은 것은 최고 제품으로 인정받은 삼성 휴대전화와 브랜드 가치 성장의 비밀에 대해 세계의 관심이 집중되었기 때문이다.

'아시아판 다보스 포럼'으로 불리는 이 포럼은 아시아 각국의 리더들이 모여 정치·경제적 문제에 대해 토의하는 장으로서 2001년 장쩌민 중국 국가주석을 비롯해 야시로 나카소네 전 일본 총리, 밥 호크 전 호주 총리 등 26개 국가의 지도급 인사들이 모여 설립한 비정부·비영리 단체다.

이 포럼에는 후진타오 중국 공산당 총서기, 조지 부시 미국 전 대통령, 마하티르 모하메드 전 말레이시아 수상, 토시미츠 모테기 일본 정통부 장관 등 유명 정치인들을 비롯해 제라드 클리스터리 필립스 회장, 모리스 창 TSMC 회장, 유잉 중국 UT스타콤 회장 등 경제계 주요 인사들이 대거 참석했다.

이기태는 휴대전화를 반도체에 이어서 최고의 캐시 카우(Cash Cow : 현금창출원)로 만들어냄으로써 삼성을 명실공히 세계 초일류 기업으로 만들어놓은 공을 인정받은 것이다.

삼성 브랜드가 세계적인 명성을 얻게 된 데는 질 경영에 따른 기술력은 물론 디자인력에 힘입은 바가 크다. 이건희는 "신경영을 시작하지 않았으면 삼성이 이류, 삼류로 전락하거나 망했을지도 모른다는 생각이 들어 등골이 오싹하다"고 말한 적이 있는데, 삼성의 신경영에 당시 일본인 고문이었던 후쿠다 씨가 제시한 '후쿠다 보고서'가 크게 작용했음은 잘 알려진 사실이다. 프랑크푸르트 선언을 이끌어낸 후쿠다 보고서의 중심 내용은 삼성전자가 디자인과 상품 기획 실력을 더 키워야 한다는 지적이었다.

이 지적은 이건희의 심중을 흔들었고, '처자식만 빼고 모두 바꾸라'는 전사적 개혁 의지로 승화되었다. 신경영은 삼성전자의 소프트 경쟁력을 키웠고 디자인 혁명을 낳았다.

삼성은 '디자인 뱅크 시스템'을 가동하고, 제품을 설계하기 전에 디자인을 먼저 해서 설계에 들어가는 시스템을 가동시켰다. 미래에 유행할 디자인을 먼저 개발해놓고 시기에 맞춰 이를 제품화하는 시스템이었다. 삼성 휴대전화 중 1,000만 대 이상의 판매 기록을 세우며 세계적인 히트를 친 'T-100(일명 이건희폰)', 'E-700(일명 벤츠폰)' 등이 그렇게 만들어졌다.

언젠가 TV 드라마에 이런 장면이 나왔다. 주인공은 휴대전화 회사의 마케팅 담당인데, 해외 바이어들과 수출 상담을 하다가 자기 회사에서 만든 단말기를 마치 화가 난 사람처럼 바닥에 던지고 발로 마구 짓밟았다. 그러자 상대방은 깜짝 놀라 일어나서 그를 말리고, 주인공은 화가 난 것이 아니라 얼마나 튼튼한지 보여주기 위해 그런 것이라며 그 휴대전화로 전화를 걸어서 자사 제품의 우수성을 바이어에게 보여줌으로써 거래가 성사된다.

그런데 이 장면에 아이디어를 제공한 사람이 있으니, 그가 바로 이기태이다. 이기태는 해외 바이어들과 수출 상담을 할 때 삼성이 만든 애니콜 단말기가 얼마나 튼튼한지 보여주기 위해 바닥에 던지고 발로 밟아 상대방을 놀라게 했다는 일화가 전해진다.

휴대전화를 개발할 당시 힘들게 완성한 제품을 이기태에게 가져가면 그는 드라마에서처럼 그것을 무조건 벽에 집어던지고, 짓밟고, 심지어는 휴대전화 위로 자동차를 굴리거나 빨랫감과 함께 세탁기에 넣어 돌려볼 정도로 제품에 애착을 보였다.

누가, 어떻게, 어떤 환경에서 쓸지 모르는 휴대전화이기 때문에 그 정도로 튼튼하지 않으면 일류 상품이 되지 못한다는 것이 그의 지론이었다.

어떤 기자가 이기태를 만나서 물었다.

기자: 휴대전화 위로 차가 굴러가면 부서지는 것이 정상인가, 안 부

서지는 것이 정상인가?

이기태: 부서지는 것이 정상이라고 생각한다.

기자: 그런데 왜 그렇게 했는가?

이기태: 부하 직원들에게 좀 더 열성을 다해 일하라고 채찍질하는 것
이었다. 가끔은 안 부서지는 것도 있는데, 제품을 그렇게 견고하게
만들라는 것이다. 소비자가 어떤 방식으로 제품을 사용할지 모르기
때문에 최악의 조건에서 테스트를 해야 한다.

그런데 이런 상황이 실제로 일어났다.

페루 IOC 위원이 어느 공항에서 삼성 휴대전화를 떨어뜨렸는데
그 위로 차가 지나갔다. 그는 당연히 전화기가 망가졌으리라고 생
각했는데 놀랍게도 말짱했다. 그뿐 아니라 아무 일 없었다는 듯 통
화도 잘 되었다.

페루의 IOC 위원은 삼성전자 윤종용 부회장에게 감사의 편지를
보냈다.

삼성 휴대전화를 쓰는 나는 지난 11월 말 모나코에 알버트 왕세자를
맞이하기 위해 리마 국제공항에 나갔다가 그만 휴대전화를 떨어뜨렸
다. 무게가 2톤인 사륜구동 차량이 밟고 지나갔다. 평소 급하게 연락
받을 게 많은 데 휴대전화가 부서졌으면 어떻게 하나 걱정하는 순간
벨소리가 울렸다. 화면만 깨졌을 뿐이었다. 통화도 물론 엑셀렌떼

(Excellente, 최고라는 뜻의 스페인어)였다. **

뛰어난 품질에 고객이 감동한 것이다. 이 내용은 세계 언론에 알려졌고, 애니콜을 세계적 브랜드로 만드는 데 큰 기여를 했다. 돈으로 환산할 수 없을 만큼 엄청난 광고 효과를 거둔 사건이었다.

그 후 삼성전자는 '미국 산업디자이너협회'가 전 산업계를 대상으로 최상의 디자인 제품을 선정하는 'IDEA(Industrial Design Excellence Awards) 상'을 매년 수상함으로써 세계에서 가장 감각적인 디자인을 자랑하는 휴대전화로 인정받고 있다. 삼성전자는 2010년에도 IDEA에서 총 5개 제품을 수상하며 디자인에서 세계 최고임을 입증했다.

비교전시 경영의 정례화

1993년 LA에서 '전자부문 수출품 현지 비교평가회의'를 연 이후, 삼성은 1999년부터 그룹의 경쟁력 강화를 위해서 해마다 선진 제품 비교전시회를 열고 있다.

'양의 경쟁에서 질의 경쟁으로' 패러다임을 바꿀 것을 결심한 이건희는 직접 전 세계를 돌면서 삼성 제품이 어떤 대접을 받고 있는가를 자기 눈으로 확인했고, 임직원들을 현장으로 불러들여서 가차없이 질타했다. 또한 그는 '비교전시 경영'을 정례화함으로써 해외 선진 제품과 삼성의 제품을 항상 비교 분석해서 모자라는 점을 보완할 수 있게 했다. 이런 엔지니어 정신을 수반한 비교전시 경영은 제품에 대한 이건희의 끝없는 탐구심과 도전의식의 결과라고 할 수 있을 것이다.

비교전시 경영 실시 이후 삼성의 제품은 모두 놀라울 정도로 품질이 향상되었다.

2007년 7월 27일, 삼성전자 수원사업장에서 '2007 선진제품 비교전시회'가 열렸다. 이 자리에는 참석한 이건희는 전자 계열사 사장단 회의를 주재하고 참석한 경영진들에게 미래의 급속한 변화에 대응할 수 있도록 창조 경영에 더 힘써 달라고 당부했다.

2010년 정도 되면 지금 예측하기에는 힘들 정도의 급속한 변화가 일어날 것입니다. 지금부터 디자인, 마케팅, R&D 등 모든 분야에서 창조적인 경영으로 변화에 대비해야 합니다. 우리가 위기라고 계속 이야기하는 것은 지금 당장 힘들다는 것이 아니라 4~5년 후 밀려올 큰 변화에 대비하자는 의미입니다. 지금부터 잘 준비한다면 위기가 기회가 될 수 있을 것입니다.

그 자리에는 이건희를 비롯해서 이학수 전략기획실장, 이윤우 부회장, 최지성 사장 등 삼성전자 각 계열사 사장들이 참석했다. 2007년도 전시회는 '초일류를 향한 창조적 혁신과 도전'이라는 주제로 삼성전자 수원사업장 실내체육관에 총 6개관(2,150제곱미터 규모)을 차려놓고 7월 16일부터 27일까지 열렸는데 삼성 제품을 비롯한 70개 품목, 566개 세계 유명 제품이 비교·전시됐다.

디지털 미디어관, 정보통신관, 생활 가전관, 반도체관, LCD관, 디자인관 등 총 6개의 각 전시관에는 삼성 제품을 비롯해 소니, 파나소닉, 샤프 등 일본 제품들과 GE, 노키아, 애플 등 분야별 세계 최고의 제품들이 모두 망라된 까닭에 일반인들의 관심도 뜨거웠다.

이건희는 4시간에 걸쳐 전시회를 참관하고 난 후, 사장단에게 이렇게 당부했다.

그동안 삼성의 제품 경쟁력이 높아진 것은 사실이지만 아직도 금형, UI(유저 인터페이스), 소프트웨어, 최종 마무리 등에서 뒤지고 있습니다. 예전에는 선진 기업이라는 등대가 있었지만 이제 우리 삼성은 망망대해를 스스로 헤쳐나가야 하는 위치에 놓여 있습니다.

이 같은 발언은 과거에는 벤치마킹할 수 있는 선진 기업의 제품이나 비즈니스 모델이 있었지만, 이제부터는 삼성 스스로가 시장을 선도할 수 있는 제품 콘셉트를 창조해야 한다는 뜻이다. 한층 치열해진 글로벌 경쟁을 뚫고 선도 기업의 지위를 유지해나가야 하는 숙제를 안고 있기 때문이다.

특히 2007년 전시회는 2015년을 시점으로 변화가 예상되는 미래 라이프스타일에 맞는 혁신 제품들의 개념을 제시하고, 하드웨어 비교 중심에서 디자인과 인터페이스 등 소프트 경쟁력에 대한 비교를 강화했다.

삼성전자가 월드베스트 제품을 앞세워 세계적 IT 기업으로 발돋움하기까지 '비교전시 경영학'이 큰 역할을 했다.

2000년 신년사에서 이건희는 1등 제품을 만들어야 하는 이유(경쟁력)와 1등 제품을 만들기 위한 전제조건(뛰어난 인재 확보)을 그룹의 생존 차원에서 제시했다.

1등 제품은 양적 시장점유율뿐만 아니라 그 질적 가치, 수익력, 그리고 브랜드 이미지 등이 모두 세계 최고 수준에 올라서야 합니다. 우리가 추진하고 있는 구조조정의 마지막 목표는 경쟁력 향상에 있고 경쟁력의 요체는 바로 1등 제품을 만들어가는 것임을 분명히 깨달아야 하겠습니다. 또한 일류 기술과 일류 제품은 일류 인재가 만든다는 평범한 진리를 되새겨 뛰어난 인재를 확보하고 육성하는 데 더 많은 관심을 기울여야 합니다. 창의력과 지식이 더 소중해지는 21세기에는 인재야말로 기업의 가장 중요한 자산이 될 것입니다.

제3의 도전, 디스플레이

1992년 삼성은 D램 시장에서 세계 1위를 차지하자 또 다른 도전을 하기 위해서 LCD 사업에 참여할 것을 결정한다. 삼성전자는 남들보다 항상 한 발짝씩 빨리 대응해왔다. 반도체 진출이 그랬고 휴대전화 사업이 그랬는데 특히 LCD 제품에 있어선 선택이 너무도 탁월했다.

1991년 초 삼성전자에서 하나의 '사건'이 벌어졌다.

삼성전관(현 삼성SDI)에서 추진하던 LCD 사업이 삼성전자로 이관된 것이다. 전자는 부담스러웠고 전관은 자존심이 상했다.

어쨌거나 삼성전자는 3년 뒤인 1995년, 기흥 제1공장을 완성하고 LCD를 생산하기 시작했다. 그런데 LCD는 초정밀 기기라 처음에는 불량률이 40~50퍼센트에 육박할 정도로 문제가 심각했다. 거기에 도시바, 샤프 등 일본 기업들이 제품 가격을 절반으로 할인하며 철저히 경계하고 있었다. 그 무렵 일본에서는 샤프를 비롯한 몇몇 회사가 10.4인치 컬러 LCD를 개발해서 대량생산에 들어갔다. 설상가상으로 IMF 사태마저 일어나서 우려하던 대로 누적 적자만 3,000억 원이나 되었다. 자칫하면 '위험한 선택'이라는 주위 평가대로 끝장이 날 판국이었다.

매년 수백억 원대의 적자가 이어지자 LCD 사업에 발을 잘못 디딘 게 아닌지, 반도체에서 번 돈을 LCD가 다 까먹고 있는 것은 아닌지, 하는 불만이 터져나왔다. 삼성 비서실에서조차도 계속 적자가 나는 LCD를 정리해야 한다는 비관적 결론을 내릴 정도였다. LCD 사업의 존폐가 걸린 위기의 순간이었다.

당시 실무자였던 이상완 상무는 LCD 사업 정리에 완강한 반대 의견을 내놓았다. 그는 LCD 사업은 반도체처럼 승부를 걸어야 할, 반드시 필요한 미래 산업이라는 주장을 펴면서 몇 년만 시간을 주면 반드시 사업을 성공으로 이끌 수 있다고 주장했다.

LCD 사업을 강력하게 추진하던 이건희는 고민에 빠졌다.

그때 이건희는 "5~10년 후를 생각하여 무엇을 해서 먹고살 것인지를 고민하라"는 화두를 던지며, LCD 사업을 강력하게 추진할 것과 미래 수종사업에 포함시킬 것을 지시하고 이상완에게 힘을 실어주었다.

그리하여 삼성은 1995년 이후 반도체 호황으로 벌어들인 자금을 LCD에 집중 투입했다. 당시 일본 업체들은 11.3인치에 힘을 기울이고 있었는데 삼성은 곧바로 12.1인치 제품으로 승부를 걸었다. 그 전략은 대형 화면을 선호하던 도시바 등 일본 노트북 PC 업체들이 12.1인치를 표준으로 선택함으로써 제대로 맞아떨어졌다.

LCD는 삼성전자에 효자 노릇을 톡톡히 하기 시작했다. 1998년, 삼성은 불과 5년도 안 되어 종주국 일본을 제치고 대형 LCD 분야에서 세계 1위에 올라서며 1조 원대의 흑자를 내기 시작했다. 이러한 성공은 사업 존폐의 압력과 IMF 위기를 딛고 이룩한 것이어서 더욱 값진 결과였다. 논란도 많았지만 결정(리더십)이 서면 일사불란하게 따르는 팔로우십도 대단했다.

삼성은 기회를 선점하기 위해서 5세대(17인치) 제품에다가 수조 원에 달하는 자금을 집중 투자했고, 제품이 큰 성공을 거둠에 따라 2004년 LCD 부문에서 전년 대비 67퍼센트 성장한 8조 6,887억 원의 매출과 1조 8,845억 원의 영업이익을 달성했다. 이로써 LCD는 반도체, 휴대전화와 함께 3대 캐시 카우로서의 입지를 확고하게 굳혔다.

1990년대 중반 위기 상황에서 강력하게 LCD 사업의 필요성과 성공을 장담하던 이상완은 기술적으로 불가능한 것으로 알려졌던 40인치 LCD 개발에 성공한다. 그는 2004년부터 삼성전자의 LCD 총괄 사장으로 승진했다.

그때부터 삼성전자의 디스플레이 사업은 승승장구를 거듭하며 세계 1위로 올라섰다.

삼성은 전략상 6세대(32인치) 제품을 생산하지 않고 곧바로 7세대(46인치)로 승부를 거는 전략을 펴면서 7세대 1, 2라인을 구축했다. 2004년, 삼성과 소니는 7세대 LCD 합작사인 'S-LCD'를 설립하고, 세계 최초의 7세대 LCD 생산 라인을 가동하기 시작했다.

현재 삼성은 충남 아산시 탕정읍에 있는 61만 평 규모의 LCD 복합단지에 총투자 규모 20조 원에 달하는 돈을 쏟아붓고 있다. 기회를 선점하여 일본 업체들의 추격을 뿌리치고 세계 1위를 고수한다는 전략이다. 탕정단지는 TV의 대형화, 고화질화가 급속히 진행되는 추세에 맞추어 고부가가치 제품인 대형 LCD TV를 생산하는 세계 제일의 전문 생산기지가 될 것이다.

당시 이상완은 이렇게 포부를 밝혔다.

2005년 상반기 7세대 라인의 본격 가동에 발맞춰, 수요가 급증하고 있는 LCD TV에 역량을 집중해 매출 비중을 2010년에는 30퍼센트까지 확대할 방침이다. LCD TV 및 모바일 기기용 중소형 LCD 부문까지 세계 1위에 올라서 명실상부한 세계 최대 디스플레이 업체로서의 위상을 공고히 할 계획이다.

삼성전자 LCD의 역사를 새로 쓴 이상완은 한양대 전자공학과를 졸업하고 1976년 삼성전자 반도체 부천사업장에 입사했다. 이후 메모리본부 이사, 생산기획, 마케팅 등을 담당하다가 1993년 삼성이 처음 시작한 LCD 사업을 맡았다. 과묵한 성격에 현장 업무에 충실한 CEO로 소문난 그는 LCD 사업 시작 5년 만에 대형 LCD 분야에서 일본을 추월하는 괴력을 보임으로써 '불도저' 라는 별명을 얻었다.

이상완은 제품의 개발과 생산에만 머무르지 않고 LCD를 팔기 위해 도시바, 소니, 미쓰비시 등 종주국인 일본 업체들을 직접 방문해서 세일즈를 펴는 등 적극적인 마케팅을 구사했다.

이상완은 2004년에는 100억 달러를 바라보는 매출과 20퍼센트에 가까운 수익을 올렸다. LCD는 휴대전화, 메모리와 함께 현재 삼성 전자의 확실한 포트폴리오다.

삼성은 2004년 6월, LCD 총괄을 기흥에서 탕정으로 이전하여 '탕정 크리스털밸리 시대'를 본격적으로 열었다. 이상완은 차세대 디스플레이 업계의 주도권을 잡기 위한 원대한 게임에 몰두했다. 그는 7세대 2라인 LCD 공장을 추가로 건설해서 경쟁국인 일본, 대만 업체들의 추격에서 멀찌감치 벗어나려는 공격적인 투자를 추진했다.

이상완은 LCD 시장에서 '삼성이 만들면 표준이 된다'는 말을 지켜가고 있다. 이상완은 LCD시장에서 절대적인 영향력을 행사하고 있는 삼성전자 LCD 총괄사장답게 당시 2005년도 디스플레이 시장을 이렇게 전망했고 그의 예견은 맞아떨어졌다.

전반적으로 어려운 한 해가 될 것이다. 그러나 위기는 기회라는 말처럼 LCD TV 부문이 큰 성장을 하는 해로 기록될 것이다. 중국이 디스플레이 분야에서 급부상하고 있기는 하지만 한국이 명실공히 디스플레이 분야의 1등 국가가 된 것은 하루아침에 이루어진 것이 아니다. 2010년이 되어도 중국은 한국을 능가하지 못할 것이다.

2004년 4월 7일, 세계 디스플레이 박람회인 '2004 EDEX'가 일본 도쿄에서 개막되었다. 그날 일본 경제 유력지인 〈니혼게이자이신문〉은 '후지쓰(富士通), 삼성SDI 특허침해 제소'라는 기사를 1면 톱으로 내보냈다.

삼성SDI가 자사의 PDP 특허 10개를 침해했다는 이유로 후지쓰가 도쿄 지방법원과 미국 캘리포니아 중부연방 지방법원에 수입 및 판매금지 가처분 신청과 손해배상 청구 소송을 제기한 것이다. 위기감을 느낀 일본 기업들의 총체적 방어 작전이었다.

그런데 그날 이상완은 EDEX 전시회를 참관하고 나서 가진 기자간담회에서 이렇게 말했다.

"삼성은 오는 2006년 LCD 전 부문 세계 1위에 등극할 것이다."

후지쓰의 제소는 LCD가 아닌 PDP 건이었지만, 도쿄에서 불과 몇 시간의 차이를 두고 그런 일이 벌어졌다는 것은 한국과 일본 양국의 디스플레이 업계가 얼마나 첨예한 경쟁을 벌이고 있는가를 보여주는 상징적 사건이 아닐 수 없다.

일본은 1990년대 중반까지만 해도 전 세계 LCD 시장의 95퍼센트를 석권하고 있었다. 그러나 1994년 LCD 개발에 착수한 삼성전자는 과감한 투자와 파격적인 마케팅 능력을 발휘해 노트북용과 모니터용 LCD 분야에서 일본을 제치는 데 성공했고, 중소형 LCD 분야에서도 1위를 차지하겠다고 선언하고 나선 것이다.

일본 업체들이 이렇게 수세에 몰린 것은 반도체 때와 마찬가지로 1990년대 말 대형 LCD에 대한 투자시기를 놓친 데 기인한다. 삼성은 일본 업체들이 이렇게 망설이고 있는 사이에 2조 원 규모의 과감한 투자를 결행해 대형 LCD 시장을 완전히 석권하고, 이제 중소형 차별화로 종주국의 체면을 유지하고 있는 일본의 마지막 자존심마 일본의 위기감은 한국에 대한 극심한 견제로 나타났다. 삼성전자와 소니가 차세대 LCD 생산을 위한 합작사 설립을 발표하자 일본 정부와 샤프 등 민간기업 27개 사가 참여하는 일본의 LCD 패널 개발 컨소시엄은 소니를 컨소시엄에서 제외했다.

일본의 경제 애널리스트들은 삼성이 이처럼 일본 기업들을 제압할 수 있었던 이유로 일본 업체들에서는 찾아보기 힘든, 이건희의 강력한 오너십과 빠른 의사 결정력에 따른 적기 투자를 들고 있다. 일본 업체들은 대부분 오너 체제가 아닌 전문 경영인 체제인 탓에 중요한 투자를 놓고 의사 결정이 더디고 책임 경영이 어려운 단점이 있어서 한국에 선두 자리를 자꾸 내줄 수밖에 없다고 위기감을 피력하고 있는 것이다.

한국은 디스플레이 부분에서 생산 기준으로 LCD, OLED 분야에서 1위, PDP는 2위의 생산국이 되었다. 이제 디스플레이는 반도체, 휴대전화에 이어서 국가 기간산업으로 부상했다.

삼성전자는 2004년에 사상 처음으로 LCD 매출 10조 원을 돌파했고, 세계에서 가장 큰 57인치 LCD TV를 개발하는 데 성공했다.

시장조사기관인 디스플레이서치의 발표에 따르면 삼성전자는 2002년부터 LCD 시장 1위를 차지하기 시작해서 2011년 현재 디스플레이 전 부분에 걸쳐서 최고의 기술력과 품질을 자랑하며 세계 1위의 판매량을 유지하고 있다.

디자인 혁명

삼성전자 제품들이 세계적으로 두각을 나타내기 시작한 것은 제품력 외에 디자인의 멋스러움에 기인한 바가 크다고 하겠다.

2005년에 실시한 조사에 따르면 미국 소비자 상당수가 삼성 애니콜의 디자인이 도요타의 렉서스를 연상시킨다고 응답한 것으로 나타났다. 당시 렉서스는 미국에서 가장 많이 팔리는 고급 자동차였다. 그런 조사 결과는 삼성 휴대전화 또한 미국인들 사이에서 고급스러운 이미지를 만들어간다는 것을 반증하는 것이었다.

그동안 1천만 대 이상 판매된 히트 모델인 일명 벤츠폰(SGH-E700)과 이건희폰(T100), 그리고 블루블랙폰(SGH-D500)은 세련된 디자인은 물론 다양한 첨단 기능까지 두루 갖춘 제품이었기 때문에 전 세계적인 베스트셀러 휴대전화로 부상하였다.

프랑스의 패션 전문지 〈스터프〉는 특히 블루블랙폰을 "아름답고 세련된 검은 드레스를 걸친 완벽한 몸매를 연상시키는 휴대전화"이라고 격찬했고, 영국과 덴마크 소비자 단체가 실시한 평가에서는 전 세계 19개의 휴대전화 모델 가운데 1위를 차지했다.

삼성이 이렇게 디자인으로 세계적인 제품 대접을 받기 시작한 것은 1996년 이건희가 신년사를 통해 디자인 혁명을 선언한 후의 일이다. 이건희는 1996년 당시 신년사에서 이렇게 선언했다.

기업 디자인은 상품의 겉모습을 꾸미고 치장하는 것에서 한 걸음 더

 기업 경쟁력 또한 가격과 품질의 시대를 거쳐 21세기는 디자인 경쟁력이 기업 경영의 승부처가 될 것이다.

후쿠다 보고서에서 촉발된 디자인 혁명 선언 이후, 삼성은 글로벌 디자인 거점을 일본, 미국, 독일, 이탈리아, 영국, 중국 등 6개 지역으로 확대하고, 현지 지향형 디자인을 개발하는 글로벌 디자인 체제를 구축했고, 국내에서는 '디자인 뱅크 시스템'을 가동했다. 이렇게 해서 만들어진 제품들은 해마다 그래픽, 패션, 제품디자인 등 다양한 부문에서 디자인 수준을 높여가기 시작했다.

특히 삼성전자는 2001년부터 '디자인경영센터'를 설립하고 약 500여 명의 디자인 인력을 '디자인 전략팀'과 '디자인 연구소' 2개 팀으로 나누어 연구에 몰입하게 하고, 윤종용 부회장을 위원장으로 하는 디자인위원회를 설치해서 CDO(Chief Design Officer) 제도를 운영하는 등 디자인 경영에 총력을 기울이고 있다.

그 결과, 삼성은 지난 5년간 세계 양대 디자인상으로 불리는 미국의 'IDEA상'과 'Cebit iF 디자인 상'을 비롯해서 '레드닷 디자인상', 일본 'G-Mark상' 등 세계적인 디자인 평가 기관의 디자인상을 100회 이상 수상하며 디자인에서도 최고의 위치에 올라섰다.

이런 실적은 경영면에서도 주목받아, 이건희는 미국의 유력 경제 월간지 〈패스트 컴퍼니〉 2004년 5월호에서 뽑은 '디자인 대가 20

인’에 선정되었으며, 또 그해 11월에 홍콩 디자인 센터와 산업기술 통상부가 공동주최하는 ‘디자인 경영자상’에서는 초대 수상자로 선정되기도 했다.

2005년 4월 13일, 삼성은 디자인 혁명 선언 10년을 맞아서 이탈리아 밀라노에서 사장단 회의를 열고 ‘제2의 디자인 혁명’을 선언했다. 삼성이 밀라노에서 제2의 디자인 혁명을 선언한 것은 여러 가지 의미가 있다.

밀라노는 파리, 뉴욕과 더불어 세계의 패션 산업을 선도하고 있으며 가구, 조명 분야에서도 유행을 선도하고 있는 이탈리아 예술의 중심지이다. 마침 삼성은 디자인 경쟁력을 더욱 강화하기 위한 목적으로 ‘밀라노 디자인 센터’의 문을 열었다. 삼성의 밀라노 디자인 센터는 미국의 LA, 샌프란시스코, 일본의 도쿄, 영국의 런던, 중국의 상하이에 이은 여섯 번째 디자인 센터이다.

밀라노 디자인 센터 개소식에 참가한 이건희는 이날 오후 5시 밀라노 시내 포시즌호텔 지하 1층 대회의실에서 사장단들이 참석한 가운데 전략 회의를 시작했다.

저녁을 겸해서 시작된 회의는 거의 쉬지 않고 밤 11시까지 6시간 동안 열렸다. 이날 회의는 단순한 회의가 아니라 삼성전자의 가전 부문 주요 제품과 글로벌 기업들의 제품에 대한 ‘비교전시회’를 겸한 것이었다.

400여 평 규모의 대회의실에는 소니, 샤프, 파나소닉, 밀레 등 세계적인 선진 제품과 삼성의 주요 제품 그리고 미국의 아이디어상 등 세계적인 디자인상을 수상한 LCD TV, 휴대전화, 디지털카메라, PC, MP3 등 200여 개의 제품들이 전시되어 있었다. 이 회의는 삼성 사장단이 먼저 삼성 제품과 세계적인 명품의 비교 품평을 통해서 삼성 제품의 디자인에 대한 문제점을 파악하고, 이건희가 사장단과 함께 디자인 경쟁력 마련 방안을 도출하는 방식으로 진행되었다.

이건희는 이 자리에서 다자인 혁명 선언 10년 동안 삼성이 많은 발전을 해온 것은 사실이지만 아직도 선진 기업에 비하면 만족스럽지 못한 면이 많다는 것을 새삼 강조했다.

> 삼성의 디자인 기술은 아직 부족하다. 애니콜만 빼면 나머지는 모두 1.5류다. 이제부터 경영의 핵심은 품질이 아니라 디자인이다. (…) 최고 경영진에서부터 현장 사원에 이르기까지 디자인의 의미와 중요성을 새롭게 재인식하여 삼성 제품을 명품 수준으로 만들어야 한다.

이 자리에서 당시 삼성전자 CDO를 맞고 있던 디지털미디어 총괄 최지성 사장은 "1996년 디자인 혁명 선언을 계기로 디자인 인력을 400퍼센트 이상 보강했으며, 벤츠폰과 프로젝션 TV(DLP TV L7) 등에서 혁신적 디자인을 선보이는 등 나름대로 성과가 있었으나, 이제는 세계 일류로 인정받는 명품으로 올라가야 한다"면서 "이번에 확정되는 4대 전략을 강력히 추진해서 삼성만의 독창적 아이덴티티를 확립하고, 이를 위한 스타급 핵심 디자이너 확보에 전력해 나가겠다"는 의지를 밝혔다.

삼성전자 이기태, 이현봉 사장 등 계열사 사장들은 자신이 경영 책임을 맡고 있는 각 계열사의 디자인 경영 현황을 설명하고 나름대로 프리미엄 브랜드 육성을 위한 전략도 발표했다. 이번 회의에서는 디지털 미디어, 휴대전화, 생활 가전 등의 차별화 전략과 프리미엄 브랜드인 명품 시장이 정착된 패션부문 경쟁력 강화를 위한 방안도 집중적으로 논의됐다.

국민소득 2만 달러에 도달하려면 디자인 관련 분야에서 100점짜리 지식을 갖추어야 한다. 스탠드 얼론(stand alone), 즉 개별 제품의 디자인 이미지 구축은 성공했다. 하지만 모든 전자 제품의 복합화가 진행되는 만큼 토털 디자인 역량 강화에 집중해야 한다. 디자인 개혁 없이는 국민소득 2만 달러 달성이 힘들 것이다. 그동안 우수한 제품을 개발, 제품 경쟁력만으로 국민소득 1만 달러에 도달했다면 앞으로는 삼성이 디자인 경쟁력을 선도해서 2만 달러 시대를 열어야 한다.

이건희는 이렇게 말하며 이날의 디자인 전략 회의 결론 부분에서 제2의 디자인 혁명을 선언했다. 이 자리에서 삼성 사장단은 이른바 '월드 프리미엄 브랜드 육성 계획'을 확정하고 디자인 역량 강화를 위한 '밀라노 4대 디자인 전략'을 추진한다고 발표했다. 삼성이 이

회의에서 확정한 '월드 프리미엄 브랜드' 육성 계획에 따라 추진된 밀라노 4대 디자인 전략은 다음과 같다.

첫째, 독창적 디자인의 아이덴티티 구축

누가 언제 어디서 봐도 한눈에 삼성 제품임을 알 수 있도록 삼성 고유의 철학과 혼을 반영, 아이덴티티를 담은 독창적 디자인과 UI 체계를 구축할 것.

둘째, 디자인 우수 인력 확보

세계 최고의 디자인은 천재급의 디자이너가 만들어낸다. 이탈리라의 특급 디자이너의 말 한마디가 세계 패션 디자인을 주도하는 것처럼 소프트 경쟁 시대에는 인재가 곧 경쟁력인 만큼 국적, 나이, 성별 등을 가리지 말고 디자인 트렌드를 주도할 천재급 인력 확보와 기존 디자인 인력들의 역량을 체계적으로 강화할 것.

셋째, 창조적이고 자유로운 조직문화 조성

실제로 세계 디자인 트렌드를 추구하는 디자이너들은 천재적인 창의성을 가지고 있다. 삼성 제품이 그러한 세계 초일류 디자인을 선보이기 위해서는 자유롭고 유연한 조직 문화를 형성해서 창조성과 독창성이 나올 수 있게 해야 한다. 천재급 인력을 유치하고 육성하기 위한 자유롭고, 유연한 조직 문화와 창조성과 독창성이 존중

받는 분위기와 지원 시스템을 조성할 것.

넷째, 금형 기술 인프라 강화(핵심 기술 보유)

디자이너가 디자인한 제품을 실제로 생산하기 위해서는 금형 기술이 받쳐주어야 하므로 금형 기술 인프라 강화도 필수 조건이다. 제품 디자인 차별화의 기본 요소로 금형 기술 인프라를 강화하고, 협력 업체와 유기적으로 연결할 것.

이것은 앞으로 단순 일류가 아닌 '월드 프리미엄 브랜드'로 거듭나기 위해 새로운 도약과 의식 전환을 추진하겠다는 의지를 표명한 것이다.

다음과 같은 이건희의 디자인관은 삼성의 디자인 흐름에 대해서 알 수 있게 해준다.

요즈음에는 기획력과 기술력이 아무리 뛰어나도 디자인이 약하면 다른 요소까지 그 힘을 발휘할 수 없고, 결국 경쟁이 불가능해진다. 더구나 앞으로 다품종 소량 생산 체제가 진전되면 고객들이 원하는 대로 하나하나 다른 제품을 만들어 제공해야 하는 시대가 된다. 그런데 지금 우리 상품을 보면 한결같이 디자인 마인드가 있는지 의구심을 갖게 된다. 아직도 우리는 디자인이란 제품을 기술적으로 완성한 뒤 거기에 첨가하는 미적 요소 정도로 여기고 있다. 골프를 쳐본 적도 없고 골프장에 가본 적도 없는 사람들이 골프웨어, 골프용품을 디자인하고 있는 실정이다. 그렇다 보니 삼성은 물론 대부분의 기업들의 상품 디자인에서 통일된 이미지를 찾을 수 없다. 반면에 자동차의 벤츠, 전자의 소니 등은 멀리서도 알아볼 수 있을 정도로 독특한 이미지를 갖고 있다. 우리 제품이 해외시장에 나가 일본 제품과 상대하다 보면 꼭 '마무리(finish touch)'가 부족해서 문제가 되곤 했다. 그런데 지금은 마무리뿐만 아니라 외관도 문제가 되고 있다. 우리 제품의 외관이 선진 제품보다 뒤지는 탓에 국내외 시장에서 고객에게 외면당하고 제값을 못 받고 있다. 한국의 문화가 배고 자기 회사의 철학이 반영된 디자인 개념을 정립하는 작업을 그야말로 혁명적으로 추진해 나아가야 한다. 그러지 않으면 더욱 치열해지는 경제전쟁에서 배겨날 수 없다. 그러기 위해서 경영자는 젊은이들과 자주 대화하고, TV 인기 드라마도 보면서 유행을 알고 디자인 감각을 키워야 한다. 또 개별 제품의 디자인에 대해서는 전문가 의견을 존중해서 섣불리 간섭하지 말아야 한다. 10대들이 쓸 상품 디자인을 50대 경영자가 결정하는 경우가 있는데, 이는 자칫 선무당이 사람 잡는 결과를 가져온다.

삼성전자는 모던하고 깔끔한 디자인, 우수한 하드웨어 성능, 마케팅 전략 등을 집중적으로 부각하며 새로운 시대를 준비하고 있었다. 삼성전자는 디자인에 역점을 두는 동시에 삼성 최고의 제품들에 고유의 브랜드를 붙이는 개별 브랜딩 전략을 펼치기 시작했다. 디스플레이는 '파브', 냉장고는 '지펠', 에어컨은 '하우젠'이라는 명품 브랜드가 탄생했다. 제품 디자인에 있어서도 세계 최고의 디자이너들과 손을 잡고 감성적이면서도 모던한 스타일의 제품들을 쏟아냈고 각종 디자인상을 휩쓸었다. 마침 그 시기에 찾아온 일본의 장기 불황은 삼성에게 도약할 기회를 주었다. 거기에 2000년대에 들어서면서부터 디지털 가전 시대까지 활짝 열리면서 삼성은 비상할 수 있었다. 2000년 이후 삼성전자는 휴대전화, 디스플레이, 메모리 등에서 차츰 세계 점유율을 높여가더니 2005년 이후부터는 브랜드 인지도나 품질, 디자인 측면에서 명실상부한 세계 최고의 가전 업체로 우뚝 서게 되었다.

직관력이 뛰어난 오너의 리더십

2000년대 들어서 세계무대에서 우뚝 선 삼성전자의 이러한 변신은 직관력이 뛰어난 오너의 리더십에 힘입은 바 크다. 이건희는 비록 IMF를 예견하지는 못했지만 언젠가 다가올 미래의 불확실함에 대비해서 신경영을 통한 구조조정에 성공한 덕분에 IMF 위기를 초일류 기업으로 도약하는 지렛대로 삼을 수 있었다.

외국 언론들도 삼성이 외환위기를 딛고 불과 몇 년 만에 세계 초일류 기업의 반열에 들어설 수 있었던 이유를 이건희를 정점으로 하는 삼성 CEO들의 탁월한 리더십 덕분이라고 격찬한다.

경제학자 롤프 H 칼슨은 "오너십이 기업 운명을 좌우한다"고 말했다. 삼성전자가 초일류 기업으로 성장한 데는 여러 요인들이 복합적으로 작용했지만 그중 가장 중요한 역할을 한 것은 그룹 총수인 이건희의 강력한 오너십이다.

그는 수줍은 듯한 몸짓과 어눌한 말을 구사하지만 당면한 문제가 발생할 때마다 시대를 리드하는 화두를 제시하며 삼성인들을 일사분란하고 기민하게 움직이게 만드는 카리스마를 가지고 있었다.

위기를 기회로 활용하여 삼성의 경쟁력을 높일 수 있었던 것도 그의 리더십이 크게 작용했기 때문이다. 만약 시의적절한 오너십이 발동되지 않았다면 사업 위험이 큰 반도체, LCD 사업은 꽃피우지 못했을 것이다.

이건희는 사람들이 눈앞에 서 있는 나무만 보고 숲을 볼 줄 모르기 때문에 미래는 물론 자신의 업(業)이 무엇인지도 모르는 삶을 살게 되는 것이라고 말했다.

나는 일하고 챙기는 데 내 나름의 몇 가지 원칙과 습관이 있다. 먼저 목적을 명확히 한다. 보고를 받으려면 보고의 목적과 결정해야 할 일을 분명히 한다. 다음은 일의 본질이 무엇인가를 파악한다. 본질을 모르고는 어떤 결정도 하지 않는다. 본질이 파악될 때까지 몇 번이고 반복해서 물어보고 연구한다.

나는 삼성의 임직원들에게 '업(業)'의 개념에 대해 자주 이야기한다. 그런데도 "당신이 하는 일의 업의 개념이 무엇이냐?"고 물으면 대부분의 사람들이 당황한다. 대답할 준비가 되어 있지 않기 때문이다. 자기가 하는 일의 본질이 무엇인지를 깊이 생각해보지 않는다는 의미이다. 손을 들어 달을 가리키며 달을 보라고 외치는데 달은 보지 않고 손만 쳐다보고 있다면 어찌 되겠는가?
목적과 본질 파악이 나의 원칙이라면 숲을 먼저 보고 나무를 보려고 하는 노력은 나의 습관이다. •••

나무보다는 숲을, 겉모습보다는 본질을 제대로 파악하려는 노력은 그에게 업의 개념을 파악하게 만들어주었고, 삼성의 주력 사업인 IT 전 분야에 걸쳐서 전문가적 지식을 갖게 했으며 직관의 힘을 실어주었다.

앞에서 살펴보았듯이 이건희는 반도체 산업의 중요성을 미리 알아채고 삼성이 반도체 사업에 뛰어들게 만들었으며, 그 후에도 고비마다 대담한 투자를 통해서 삼성을 반도체 1위 업체로 끌어올리는 견인차 역할을 했다.

이건희는 IMF 한파가 몰아친 1998년, 그해 신년사에서 자신의 생명, 재산, 명예를 포함한 모든 것을 던질 각오가 되어 있다고 선언하고 일류가 되지 않으면 살아남을 수 없다고 주장했다. 그것은 어떠한 난관이 있더라도 일등 정신으로 세계를 제패하겠다는 자신감의 표현이기도 했다. 이건희가 얼마나 정확하게 앞날을 내다보며 시대를 선도하는 리더십을 발휘하고 있는지 알 수 있는 실례를 찾아보자.

1980년대 말과 1990년대 초의 장기 불황으로 일본 반도체 업체들이 투자를 망설이고 있을 때, 이건희는 1메가 D램과 4메가 D램 사업에 과감한 투자 결정을 내리고 돈을 쏟아부었다. 1988년 신임 회장에 취임한 그는 삼성전자와 삼성반도체통신을 합병하면서 반도체 투자에 그룹의 사운을 걸었다. 당시는 반도체가 대규모 적자를 내고 있던 상황이라 가전 쪽 주주들의 반발이 적지 않았다. 이건희는 반도체 사업에 대한 성공을 확신하고 강한 집념으로 어려움을 극복해냈다.

1989년 어느 날, 사장단 10명, 비서실 팀장 10명과 점심식사를 할 때였다. 이건희는 당시 비서실장이던 소병해에게 뜬금없이 물었다.

"삼성전자가 언제쯤 이익 1조 원을 낼 수 있을까요?"

참석자 전원은 질문 내용이 다소 황당해서 무슨 말인가 하고 의아해했다. 1983년에 본격적으로 시작한 반도체 사업은 1986년까지 누적 적자가 1,300억 원에 달했고, 1987년에는 삼성이 반도체 때문에 망한다는 소문까지 떠돌 정도였다가 1988년에야 겨우 흑자로 돌아섰던 시절이었다.

그때 소병해는 자신 없는 목소리로 대답했다.

"10년 정도 지나면 되지 않겠습니까?"

여기서 10년이란 표현은 지금 1조 원은 생각도 못할 수치라는 이야기에 다름 아니었다. 그러나 이건희는 갑자기 정색을 하며 말했다.

"아닙니다. 나는 2, 3년 내에 1조 원을 해낼 거라고 생각합니다."

그런데 3년 후인 1992년, 삼성전자는 그 2배인 2조 원(내부판단자료)의 경상이익을 내기 시작했다.

이 같은 이건희의 선견력은 젊은 시절부터 끊임없이 기계를 뜯어보고 조립하면서 터득한 기술적 노하우와 선진국의 시사, 경제, 첨단기술 잡지와 과학 다큐멘터리 등의 정보를 접하면서 얻게 된 폭넓은 안목과 통찰력의 소산이라고 볼 수 있다.

LA 센추리플라자 호텔에서 열린 '전자부문 수출품 현지 비교평가회의'에서 보았듯이 이건희는 일일이 전자제품을 분해해서 제품의 기능뿐만 아니라 부품들의 차이점을 지적할 수 있는 엔지니어적 능력을 가지고 있다.

삼성은 LA 비교평가회의 이후에 아예 해마다 삼성전자 수원공장에서 선진 제품 비교전시회를 열고 있는데 그 효과가 바로 삼성 제품의 선진화를 이끌어내고 있다. 반도체나 LCD 사업은 대규모 자금이 필요해서 도박과도 같은 위험성이 도사리고 있다. 기술적 진보와 시장 상황의 변동에 대한 통찰과 미래에 대한 확신이 없으면 투자결정을 내리기 어려운 사업이다. 이건희는 그런 투자의 고비마다 과감한 결단을 내렸고 성공을 거머쥐었다.

이건희 시대에 이르러 삼성은 반도체, IT, 무선통신, 생명공학 등 첨단산업 분야에서 성공하여 비약적인 발전을 이룸으로써 국제 경쟁 사회에서 기술 한국의 이미지를 부각시키며 초일류 기업이 되었다. 삼성전자가 이처럼 짧은 기간에 세계적 기업이 될 수 있었던 것은 일류만이 살아남는다는 것을 목청 높이 외치며 자신을 믿고 따라주기를 바란 강력한 오너십에 기반을 둔 '스피드 경영'이 있었기에 가능한 일이었다. 한국 기업의 강점은 누구나 아는 것처럼 빠른 의사 결정인데 그것은 오너 경영 체제가 시대 상황과 잘 맞아떨어진 까닭이다.

일본은 2차 대전 후 오너 경영 체제를 유지하는 기업이 없어 삼성전자식의 의사 결정이 불가능했고, 그것이 소니 같은 기업이 삼성에게 뒤처진 이유이다. 그래서 요즘 소니 내부에선 한국 경계론을 외치는 소리가 거세다. 소니에서 한국인으로서는 유일하게 사장급인 'B2B 솔루션 겸 글로벌 비즈니스 그룹장'을 지낸 안경수는 이렇게 증언하고 있다.

소니 역사상 최악의 의사 결정이 삼성과 공동으로 S-LCD를 설립한 것이란 이야기를 할 정도입니다. 삼성과 공동으로 LCD 회사를 세우고 거기서 LCD를 공급받으면서 소니의 혼(魂)인 TV 사업의 주도권을 잃고 삼성, LG에 이어 3위 업체로 전락했다는 것입니다. ****

따지고 보면 삼성전자가 일본 기업들을 제압할 수 있게 된 것은 역설적이게도 일본이라는 좋은 '선생'이 있었기 때문이다. 과거 삼성은 일본을 벤치마킹의 대상으로 삼아서 빨리 따라 하는 것만으로 충분했다. 앞서가는 모델이 있으니 그것만 보고 따라 해도 실패의 위험이 거의 없는 게임을 할 수 있었다. 그러나 이제는 사정이 달라졌다. 삼성에게 이제 벤치마킹할 대상이 없어졌다.

그래서 이건희는 늘 위기를 강조하고 창조적 기술을 개발할 수 있는 우리만의 힘을 배양해야 한다고 주장하는 것이다.

짐 콜린스는 『좋은 기업을 넘어 위대한 기업으로』(김영사, 2002)에서 '15년의 법칙'이란 것을 제시했는데, 창업주가 사망하거나 사업에서 손을 뗀 후, 15년이 지나서도 계속 번창하고 있다면 그 기업은 위대한 기업으로 거듭난 것이라 했다. 짐 콜린스는 위대한 기업으로 성장할 수 있는 원동력으로 강력한 추진력(drive)과 겸손(humility), 자기반성(self-doubt)을 포함한 경영자의 리더십을 손꼽았다.

삼성은 창업주인 선대 회장이 타계한 지 20년이 넘게 지났으므로 콜린스가 말한 '위대한 기업'으로 거듭났다고 봐도 될 것이다.

이건희는 선대 회장인 이병철의 위업을 이어받아 수성에 성공했을 뿐만 아니라 선대 회장을 능가하는 리더십을 발휘해 삼성을 세계적인 기업으로 키웠다. 그러한 성과는 이건희가 시대와 사물의 내면을 꿰뚫어보는 통찰력과 직관력을 갖고 있음을 증명하는 것이며, 이를 통해서 기회를 선점하는 코드를 만들어냈기 때문에 가능했던 것이다.

제품의 경쟁력

　제품의 경쟁은 국가 간 경쟁을 의미하지 않는다. 가장 좋게, 가장 싸게, 그리고 가장 잘 팔 수만 있다면 한 제품의 생산, 판매를 위해 여러 국가의 자원을 활용해야 한다. 국내 기업들도 국내 임금이 올라가고, 국내 입지 조건에 한계를 느끼자 현지 생산의 이점을 찾아나서기 시작했다. 중국, 동남아의 값싼 노동력과 유럽연합(EU)의 적극적인 정부 지원 등 더 나은 경영 자원을 찾아 쉴 새 없이 이동하고 있다.

　이제는 어느 나라에서 만드는가(made in)는 의미가 없어지는 반면, 누가 만드는가(made by)가 중요한 시대가 되었다. 예전에 국산 제품 만들기가 우리의 지상 과제였던 것처럼 이제는 세계 분업에 능동적으로 참여하여 세계적인 경쟁력을 갖추는 것이 새로운 시대의 사명이 된 것이다.

　무국적 상품을 만들게 하는 경영 환경을 우리는 초국적 기업의 번창에서 실감한다. 초국적 경영은 기업의 국제화에서 진일보한 또 다른 형태의 기업 경영이라고 할 수 있다.

　기업에 있어서 지금까지의 국제화는 단지 해외시장에서 물건을 잘 팔기만 하면 되는 경제적 이유에서 이루어져왔다. 원가를 줄이기 위해 노동비가 싼 지역에 현지 공장을 건설하고, 물건이 팔리는 지역에는 판매 거점을 세우는 식이었다.

　그러나 ‘양적 국제화’는 어느 사이엔가 한계에 봉착하고 말았다. 그 나라에 뿌리를 내리지 않은 기업은 그 나라 소비자로부터 사랑받을 수 없다는 단순한 이유에서이다. 세계 유수의 선진 기업들은 양적 국제화에서 한 발 전진하여 ‘질적 국제화’를 추진하고 있다. 바로 초국적 경영이 질적 국제화의 실체라 하겠다.

　기관차, 발전 설비, 로봇을 만드는 중전(重電) 분야의 초일류 기업인 ABB는 세계 140여 개국에 1,300여 개의 자회사를 가지고 있다. 이 회사의 본사는 취리히에 있지만 본사를 비롯한 모든 자회사가 영어를 공용어로 쓰고 있고, 자회사의 경영 활동은 현지인 경영자가 책임지고 결정한다. 우리도 모든 것을 국내에서 결정하겠다는 우물 안 개구리 식의 발상을 버릴 때가 왔다.

– 이건희

삼성의 경쟁력

> 덩치가 크다고 해서 항상 작은 기업을 이기는 것은 아니지만, 빠른 기업은 느린 기업을 언제나 이긴다.
> — 존 챔버스

인재제일주의

2002년 4월 2일, 미국 뉴욕의 월스트리트는 삼성전자의 시가 총액이 65조 6,800억 원으로 소니의 63조 5,600억 원보다 2조 1,200억 원을 앞섰다고 발표했다. 삼성이 소니를 제쳤다는 이 소식은 일본 열도를 경악하게 했고, 한국인들에게는 커다란 자신감을 안겨주었다.

1970년대 초반 산요전기에서 트랜지스터와 라디오, TV 기술을 배우면서 걸음마를 시작했던 삼성이 30년 만에 일본의 자존심인 소니를 앞섰다는 소식을 듣는 순간부터 대한민국은 IMF의 질곡을 벗어나 재도약의 디딤돌을 놓기 시작했다. 이때부터 뉴욕에서 가장 번화한 브로드웨이 7번가와 42번가가 교차하는, 문화와 유행의 중심인 타임스퀘어에서 삼성 광고판이 코카콜라, 푸르덴셜 광고판과 어깨를 나란히 하기 시작했다.

삼성전자는 2010년에도 세계 전자 기업 1위의 기록을 달성하는 위업을 쌓았다. 매출 150조 원과 영업이익 17조 원이란 사상 최대의 실적을 올리면서 말이다. 삼성전자의 이 같은 매출액은 비교적 큰 나라에 속하는 헝가리의 GDP와 비슷한 규모라는 점에서 놀라움을 더하게 한다.

삼성전자는 브랜드 가치에서도 175억 달러로 세계 19위를 차지한 바 있고, 〈비즈니스 위크〉가 선정한 2009년 미국 10대 히트상품에 LED TV와 듀얼뷰 카메라, 블루레이 플레이어 등 무려 3개 제품을 올려놓을 정도로 세계 최고의 기업으로 성장했다. 이제 삼성전자는 한국이라는 울타리를 훌쩍 뛰어넘어 세계적인 기업이 됐다.

도대체 삼성전자의 경쟁력은 어디서 나오는 것일까?

2010년 7월 5일, 일본의 주간지인 〈닛케이 비즈니스〉는 '삼성 최강의 비밀' 이란 제목의 특집 기사에서 삼성의 경쟁력을 성과제일주의에 따른 탁월한 인재들의 능력발휘라고 분석한 바 있다. 〈닛케이 비즈니스〉는 고도의 인재 선발과 삼성의 '혼' 을 단련시키는 혹독한 교육을 통해 삼성맨이 만들어지고 이들이 삼성전자의 경쟁력을 높이고 있다고 소개했다.

1982년 준공된 용인의 삼성종합연수원(지금의 삼성인력개발원) 로비 벽에는 이병철이 직접 쓴 현판이 걸려 있다.

국가와 기업의 장래가 모두 사람에 의해 좌우된다는 것은 명백한 진리이다. 이 진리를 꾸준히 실천해온 삼성이 강력한 조직으로 인재양성에 계속 주력하는 한 삼성은 영원할 것이며, 여기서 배출된 삼성인은 이 나라 국민의 선도자가 되어 만방의 인류 행복을 위하여 반드시 크게 공헌할 것이다.

이병철은 이러한 경영철학으로 자원이 빈곤한 우리나라에서 인재양성을 통해 경제를 발전시킬 수 있다는 비전을 제시했다. 이병철은 평소 큰 사업을 하는 것이나 구멍가게를 경영하는 것이나 같다고 하면서 이런 말을 자주했다.

나무 하나를 관리하고 돼지 한 마리를 키우는 것이나 회사를 경영하는 것이나 그 원리가 다를 바 없다. 나무 하나가 결국 수십만 주의 과수를 관리하는 것이며, 돼지 한 마리 관리하는 것이 4, 5만 두를 관리하는 것이다. 그러니 한 번 잘못된 것을 발견하면 아무리 작은 것이라도 끝까지 철저히 챙겨서 고쳐야 한다.

사업이라고 하면 대단해 보일지 모르지만 사소한 것을 얼마나 중요하게 여기는가에 승패가 달려 있고, 조금이라도 잘못된 것이 있으면 완벽한 수준에 도달할 수 있게 개선하려고 노력해야 한다는 것이 이병철의 생각이다. 이는 큰 사업을 하는 것이나 채소 가게를 경영하는 것이나 원리가 똑같다고 한 잭 웰치의 말과 비슷한 맥락이라 할 것이다.

이병철이 가장 역점을 둔 경영 이념은 인재 제일 정신이다. 그는 인적 자원을 기업 성장의 요체로 보고 '기업은 곧 사람'이며, 모든 일의 중심 또한 인재라는 사실을 항상 강조했다. 또한 입버릇처럼 "유능한 인재를 얼마나 확보하고 키워서 얼마만큼 효과적으로 활용하느냐에 기업의 성패가 달려 있다"고 역설했다.

인재양성은 반세기에 걸쳐 확인된 이병철의 가장 뛰어난 능력이다. 삼성은 1957년, 한국에서는 최초로 공개 채용 방식으로 사원을 뽑았다. 그 당시에는 대부분의 회사들이 경영주의 친인척이나 주변 인물의 청탁을 받아 사람을 채용했었기 때문에, 이러한 공개 채용 방식은 새로운 기업 풍토를 만들어냈다.

이병철은 평생 인재제일주의에 입각했다. 그는 학연과 지연, 혈연 등을 배제한 채 오로지 능력에 입각해 사원을 채용했다. 신입사원을 뽑을 때는 성적과 인성의 비중을 5 대 5로 평가하게 했고, 면접 때는 직접 참여했다. 인재를 선별할 때 졸업장으로 따지는 서류 전형보다는 인터뷰를 더 중시한 이병철의 뜻에 따라 삼성은 사원 채용 시 지원자들에게 학력 공개를 강요하지 않는 회사가 되었다.

이병철은 또 사람을 고르는 것만큼 사후 관리도 철저히 해서 일단 뽑은 사원들의 능력 개발을 위해 끊임없이 사내 교육을 실시했다. 1982년 그는 사원 교육 현대화를 위해 총공사비 50억 원을 들여 국내 최초의 기업 연수원인 삼성종합연수원을 설립하고 체계적이고 본격적인 인재양성을 시작했다.

'의심 나는 사람은 쓰지 말고 쓰는 사람은 의심하지 말라'는 정신이 투철했던 이병철은 사람을 아무나 쓰지 않았다. 그 대신 사업을 운영할 수 있는 지도력과 능력이 있다고 판단되면 완전히 책임을 맡겨 역량을 충분히 발휘할 수 있게 배려했다.

이병철은 임무를 주고 그 일을 완수하는 정도에 따라 신상필벌(信賞必罰)을 엄격히 적용했다. 그런 원칙이 있었기에 오늘날 삼성이 '인재 양성소', '인재 사관학교'라고 불리는 영예를 안을 수 있었던 것이다.

이병철은 삼성그룹을 창업한 이래 일관되게 합리적인 인재 선발을 고수했고, 전문 경영인 시대를 예고했을 뿐 아니라 '인재의 삼성'이라는 전통도 확립했다. 이병철은 자신의 자서전에서 인재 양성에 대해 이렇게 소신을 피력했다.

뽑을 때 잘 뽑아 잘 기르는 것이 경영자의 책임이다. 경영자로서 내 인생의 80퍼센트는 인재 양성에 소비했다.

이병철은 한국 기업 역사상 손꼽히는 인적 자본론(human capital theory)의 선구자다. 이병철은 '인사(人事)는 만사(萬事)'라는 말을 즐겨 했다. 이러한 용인술은 사업 초창기부터 그 빛을 발했다.

이병철은 6·25 전쟁이 나자 서울에서 이룬 모든 것들을 잃고 대구로 내려갔다. 그때 그는 자신이 믿고 경영을 맡긴 대구사업장 조선양조에서 3억 원이나 되는 목돈이 비축되어 있다는 보고를 받고 감격의 눈물을 흘렸다. 그는 이 자금 덕분에 피난지인 부산에서 삼성을 재건할 수 있었다. 이것이야말로 일단 채용하면 믿고 맡기는 이병철의 용인 철학이 연출한 승리이자 극적인 한 편의 드라마였다.

1980년 7월, 이병철은 한 경제단체에서 '기업이란 과연 무엇인가'에 대해 이렇게 이야기했다.

기업은 사람이다. 기업은 문자 그대로 업을 기획하는 것이다. 그런데 세상의 많은 사람들은 사람이 기업을 경영한다는 이 소박한 원리를 잊고 있는 것 같다. 세상에는 돈이 돈을 번다는 말이 유포되고 있지만, 돈을 버는 것은 돈이나 권력이 아니라 사람인 것이다.

이병철은 '기업이 곧 사람'이라는 원칙을 반세기 동안 견지했다. 그는 어떻게 사람에게 일을 맡기는가, 어떻게 사람을 움직이는가에 대해서는 달인의 경지에 도달한 사람이었다.

이병철은 자신의 용인술에 대해서 이야기할 때 철강왕 카네기의 묘비명을 인용하기도 했다.

여기에 자기 자신보다도 현명한 인물들을 끌어모으는 방법을 터득했던 사람이 묻혀 있다.

삼성의 인재 육성

인재 제일 전통은 이건희 체제에도 고스란히 이어졌다.

특히 신경영 이후 이건희는 독특한 카리스마를 발휘하면서 수많은 은유적 메시지를 던졌고, 그룹 운영의 전면에 나서서 전 세계에서 인재들을 불러 모았다. 그의 용인술은 '일등주의'라는 말로 표현할 수 있다.

삼성은 전 세계적 인재 탐색 네트워크를 가동해서 국적을 불문하고 세계 최고의 '천재급 인재'들을 불러들였다. 대표적인 인물이 진대제, 권오현, 황창규, 임형규, 박상근 등인데 이들은 오늘날 삼성을 세계적 기업으로 만든 주역이 되었다.

결과는 반도체 부문에서 가장 먼저 나타났다.

진대제 전 사장(전 정통부 장관, 현 스카이레이크인큐베스트 대표이사 사장)은 미국 스탠포드대학 박사 출신으로 IBM 연구원으로 근무하다가, 1985년 삼성전자로 스카우트된 후 16메가 D램을 세계 최초로 개발한 주역이다.

황창규 전 반도체 총괄사장(현 지식경제부 R&D 전략기획단 단장)은 미국 매사추세츠대학 박사 출신인데 스탠포드 연구원과 인텔 자문으로 있다가 1989년 스카우트된 후, 1994년에 256메가 D램을 세계 최초로 개발하였다. 고급 두뇌들의 활약에 힘입어 반도체 분야에서 세계 1위를 달성한 삼성은 다른 분야도 1등을 할 수 있다는 자신감을 갖게 되었고, 공격적인 세계 경영에 임할 수 있었다.

삼성전자는 한 번 발탁한 인재를 지속적인 교육과 관리를 통해서 고급 인재로 거듭나게 만드는 시스템을 가지고 있다.

삼성전자 인사팀은 매년 초 250개 문항에 달하는 '인사 평가 지침'을 각 사업부로 내려보내는데, 이 지침은 16개 항목으로 이루어져 있고, 각 팀장들은 부서별 특성에 따라 5~8개 항목을 선택하여 팀원에 대한 평가를 내리고 인사고과를 매긴다.

부서별 특성에 따라 영업 부문은 도전의식, 마케팅 부문은 국제화, 지원 부문은 문제 해결 역량에 높은 점수를 준다. 여기서 반영되는 인사평가 점수는 조직과 조직원 사이의 가치관이 일치하는지에 많은 상관관계가 있는 것으로 알려져 있다. 자기의 적성에 맞는 일을 하는 사람이 높은 점수를 받는 것은 당연한 일이며, 이 점수는 그 사람의 능력을 평가하는 연봉과 직결된다.

1998년부터 시행하고 있는 삼성전자 연봉제는 철저한 차별주의를 특징으로 하고 있다. 기본급 60퍼센트 외에 나머지 40퍼센트는 능력급이다. 능력 평가에서 최고 점수를 받는 '가' 등급은 능력급의 최대 130퍼센트까지 지급되는 반면, 최하위 등급인 '마' 등급의 경우 기본급도 제대로 받지 못하게 된다. 거기에 연봉을 근거로 지급되는 PS(Profit Sharing : 이익배분제)까지 포함할 경우 같은 직급이라도 최대 5배 이상의 임금격차가 벌어진다.

'삼성 펠로우'는 '장인(匠人)'급 인재들이다. 그들은 회사의 사운을 좌우할 만한 인사들이기 때문에 그들에 대한 정보는 비밀에 붙여진다.

삼성전자에는 인도의 카스트 같은 신분제도가 있는데, 최상층에 S(super)급, 그 아래에 H(Highly potential)급, A급, B급이 있다. S급은 세계적인 경쟁력을 갖춘 해외 석·박사급 인재를 말한다.

이건희는 S급 인재를 스카우트하기 위해서는 회사 전용기까지 내줄 정도로 열성이다. S급 인재 한 사람이 해당 산업의 판도를 바꿀 수 있다고 믿기 때문이다.

삼성 인사팀은 이건희의 강력한 지시에 따라 우수 인력 유치를 위한 해외 채용팀을 가동하고 있는데, S급과 H급을 핵심 인력으로 보고 전 세계를 돌며 스카우트 대상을 물색하고 있다. 삼성 계열사 인사팀장의 주머니에는 핵심 인력 목표와 현황을 적은 보고서가 항상 준비되어 있다. 21세기 지식정보화 사회에서 인재는 곧 기업의 자산이기 때문이다.

삼성은 S급 인재들의 눈부신 활약으로 반도체 부문뿐만 아니라 휴대전화, 디지털 미디어 등 전자 전 부문에 걸쳐서 세계 최강의 기술력을 과시하기 시작했다. 그래서 S급 인재에 대한 처우 또한 파격적이다. 이건희는 인센티브 제도의 신봉자다. 인센티브는 조직 활성화와 개인의 창의력 발휘의 바탕이 된다는 신념 아래 파격적인 연봉, 과감한 스톡옵션을 주면서 삼성을 인재들의 집단으로 만들고 있다. 이미 삼성의 급료 수준은 세계적인 수준에 이르렀고, 공과에 따라 지급되는 스톡옵션 등의 보상은 다른 국내기업들에 비해 상상을 초월하는 수준이다.

아울러 삼성은 분야별로 '자랑스러운 삼성인상' 제도를 만들어서 매년 시상하고 있다. 수상자에게는 5,000만 원의 상금과 1계급 특진이 약속된다. 이건희는 시상자 선정에서부터 수상까지를 직접 관장하고 있다. 그는 자료를 꼼꼼히 검토하고, 수상 후보들의 면면을 일일이 점검한 후에 시상자를 결정하고 수상도 직접한다. 거기에는 학벌, 지연 따위가 절대로 영향을 미치지 않는다. 다만 실력이 기준일 뿐이다.

2002년 7월 이건희 장학재단을 설립한 것도 천재급 인력의 양성을 위한 것이다. 미국, 유럽, 중국, 러시아, 인도 등 일류 대학 유학생들 중에 100명의 우수 학생을 선발해서 1인당 연간 5만 달러를 지원해서 미래의 삼성 인재를 키운다는 전략이다.

2004년 11월에는 계열사 연구개발 인력과 CEO 등 삼성의 과학기술 두뇌 5,000여 명이 참석한 가운데 '삼성학회'를 창립했다. 각 계열사들이 각자 연구해온 주요 기술을 그룹 차원에서 공유하여 시너지 효과를 얻고 미래 성장의 동력을 얻기 위한 노력의 일환이다.

또한 1995년부터 시행하고 있는 '테크노 MBA 제도'는 2년간 국내 및 해외 대학원을 연수하는 프로그램으로, 그동안 해외 우수대학 출신 MBA를 460여 명이나 양성했다. 삼성은 또 2004년부터 '성대 MIT MBA'를 만들어서 2년간 성균관대학 및 미국 MIT에 연수를 보내는 제도를 시행함으로써 국내 인력의 해외체험 확대를 통한 국제적 인재를 육성하고 있다.

최근에는 매년 2,000명을 선발해서 전 세계에 파견한 후, 현지에서 교육시키는 '지역전문가' 제도를 시행하고 있다. 기업의 경쟁력은 곧 인재의 경쟁력이라는 이건희 경영 철학의 시대적 요청인 셈이다. 인재 경영은 삼성의 제2신경영의 핵심이다.

삼성은 지역전문가제도에 매년 1,600억이라는 어마어마한 자금을 쏟아붓고 있다. 이는 사원 한 사람당 8,000만 원 꼴의 경비가 쓰이는 것이다. 그야말로 인재에게 아낌없이 투자를 하고 승부를 건다고 볼 수 있다.

신경영으로 물고를 튼 이건희는 초일류 기업을 위한 인재양성에 박차를 가했다. 그는 삼성연수원을 삼성인력개발원으로 개편하고 삼성인들에게 아낌없는 투자와 강도 높은 훈련을 단행했다. 삼성인력개발원은 하루 3,700명이 동시에 교육받을 수 있는 세계 최대의 시설과 인프라를 갖추었다. 1999년부터 노트북 PC로만 교육을 하는 디지털형 학습 시스템을 구축하고 종이로 된 교재가 없는 페이퍼리스(Paperless) 교육을 실시함으로써 연수생들이 '빈손으로 왔다가 빈손으로 가는' 교육을 실현하고 있다.

당시 삼성인력개발원에서는 '비전1-10-100'을 추진했는데, '비전 1-10-100'이란, 전통적 집합 교육으로 '1(만 명)'을 교육할 것을 사이버 교육을 통해 '10(만 명)'을 교육할 수 있고, 완벽한 인트라넷 시스템을 이용해 현장에서 자기주도형 학습을 하면 '100(만

명)’만큼의 학습 성과를 낼 수 있다는 교육 방식이다.

삼성은 막대한 비용을 들여서 삼성인들이 경영 현장에서 자신의 핵심 역량을 실시간으로 진단하고 그 결과를 알아볼 수 있고, 언제든지 문제점을 진단하고 부족한 역량을 스스로 개발해나갈 수 있는 e러닝(e-Learning) 학습 환경을 구축해놓았다.

이외에도 삼성전자는 신경영의 역점 사업으로 연구개발 분야에 주목했다. 매년 매출의 8퍼센트 이상을 연구개발 분야에 투자하고 있고, 연간 2백여 명이 넘는 인력을 해외 유명 연구소에 투입해 미래 기술을 상용화하기 위한 프로젝트 교육을 실시하고 있다.

또한 지적 재산권을 가치 있는 기업 자산으로 평가하여 미국, 일본, 영국, 인도, 러시아 등지에도 해외 연구개발센터를 두고 있다.

삼성은 우수 인재를 국내로 불러오는 데 그치지 않고 해외에 연구개발센터를 만들어 생활환경과 문화적 차이 등으로 한국에 들어오기를 기피하는 외국의 인재들을 현지에서 스카우트해 활용하는 전략을 세운 것이다. 이 전략으로 선진국은 물론 러시아, 중국, 베트남 등 옛 사회주의권 국가의 뛰어난 과학 기술 인재들을 끌어모으고 있다. 삼성은 이렇게 확보한 인재들을 통해서 미래 성장 산업을 일으키고, 초일류 기업으로서의 입지를 더욱더 확고히 하고자 한다.

삼성은 국내외 연수와 해외 지역전문가 프로그램을 통해 전 사업 부문에 걸쳐 직무 분석을 하고, 부가가치가 높은 업무 위주로 조직을 재편성해서 1인당 부가가치를 끌어올리고 있다.

삼성그룹에는 박사급 인력이 5,500명에 달하고 삼성전자 내에만 3,500명 이상 포진해 있어서 선진국의 일류 기업에 못지않은 고급 인력을 확보하고 있다. 1995년 490명에 불과했던 삼성전자의 박사급 인력은 2000년 1,022명으로 1천 명을 넘어서더니 2006년에는 2,860명을 돌파하고 최근 5년 동안 매년 250~500명씩 꾸준히 증가하고 있다.

이건희의 이러한 인재 중심 사고는 1978년 삼성물산 부회장에 취임해 경영에 참여하면서부터 이미 드러났다. 이건희는 공채출신을 우대하는 삼성의 순혈주의를 지켜가면서도 한편으로 다양한 분야의 인재들을 과감히 영입하자는 '잡종(雜種) 강세론'을 이병철에게 건의했다. 그때부터 삼성의 '인재제일주의' 콘텐츠에 적잖은 변화가 생기기 시작했다. 삼성의 인재관에 다양성의 바람이 불기 시작한 것이다. 이건희는 세계은행의 국제금융 전문가를 초대 기획조정실장으로 영입했고, 국내외 대학에서 전문가들을 발탁해 요직에 포진시켰다.

이건희는 기회가 있을 때마다 "5년, 10년 후 명실상부한 초일류 기업으로 도약하기 위해서는 인재를 조기에 발굴하고 체계적으로 키워내는 노력이 필요하다"고 강조한다. 그가 인재 경영을 향후 10년을 이끌 경영 키워드로 내세운 것은 세계 일류 기업들과의 경쟁에서 이기려면 핵심 인재의 확보가 관건이라는 현실 인식에 근거한 것이다.

지금처럼 미래 변화를 예측하기 어려운 시대에는 우수한 인재를 확
보하는 것이 미래에 대비하는 가장 중요한 전략이다. 경영자라면 핵
심 인재 확보를 자신이 챙겨야 할 가장 중요한 과제로 인식해야 한
다. 경영자는 사실 본능적으로 사람에 대한 욕심이 있어야 한다. 필
요하다면 삼고초려(三顧草廬), 아니 그 이상을 해서라도 반드시 확보
해야 한다.

삼성은 연말 사장단 업적 평가에서 핵심 인력을 얼마나 확보했는
지 평가하고 이를 인사에 반영하고 있다.
삼성은 신경영의 성공에 힘입어 2003년 6월, 제2신경영을 선언
하고 천재 경영을 제시했는데, 천재를 중심으로 한 인재 경영은 삼
성이 최근 추진하고 있는 제2기 신경영의 핵심이다.

천재 한 명이 10만 명을 먹여 살린다.
바둑 1급 열 명이 힘을 모아도 바둑 1단 한 명을 이길 수 없다.

이 말들은 이건희가 천재 경영을 부르짖으며 내뱉은 또 다른 경
구이기도 하다. 2003년 6월에 이건희는 〈동아일보〉와 인터뷰를 하
면서 자기가 찾는 인재를 다음과 같이 설명했다.

한마디로 '마니아' 형의 인재를 말합니다. (…) 이런 사람들은 조직

내의 협조적인 측면에서는 다소 부족할지 몰라도 자기 분야에서 최고가 되겠다는 열정과 몰입도는 굉장히 높아요. 특정 분야의 전문가로 성장이 기대되는 인재 유형이지요.

삼성의 이런 핵심 인재 중심 철학은 일류에 대한 동경과 추구 그리고 일등주의에 바탕을 두고 있다.

결국 경쟁과 보상을 즐기도록 훈련된 인재가 삼성에 많다는 뜻이다. 세계적인 회계컨설팅그룹인 딜 로이트의 크레이그 기피 회장은 삼성전자가 글로벌 기업으로 도약할 수 있었던 배경을 인재경영에서 찾았다.

삼성전자가 초일류 글로벌 기업으로 도약할 수 있었던 핵심 비결은 변화(change)와 인재 지향적 혁신(Talent-driven innovation)에 있었다고 할 수 있죠. 삼성전자는 1993년 당시 철저한 위계질서와 상명하복을 근간으로 한 관리 중심 문화를 토대로 크게 성장했지만 더 이상 모방할 경쟁자가 없어지면서 난관에 봉착했었죠. 게다가 이 같은 난관을 돌파할 창조적 역량을 갖춘 인재군조차 존재하지 않았어요. 하지만 이건희 삼성 회장이 변화를 강조하는 신경영을 선언한 뒤 전 세계에서 글로벌 인재를 스카우트해 '창조경영'을 실천한 결과 당시 매출액 3,700억 원의 작은 회사는 연 매출 90조 원에 달하는 글로벌 기업으로 성장할 수 있었어요. 삼성전자는 수십만 명을 먹여 살릴 능력을 갖춘 인재를 글로벌 무대에서 찾았고 이들의 발전을 지원하는 인사·보상시스템을 만들어 성과를 이끌어낸 결과, 결국 창조적 인재경영전략이 21세기 제조업의 경쟁력을 결정한 것이죠.

글로벌 무대에서 소수의 천재들을 찾아 이들의 창조성을 일깨우는 전략이 주효했다는 분석이다. 하지만 크레이그 기피는 현재 글로벌 제조업 상황은 '대변혁기'라고 규정하고 앞으로 삼성전자 같은 제조 기업이 성공하려면 창조적 혁신(creative innovation), 협업적 혁신(collaborative innovation), 정책 혁신(policy innovation) 등 세 가지 혁신에서 성공을 거두어야 더욱 값진 열매를 얻을 수 있다는 해법을 제시했다.

삼성전자, 젊은이들이 가장 일하고 싶은 일터

삼성전자는 젊은이들이 일하고 싶은 일터로 가장 많이 꼽는 회사다. 국내 조사 기관들의 각종 조사에 따르면 삼성전자는 수년 동안 부동의 1위를 고수하고 있다. 그것은 삼성전자가 기업의 수익성, 성장성, 직원 만족도, 사회 공헌 지수, 도덕성 등 모든 부문에서 단연 선두를 달리고 있기 때문이다.

2008년 11월, 연세대경영대학원이 경영대학 학부생과 MBA 학생 1,300여 명을 대상으로 펼친 설문 조사 결과 이건희는 경영 일선에서 물러나 있던 시점이었음에도 불구하고, 안철수, 문국현, 유일한 등을 제치고 '창조적 기업인 1위'를 차지했다. 그가 삼성의 후계자가 된 후 20여 년 만에 매출을 9배(17조 원에서 150조 원으로), 시가총액을 140배(1조 원에서 140조 원으로)로 성장시키며 초일류 글로벌기업으로 키워낸 업적 때문이었을 것이다.

그리고 2009년 1월 온라인 취업 사이트에서 1천여 명의 구직자를 대상으로 조사한 결과 삼성전자가 '가장 입사하고 싶은 기업 1위'를 차지했다. 삼성그룹은 대한민국의 수출에서 20퍼센트가 넘는 비중을 차지하고, 국세의 10퍼센트 가까이를 부담하고 있으며 한국 상장 기업의 시가총액에서 삼성 계열사가 차지하는 비율 또한 20퍼센트를 넘어서고 있다. 이 중에서 삼성전자는 전체 그룹 매출의 50~60퍼센트, 순이익의 90퍼센트 가까이를 차지하고 있다.

그래서 삼성전자는 대학생들의 취업 선호도에서 항상 압도적인 1위를 차지하는 것이다.

또 최근 한국능률협회가 산업계 간부 사원 3,894명과 증권사 애널리스트 126명, 소비자 3,043명을 대상으로 조사한 결과 삼성전자가 가장 존경받는 기업으로 선정되었고, 이건희 회장은 가장 존경받는 기업인으로 선정되었다. 이는 지속적인 혁신 능력과 주주가치, 종업원가치, 고객가치, 사회가치를 종합적으로 평가한 결과라 할 수 있다.

삼성전자는 국내뿐만 아니라 〈포춘〉이 선정한 '세계에서 가장

존경받는 기업' 순위에서 39위를 차지했고, 〈아시안 월스트리트저
널〉이 뽑은 '세계에서 가장 존경받는 기업'에 오르는 등 해외 유력
매체에서 선정한 우수 기업 순위에도 그 이름을 등장시키고 있다.

많은 젊은이들은 안정적이고 연봉이 많은 삼성을 선호한다. 또한
삼성은 인재를 중시하고 글로벌 인재로 키워내는 독특한 교육 시스
템 구축되어 있어서 젊은이들에게는 더욱 매력적으로 인지된다.

삼성의 사원 채용 방식은 크게 두 가지로 나누어진다. 그 하나는
신입사원 채용방식이고 나머지는 경력사원 채용방식이다.

신입사원 채용방식은 서류전형, 업무적성검사, 면접 등으로 다른
대기업들의 채용 방식과 별반 다르지 않다. 경력사원은 삼성만의
독특한 채용 방식으로 최상층에 S급, 그 아래에 H급, A급 등 다양
한 선택 기준을 놓고 인재를 선발한다.

신입 사원 채용의 경우 영어실력은 토익을 기준으로 하는데 이공
계는 620점 정도, 인문계는 730점 정도가 커트라인이라고 한다. 하
지만 근래에는 응시자들의 영어 실력이 부쩍 좋아져서 830점 정도
는 되어야 안심할 수 있다.

거기에 제2외국어를 잘하는 사람에 대한 가산점이 주어진다. 삼
성은 영어를 어학이 아니라 살기 위한 도구로 보는 입장이기 때문
에 영어는 필수이고 영어 이외의 언어, 특히 중국어를 잘하면 입사
에 유리한 고지를 점할 수 있다. 대부분의 지원자가 서류 전형에서
걸러지는데 서류 전형에서는 전공, 성적, 자기소개서, 공인 어학 성

적을 본다. 어떤 이는 삼성에 입사하는 것이 옛날 과거를 보는 것과 같다고 표현하기도 한다.

여기서 중요한 것은 자기소개서다. 자기소개서는 면접 때 중요한 참고 자료가 되기 때문이다. 삼성은 인재제일의 기업 이념에 따라 국내 최초로 공채를 시행한 기업으로, 일찍이 성적보다는 인성을 더 중시하는 경향이 있었는데, 자기소개서에 그런 인성이 잘 드러난다고 보는 것이다.

삼성이 원하는 인재는 도전 정신과 창의력을 가진 패기 있는 젊은이다. 이런 인재를 선발하기 위해 삼성전자는 서류 전형, 삼성직무적성검사(SSAT : Samsung Aptitude Test), 면접, 건강검진 등 다소 까다로운 절차를 밟는다. 면접은 기본 인품을 평가하는 1단계 인성 면접과 전문 지식을 평가하는 2단계 프레젠테이션 면접으로 나누어 실시한다.

삼성은 좋은 학교에서 좋은 성적을 받은 사람보다는 소프트웨어나 디자인 같은 자신만의 분야에서 ‘미친 사람’을 가장 똑똑한 사람이라고 판단한다. 그래서 정규 채용 외에 우수 인재를 수시로 뽑는 채용 프로그램을 가동하고 있다. 개성과 끼를 소유한 인재를 ‘특이 인재’로 구분하고 별도의 전형 절차 없이 선발하고 있다. ‘글로벌 인턴십’, ‘삼성 멤버십’, ‘휴먼테크 논문상’ 같은 특별한 경로가 이에 해당한다.

이 제도는 소프트웨어, 디자인 부문처럼 끼 있는 연구가 필요한 부문에 적용하고 있는데, 학교와 성적은 묻지 않고 프로젝트 수행 등을 통해 사원을 선발한다. 특이 인재로 발탁되면 고등학교 이전부터 인재를 발굴, 관리하는 추적형 채용 프로그램에 따라 일찌감치 삼성맨으로 채용해 그의 능력을 배가시키는 프로젝트를 수행한다.

대표적인 예가 산학협력 프로젝트인데, 석사과정의 1년은 대학에서 공부하고, 1년은 회사에 와서 프로젝트를 수행한 뒤 그것으로 학위를 준다. 단, 그 논문은 학교에서 요구하는 내용이 아니라 삼성에서 요구하는 콘텐츠여야 한다. 박사과정도 마찬가지다. 대학에서 2년, 기업에서 2년을 보내며 조직적인 공부를 해서 학위를 따는 제도이다. 이처럼 삼성에 들어가는 방법은 다양하다.

1987년 회장 취임 후 이건희는 본격적으로 인사 제도에 많은 변화를 주기 시작했다. 대기업 가운데 대졸 학력 제한을 가장 먼저 없앴고, 신입 사원에게 가전제품을 팔아오게 하는 식의 교육도 없앴다.

삼성에서 신입 사원 합격통보를 받은 사람은 곧 이어서 온라인 교육을 받게 된다. 입사 전 온라인 교육으로 신입 사원들에게 기초적인 기업 정보를 습득게 해서 오프라인 교육의 성과를 높이고 회사에 대한 로열티를 강화시키는 것이 주된 목적이다.

삼성은 신입 사원 교육 홈페이지(http://cyberedu.samsung.net)를 통해 오리엔테이션을 실시한다. 이 홈페이지에는 삼성의 발전사, 사업 현황, 경영 이념, 계열사에 대한 정보, 인사 정책 등이 담겨져 있다. 이 내용만 충분히 알아도 2, 3일분의 교육 프로그램을 숙지한 효과를 거둘 수 있다. 여기에는 기본적인 회사 정보와 입사 전 생활 가이드 등이 담겨져 있고, 신입 사원 간에 자신을 소개하며 대화할 수 있는 채팅방도 마련되어 있다.

입사 전 교육 프로그램을 시행한 결과 실제로 교육을 받은 신입 사원과 교육받지 않은 사원 간에 로열티나 업무 적응도 면에서 큰 차이가 난 것으로 알려져 있다. 이 온라인 교육을 마치고 나면 4주 간에 걸친 연수원 교육을 받게 된다. 4주간에 걸친 교육 내용은 그룹 차원에서 이루어지는 총괄 연수다.

채용된 사원들은 26박 27일 동안 합숙하며 강도 높은 신입 사원 교육을 받는다. 무려 600가지가 넘는 콘텐츠가 구비된 온라인 교육을 통해서 인재를 개발해내고 있는 것이다.

삼성은 글로벌 경영을 위해서 많은 사원들에게 막대한 투자를 한다. 앞서 말한 해외지역전문가 제도는 이건희가 10년, 20년을 내다보고 실행하고 있다. 이 제도는 1990년부터 시행 중인데, 1년간 사원들을 해외 각국에 파견해 그곳의 언어와 문화를 습득하게 하는 것이다. 영어, 중국어, 일어는 기본이고 현지어까지 마스터하고 '현지인화' 되어야 한다. 삼성은 이 제도를 통해 그동안 2,500여 명의 해외지역전문가를 양성했다.

이에 대해서 이건희는 이렇게 말했다.

입사 4년에서 5년이 되는 대리급을 1년간 외국에 보내 생활하게 하되, 업무 등 의무는 절대로 주지 못하게 했습니다. 그 나라의 언어를 하루 4시간 이상 공부하게 하는 것이 유일한 의무이고, 그 이외에는 모두 자유 생활을 하도록 했습니다. 자동차면허증도 그 나라에서 한 번 더 따도록 하는 등 그 나라에 대해 깊이 이해하도록 하고 있습니다. '독신파견제' 라고 하는 제도인데, 사원이 젊을 때부터 국제화를 체득하게 하는 제도로 매년 2,000만 달러를 투자해 40개국에 400명을 파견하고 있습니다. 앞으로 2배 내지 3배 정도는 늘릴 계획을 가지고 있고 과장, 부장 등 간부급과 이사, 상무까지 확대해나갈 계획입니다. 또한 해외 출장 때 하루 동안은 반드시 관광을 실시하고, 샘플용 선진 제품을 구입하면 회사가 지원하도록 하고 있습니다. 밤잠 안 자고 비행기 안에서 녹초가 되어 돌아오는 식의 출장은 더 이상 애사심이 될 수 없으니, 3일 걸리는 일이면 4일간을 보내 명소도 좋고 어디든지 그 나라의 문화를 익힐 수 있는 곳을 찾아 관광하도록 하고 있습니다. •

또 삼성은 스카우트한 해외 인력이 빠져나가지 않게 여러 가지 지원책을 내놓고 있다. '20명을 확보하는 것보다 10명을 내보내는 것이 더 나쁘다' 는 이건희의 지론에 따라 해외 인력이 국내에서 조기에 안정을 찾게 하기 위해 스카우트 과정에서 접촉해온 실무자를 일정 기간 함께 배치해서 업무에 적응하도록 도와주고 있다.

삼성은 외국인을 위한 전담 '콜센터' 도 운영하고 있는데 주택,

병원, 자녀의 학교, 비자 문제를 해결해주는 것은 물론 가족들의 불편 사항까지도 꼼꼼히 챙기는 24시간 대기 체제로 전천후 지원을 해준다.

기흥과 수원 공장에는 외국인을 위한 전용 식당이 마련되어 있고, 해외 인력들의 자녀교육 문제를 원천적으로 해결해주기 위해 외국인 고등학교 설립도 검토 중인 것으로 알려져 있다.

삼성은 글로벌 기업으로의 변신을 위해 현재 45퍼센트 수준인 해외 인력 비중을 2020년에는 65퍼센트까지 확대키로 했다. 또 한국에서 근무하는 해외 인력도 현재 850명에서 2,000명까지 늘리기로 했다.

삼성은 이렇게 확보한 인재들을 통해서 미래 성장 산업을 일으키고, 초일류 기업으로서의 입지를 더욱더 확고히 한다는 전략을 시행하는 것이다.

제2신경영 선언과 천재 경영론

2003년 6월 5일, 서울 신라호텔에서는 삼성의 신경영 10주년을 기념하는 사장단 회의가 열렸다. 이 회의에서 삼성은 신경영의 성공을 자축하며, 이에 그치지 않고 더 높이 도약하기 위한 제2신경영의 시작을 선포했다.

이날 삼성은 2010년까지 브랜드 가치를 700억 달러로 높이고 세계 일등 제품을 50개까지 확보할 것과 세계에서 가장 존경받는 기업으로 성장하겠다는 중 · 장기 비전을 확정, 발표했다. 제2의 신경영 선포는 월드베스트 전략을 추진해온 삼성이 초국적 기업으로 도약하겠다는 의지를 밝힌 것이었다.

이건희는 삼성이 2000년대에 들어 사상 최대의 경영실적을 올리고 있음에도 불구하고 조심스럽게 말한다.

현재의 실적에 자만하다가는 언제든지 위기에 빠질 수 있다. 중요한 것은 5년, 10년 뒤에 무엇을 해 먹고살지 지금부터 대비해야 한다는 것이다.

삼성의 제2신경영 선언은 '천재 경영'을 화두로 내세웠다. 선대 회장의 '인재 경영'과 '일등주의'를 결합한 것으로 보이는 '천재 경영'은 그 후 삼성을 움직이는 핵심 이념이 되었다.

이건희는 기회가 있을 때마다 "5년, 10년 후 명실상부한 초일류 기업으로 도약하기 위해서는 인재를 조기에 발굴하고 체계적으로 키워내는 노력이 필요하다"고 강조한다.

외부에서는 신경영이 질 위주 경영이었다면 제2신경영은 무엇이냐고 궁금해들 합니다. 그에 대한 답은 바로 나라를 위한 '천재 키우기'라고 할 수 있습니다. 다시 말해 21세기는 경쟁이 극한 수준으로 치

달으면서 소수의 창조적 인재가 승패를 좌우하게 되는 거죠. 과거에
는 10만 명, 20만 명이 군주와 왕족을 먹여 살렸지만 앞으로는 천재
한 사람이 10만 명, 20만 명을 먹여 살리는 시대가 될 겁니다.

총칼이 아닌 사람의 머리로 싸우는 두뇌 전쟁의 시대에는 결국 뛰어
난 인재, 창조적 인재가 국가의 경쟁력을 좌우하게 됩니다. 20세기에
는 컨베이어 벨트가 제품을 만들었으나 21세기에는 천재급 인력 한
명이 제조 공정 전체를 대신할 수 있어요. 예를 들어 반도체 라인 1개
를 만들려면 30억 달러 정도가 들어가는데, 누군가 회로선폭을 반만
줄이면 생산성이 높아져 30억 달러에 버금가는 효과를 거두게 됩니
다. 천재들을 키워 5년, 10년 후 미래 산업에서 선진국과 경쟁해서
이기는 방법을 말씀드리는 겁니다. **

이건희가 천재 경영을 향후 10년을 이끌 경영 키워드로 내세운
것은 세계 일류 기업들과의 경쟁에서 이기려면 핵심 인재 확보가
관건이라는 현실 인식에 따른 것이다.

"바둑 1급 10명이 바둑 1단 한 명을 못 이긴다"는 것이 삼성식 천
재 경영의 핵심이라 할 수 있다. 이건희는 성실성, 창의성, 책임감,
정직성, 전문성을 삼성인의 덕목으로 제시한 바 있다. 이 다섯 가지
덕목 중에서 이건희가 가장 중요시하는 것은 창의성이다.

그는 새로운 비전과 상품을 만들어낼 엔지니어적 천재들과 그 꿈
을 비즈니스화해서 전 세계로 펼칠, 치밀하고 적극적인 비즈니스

천재들을 국적에 관계없이 끌어모으고 있다. 세간에서는 이건희가 최고의 엔지니어와 최고의 비즈니스맨을 삼성을 끌고 갈 두 바퀴로 생각하고 있는 것 같다고 한다. 삼성의 한 고위 관계자는 이렇게 말했다고 〈동아일보〉에서는 밝히고 있다.

> 마차를 더 잘 만드는 인재도 중요하지만, 마차에서 자동차를 꿈꿀 수 있는 그런 창의적인 인재상을 이 회장은 바라는 것 같다. 그동안은 선진국이 만든 걸 잘 베껴서도 먹고살았지만, 이제는 누구도 미처 생각지 못한 것을 만들 수 있는, 사물의 콘셉트를 바꿀 수 있는 사람을 원하고 있다.

이것은 이건희가 왜 천재 경영을 주창하고 있는지를 보여주는 단서일 수 있다. 그러면서 이건희는 "분야별로 천재급 두뇌를 많이 확보하고 있으면 세상이 어떻게 변하든, 시장이 어떻게 변하든 두려울 것이 없다"고 강조했다. 그렇다면 이건희가 말하는 천재는 구체적으로 어떤 부류의 사람일까?

> 제가 얘기하는 천재는 공부만 잘하는, 100점만 맞는 사람이 아닙니다. 각자 끼가 하나씩은 있고 놀기도 잘하고 공부도 효율적으로 하고 창의력이 뛰어난 그런 사람을 말하는 겁니다. 한마디로 빌 게이츠 같은 사람이죠. 마이크로소프트 사의 매출액이 미국 국내총생산(GDP)

의 2.7퍼센트를 차지하고 세금도 미국 총 납세액의 1.8퍼센트에 이릅니다. 그런 천재 3명만 나오면 우리 경제는 차원이 달라집니다. 그런 천재 세 사람을 찾겠다는 것이 목표입니다.

이건희가 말하는 천재는 한마디로 '마니아' 형, 나아가서 '오타쿠' 형의 인재를 말한다. 모든 분야에서 고르게 우수하지는 않을지라도 특정 분야에 남다른 재능과 흥미를 갖고 자신의 영역을 구축하는 사람이다. 이런 사람들은 협업의 측면에서는 다소 부족할지 몰라도 자기 분야에서 최고가 되겠다는 열정과 몰입도는 굉장히 높다. 다시 말하면 '끼'가 다분해서 특정 분야의 전문가로 성장이 기대되는 인재 유형이다.

실제로 신춘문예 당선자, 대학가요제 입상자, 게임 전문가, 해커 등을 스카우트했는데, 적성을 살리면서 잘 근무하고 있다고 들었어요. 이제는 특이한 사람들도 포용할 수 있을 정도로 조직이 개방화되었다고 생각해요. 다양한 색깔의 인재들이 모여 각자의 역할을 해나가는 조직이 돼야 합니다. •••

이건희는 또 이런 말도 했다.

천재는 확률적으로 1만 명, 10만 명에 한 명 나올 정도의 사람이기에, 대한민국에서 잘해야 4백~5백 명이죠. 그런데 이런 천재들은 보통 사람들과의 의사소통이 쉽지 않습니다. 일반적인 교육으로는 천재성을 오히려 죽이는 결과를 초래하게 됩니다. 빌 게이츠가 일본이나 독일, 프랑스, 중국, 한국 등에서 태어났다면 오늘날 마이크로소프트 사가 있었겠습니까. 우리나라에도 그런 천재가 나오지 말라는 법은 없지만 현재의 제도나 사회 인식에서는 어렵다는 생각입니다. 더 근본적인 문제는 교육제도에 있다고 생각해요. 소수의 우수한 인재들을 모아 경쟁시켜 천재로 키우는 것도 고려해야 합니다. 이러다간 준 천재급도 못 키우는 환경이 될까봐 걱정이에요. 일본, 유럽, 미국의 천재 교육 시스템 중 어느 것이 좋은지 연구해서 우리 교육제도에 접목시키는 노력이 시급해요.

또한 이건희는 천재에 대한 지나친 강조가 위화감을 조성하지는 않을까 하는 우려가 있지만 그런 우려 때문에 천재 육성을 포기할 수 없다고 강조했다.

천재성을 조기에 발굴해 육성하는 것이 시급한데 '위화감' 때문에 시도 한번 해보지 못해요. 미국을 보세요. 공립학교에서 대부분 교육을 담당하지만 상위 15퍼센트는 사립학교, 특수학교에서 그들에 맞게 교육하고 있어요. 국내에서는 사립학교 재단에 기금을 기부해 천재 육성 센터를 만들려고 해도 걸림돌이 많은데 이런 것부터 개선해

193

야 합니다. 하향평준화를 더 이상 방치하면 국가의 장래도 어두워지지요.

삼성의 시스템 경영

이미 살펴본 대로 2000년대에 들어서 삼성은 한국은 물론 전 세계적으로도 가장 잘나가는 회사가 되었다. '월드 베스트, 월드 퍼스트' 전략을 지속적으로 추진해온 삼성전자는 반도체, 휴대전화, LCD, 디지털 TV 등 여러 부분에서 세계 최첨단 기술을 과시하며 세계 리딩 기업으로 도약했다.

이러한 삼성전자의 위상은 기술력과 디자인 마케팅 능력에서 보여준 뛰어난 성과 덕분이다. 삼성전자는 2004년, 2005년 연달아 몇 가지 부문에서 속속 기술의 벽을 깨며 세계 초일류 기업으로서의 면모를 보여주었다.

삼성전자는 그때까지 기술의 한계로 알려졌던 60나노 공정을 이용한 8기가 낸드 플래시메모리를 세계 최초로 개발하여 8기가 반도체 시대의 개막을 알렸고, 세계 최고속 667메가헤르츠 모바일 CPU, 세계 최대 용량 80나노 2기가 DDR2 D램을 개발했다. 이어서 100인치의 벽을 깨고 102인치 PDP TV를 개발, 발표했다.

삼성의 개혁이 성공해 세계 초일류 기업으로서의 면모를 갖추어나가자 세계 유수의 언론들이 이건희를 주목했다.

〈이코노미스트〉, 〈비즈니스 위크〉, 〈포춘〉, 〈뉴스위크〉, 〈타임〉 등 삼성을 특집 기사로 한두 번씩 다룬 적이 있는 해외언론들은 삼성식 경영의 성공 요인으로 이건희를 정점으로 한, 민첩한 삼성 특유의 경영 시스템을 꼽았다.

흔히들 삼성 경영 시스템을 사람이 아닌 조직이 움직이는 시스템 경영이라고 말한다. 삼성만의 독특한 경영 시스템이 과연 있는 것일까?

〈뉴스위크〉는 각 계열사의 자율 경영을 우선시해서 일상 경영 현안은 각사의 CEO에게 일임하고, 회장 자신은 전략 구상 등 좀 더 상징적인 역할에 주력하고 있다는 점에서 과거의 재벌 총수와 차별화된다고 분석했다.

여기서 시스템 경영이란 두 가지 의미를 갖는데, 첫째는 커뮤니케이션에 관한 시스템 경영이고 둘째는 기업 운영에 관한 시스템 경영을 말한다. 삼성은 이 두 가지 면에서 탁월함을 보이기 때문에 종국적인 시스템 경영의 묘를 살릴 수 있었던 것으로 보인다.

이건희는 1994년 신임 임원 교육에서 사내 커뮤니케이션의 중요성을 이렇게 강조했다.

회장의 지시가 12시간 이내에 과장급까지 전달되고, 현장의 목소리가 24시간 이내에 회장에게까지 전달되도록 내부 커뮤니케이션 시스템을 구축해야 한다.

이후 삼성은 1999년부터 정보화 비전을 수립하고, 전사적 자원 관리(ERP: Enterprise Resource Planning) 시스템인 '싱글(Single)'을 구축했다. 싱글이 가동되기 시작하자, 싱글을 통해 하루 200만 건의 메일이 오갔고, 정보를 공유하고 실무에 적용한 사람은 하루 10만 명에 달했다.

또 삼성전자는 싱글이 구축되던 해인 2001년, 재고 물량을 평균 4조 1천억 원 수준에서 2조 3천억 원으로 대폭 낮췄고, 미회수 채권도 4조 6천억 원에서 2조 6천억 원으로 무려 2조 원 이상 줄일 수 있었다. 또한 삼성증권의 사이버 거래 주문 건수가 70퍼센트를 넘었으며, 약정액의 50퍼센트가 인터넷을 통해 거래되었다.

2003년, 삼성은 1단계 정보공유 시스템 싱글의 성공에 힘입어 2단계 정보화 작업을 추진하여 싱글을 한 단계 업그레이드시킨 '마이 싱글(My-Single)'을 개발, 구축하는 데 성공했다.

정보통신부가 주최한 '2003년 대한민국 소프트웨어 공모대전'에서 최우수 소프트웨어로 선정되어 대상인 대통령상을 수상하기도 한 마이싱글은 전 세계에 퍼져 있는 18만여 삼성인들에게 메일, 결재, 일정, 거래선 관리, 업무관리 등을 통합적으로 이용할 수 있게 함으로써 사무 생산성을 크게 향상시켰다.

이제 삼성은 회장이 지시 사항이 담긴 서류를 마우스로 눌러서 보내면 전 세계에서 활동하는 18만 임직원이 실시간으로 받아보고, 즉각 업무에 반영시킬 수 있게 되었다. 국내뿐 아니라 해외 어디에

서라도 웹사이트와 마이싱글을 연결시켜 업무를 진행할 수 있게 됨
으로써 그야말로 지구촌의 사무실화가 이루어진 것이다.

실제로 삼성은 마이싱글로 인해 사무 생산성이 20퍼센트 이상 향
상되었고, 종전에는 51퍼센트에 불과했던 24시간 이내 결재 건수
가 77퍼센트로 늘어나 속도가 빨라졌다고 한다. 또한 시스템 안정
성 면에서도 강력한 기능을 갖추고 있어서 시스템 개설 이후 바이
러스나 해킹으로 인한 피해 사례가 단 한 건도 일어나지 않았다. 이
것은 선진 초국적 기업에서도 선례를 찾아볼 수 없는 것이라고, 삼
성인들의 자부심이 대단하다.

삼성맨에게 인트라망인 '마이싱글'은 단순한 네트워크가 아니
다. 마이싱글에 접속하면 삼성저널, 게시판, 온라인 결제, 정보 검
색, 메일 송수신, 인명 검색 등이 가능할 뿐 아니라 글로벌 삼성의
현황도 한눈에 파악할 수 있는 일종의 '디지털 대동맥'이다. 전 세
계 삼성맨들의 하루 일과는 마이싱글 접속으로 시작된다.

간혹 삼성을 떠난 이들 중에 삼성을 떠난 것보다 마이싱글에 접
속하지 못해서 정보를 얻지 못하는 것이 더 섭섭하다고 할 정도로
마이싱글은 매혹적인 사내 커뮤니케이션의 장이다.

마이싱글의 정착과 더불어 삼성은 첫째 완벽한 고객관계 관리
(CRM), 둘째 비즈니스 파트너와의 공조체제인 공급망 관리(SCM),
셋째 인터넷을 통한 전자상거래 확산에 대비한 시스템, 넷째 가치
경영(VBM)과 지식 경영(KMS), 다섯째 정보기술(IT) 인프라 확충 등

 21세기 신경영이 목표로 하는 글로벌 경영의 초석을 다진 것이다.

2004년 10월, 일본 〈니혼게이자이〉신문의 기술경영 전문 자매지인 〈니혼비즈테크〉는 삼성의 성공 요인과 인재 경영에 대한 특집을 '삼성, 역전의 방정식' 이라는 제목하에 장장 48페이지에 걸쳐서 게재했다.

이 특집은 삼성이 반도체, LCD 패널, 휴대전화 등 3대 사업에서 어떻게 세계 정상에 서게 됐는지를 분석하면서 이건희의 카리스마를 갖춘 강력하고 신속한 의사 결정력이 주효했음을 밝혔다. 또한 최고 경영자가 적절한 경영 판단을 내릴 수 있게 장기적인 안목에서 그룹 전체의 전략을 짜는 구조조정본부의 역할이 성공의 한 축으로 작용하고 있다고 분석했다.

이 잡지는 삼성이 반도체 사업에서 일본 기업들이 '한순간 주저' 하는 사이에 과감한 투자와 공격적인 경영으로 일본을 추격하고 따돌렸다고 밝혔다. 또한 LCD 패널에서도 소니 등 세계 최강의 고객을 유치해서 시장을 지배해나가고 있으며, 휴대전화에서는 디자인력으로 '고급 브랜드' 의 이미지를 심으며 세계 1위를 향해 도약하고 있다고 평가했다.

이 잡지는 이건희와 같은 강력한 리더십을 가진 경영자가 없다는 점이 일본 기업들의 최대 약점이라고 지적했다.

위대한 기업으로 도약하는 것을 막는 최대 적은 '좋은 기업' 이다.

이 말은 『좋은 기업을 넘어 위대한 기업으로』에서 짐 콜린스가 한 말이다.

이 말처럼 현재의 삼성에게 필요한 말은 없을 것이다. 그래서 삼성 경영진은 잘나갈 때 위기가 닥쳐오고 있는지 모른다며 위기 경영 체제를 가동했다.

이건희의 2005년 신년사는 사상 최대의 실적을 기록한 기업답지 않게 비장하기까지 했다.

우리는 지금, 오르기는 어려우나 떨어지기는 쉬운 정상의 발치에 서 있습니다. 이 순간 위기의식으로 재무장하고 힘을 모으면 머지않아 정상을 밟을 수 있지만, 자칫 방심하거나 현실에 안주한다면 순식간에 산 아래로 떨어지게 될 것입니다. 그동안 우리 삼성은 세계의 일류기업들에게 기술을 빌리고 경영을 배우면서 성장해왔습니다. 그러나 더 이상 어느 기업도 우리에게 기술을 빌려주거나 가르쳐주지 않으며, 오직 경계와 견제가 있을 뿐입니다. 이제 우리는 기술 개발은 물론 경영 시스템 하나하나까지 스스로 만들어나가야 하는 자신과의 외로운 싸움이 시작된 것입니다.

이건희는 허세를 부리지 않고 진정한 초일류 기업이 되기 위해서는 자신과의 외로운 싸움에서 승리를 거두어야 한다고 선언했다. 그것은 짐 콜린스가 말하는 위대한 기업으로 가기 위한 노력에 다름 아니다.

여기서 콜린스가 위대한 기업으로 도약하기 위한 조건으로 제시한 '고슴도치(Hedgehog) 이론'을 들여다볼 필요가 있을 것 같다. 고슴도치 이론이란 자신을 잡아먹으려는 여우의 온갖 위협에 대처하는 고슴도치의 자세를 말한다.

여우는 고슴도치를 잡기 위해서 고슴도치의 굴 주변을 맴돌며 여러 가지 교활한 꾀를 내어 고슴도치를 유혹한다. 드디어 완벽한 순간이 오고 여우는 사냥을 한다. 그러나 그 순간 고슴도치는 온몸에 가시를 세우고 몸을 공처럼 말아서 변신한다. 여우는 가시덩어리가 된 고슴도치 앞에서 공격을 멈춘다. 여우는 숲 속으로 퇴각하여 새로운 공격 전략을 구상할 수밖에 없다.

세상에는 고슴도치와 여우 사이의 싸움 같은 일들이 빈번히 벌어지고 있는데, 여우가 훨씬 교활하지만 이기는 건 늘 고슴도치다. 고슴도치는 자신의 콘셉트에 부합하지 않는 일에는 관심조차 없다. 기업도 복잡한 전략보다는 고슴도치처럼 일관성을 가지고 핵심 역량(core competence)에 집중해야 한다는 이론이다.

삼성전자의 행보를 뒤돌아보면 삼성전자는 그 이론을 받아들여 제대로 행한 것 같다. 삼성은 전사적 핵심 역량을 기울여서 60나노 8기가 낸드 플래시, 90나노 D램, 500만 화소 카메라폰, 가로화면

메가픽셀 폰, 80인치 PDP TV, 블루레이 디스크, 지상파 DMB 칩, 휴대전화용 위성 DMB 칩 등 세계 최초의 신기술·신제품 개발에 힘썼으며, 숙적인 소니와 2만 건에 달하는 특허를 공유하고 LCD 7세대 라인을 합작하는 공격적 전략을 구사했다.

이건희는 2005년에도 21조 2,000억 원에 달하는 대규모 투자를 예정대로 진행할 방침을 밝히고 초일류 기업을 향한 '중단 없는 공격 경영'을 강조하며 진두지휘했다.

'대한민국은 몰라도 삼성은 안다'는 말이 있을 정도로 삼성은 이미 세계적인 기업이 됐다.

삼성전자가 글로벌 기업이라는 것은 삼성전자의 사업무대를 보면 한눈에 알 수 있다. 삼성전자는 중국, 북미, 서남아, 동남아, 중동, 아프리카, 중남미, 독립국가연합(CIS) 등 9개 지역 총괄에 생산 법인, 판매 법인, 물류 법인, 연구소 등 총 196개의 거점을 두고 TV, 휴대전화, 반도체, 냉장고, 에어컨 등의 시장을 평정해가고 있다. 삼성전자의 전 세계 판매 법인은 53개에 이르며 생산 법인은 39개, 연구소는 24개, 디자인 센터 및 물류 법인 등은 80개에 이른다. 특히 2009년 12월에는 기존 중동·아프리카 총괄에서 아프리카 총괄을 분리 신설해 새로운 시장으로 부상하고 있는 아프리카 지역을 공략하고 있다. 또한 2010년 3월부터 세계 경제의 중심지인 뉴욕 타임스퀘어 한복판에서 세계 최초의 3D LED TV 출시를 알리는 광고를 시작했다.

송재용 서울대 교수는 삼성 2기를 성공적으로 장식한 이건희 리더십과 삼성 경영의 실체를 이렇게 분석하고 있다.

소유 경영자—전문 경영인—구조조정본부의 3자 조화가 삼성 경쟁력의 실체다. 구조조정본부를 통해 소유 경영이 가능하기 때문에 이건희 회장의 리더십이 발휘되고, 일상적인 문제는 전문 경영인이 책임감을 가지고 직접 해결하는 체제다. ••••

삼성의 강남 시대가 열리다

일취월장하는 삼성에게도 고민은 있었다. 삼성은 뛰어난 경영실적에도 불구하고 2005년 내내 수많은 악재에 시달려왔다. 5월 2일 고려대에서는 이건희의 명예 철학박사 학위 수여식이 있을 예정이었지만, 일부 고대생의 시위로 학위 수여식은 엉망이 되고 말았다. 이어 7월에는 'X파일 사건'이 터졌다. 급기야 이건희는 건강검진을 이유로 미국행에 올랐고, 그 후 5개월 동안이나 외유를 해야만 했다.

2006년 2월 4일, 오랜 외유에서 돌아온 이건희는 "지난 1년간 소란을 피워 죄송하게 생각한다. 전적으로 책임은 나 개인에게 있다. 국제경쟁이 하도 심해 1등 하는 데만 신경을 썼더니 삼성이 비대해져 느슨한 것을 느끼지 못했다"고 대국민 사죄를 하고, 그 사흘 후 8,000억 원에 이르는 사재(私財)를 조건 없이 사회에 헌납하겠다고 밝혔다.

삼성과 이건희는 세계 초일류 기업을 만들어나가고 있었지만 한국 사회에서 반(反)기업, 반삼성 정서는 도가 지나칠 정도로 팽배해 있었다.

삼성전자는 2006년 미국 경제지 〈포춘〉이 선정한 세계 48위 기업인 반면, 정치 자금 제공 의혹과 지나치게 인재를 강조하는 엘리트 기업 이미지, 거대 재벌 기업에 대한 거부감 등의 악재에 가려 빛을 잃고 있었다. 사람들에게 삼성전자는 국내 최고의 기업이긴 하지만 국민 기업이란 애틋한 마음이 일지 않았던 것이다.

많은 사람들이 삼성의 광고 카피인 '또 하나의 가족'을 보면서도 가슴에 와 닿지 않는다고 토로했다. 삼성의 광고만 보면 따뜻하고 정겹기는 한데 실제 삼성전자의 이미지를 생각하면 '글쎄요'라는 반응이랄까.

필자가 자주 만나는 사람들 중에도 정치 성향과는 상관없이 삼성전자에 반감을 가진 젊은이들이 꽤 있다.

그것은 삼성전자가 최고의 기업이기는 하지만 '검찰 항소심에서 1심과 마찬가지로 징역 7년 구형', '이건희 삼성그룹 회장 불명예 퇴진', '지주회사 전환에서 전자는 빼달라고 법개정 요구 논란' 등 등 좀 떳떳지 못해 보이는 뉴스가 자주 노출되었기 때문일 것이다.

진보단체와 여러 시민단체들은 삼성의 경영권 승계를 위한 변칙 증여를 이야기하고, 어떤 이들은 무노조 경영을 이야기하고, 어떤 이들은 지배 구조 문제를 이야기한다. 하지만 거기에 '잘나가는 삼성에 자꾸 딴지를 걸어서 뭘 어쩌자는 거야?' 라는 냉소를 보내는 시민들도 있었다.

삼성이 인간미와 도덕성을 외치며, 사회 공헌 활동에 많은 투자를 하는데도 불구하고 삼성에 대한 세인들의 시선이 곱지만은 않다는 점은 해결해야 할 과제이다. 우리 사회는 삼성이 어느 하나를 잘못하면, 다른 기업이 그렇게 했을 때보다 훨씬 많이 흥분하는 경향이 있다. 아마도 이는 1등 기업에 대한 기대가 높기 때문일 것이고, 베일에 가려진 오너에 대한 부정적인 그림자 때문일 수도 있다. 아니면 오너 경영의 근본적인 약점일 수도 있다.

결국 이건희는 2008년 4월 22일, 삼성전자 회장직을 사임해야 했다. 아들 이재용에 대한 경영권 승계를 둘러싸고 에버랜드의 전환사채 가격을 부당하게 낮게 발행해서 회사에 손해를 주었다는 배임 혐의로 기소된 탓이었다. 그는 기자회견에서 침통하게 자신의 마음을 토로했다.

아직 갈 길이 멀고 해야 할 일도 많은 데 참으로 유감스럽다. 과거의 잘못은 모두 내가 짊어지고 가겠다.

그로부터 3개월 뒤인 7월 16일 서울중앙지검은 탈세 혐의를 인정해서 그에게 징역 3년, 집행유예 5년, 벌금 1,100억 원을 선고했다. 사건의 초점이 되었던 아들의 경영권 승계를 둘러싼 배임에 대해서는 무죄 판결이 내려졌다. 그리고 그는 23개월 동안 회장직에서 물러나야 했다. 뛰어난 경영 실적과 경제적 공헌에도 불구하고 그런 결정이 내려진 것에 대해서 이건희는 섭섭함을 느꼈을 것이다. 하지만 현실은 냉엄했고 아무리 재벌 회장이라도 법과 여론의 힘 앞에서는 무력했다.

이건희가 퇴진하고 삼성을 떠났을 때 삼성은 새로운 강남 시대를 맞이했다.

삼성은 이건희의 퇴임과 그룹 콘트롤 타워인 전략기획실 해체로 혼란을 겪는 듯이 보였지만, 태평로 시대를 마감하고 서초동으로 사옥을 옮겨서 강남 시대를 열었다.

서초동 시대를 맞이해서 이건희 전 회장의 신경영 이후 삼성이 도약할 수 있는 새로운 계기를 만들겠다는 의욕에 넘치고 있었다. 그룹의 총괄 회장이 없지만 어느 곳에서도 흔들리는 모습은 보이지 않았다. 오히려 삼성전자는 계속되는 성장세로 인해서 야심과 패기로 가득 차 있는 것처럼 보였다.

삼성전자는 오너가 사라진 공백을 메우기 위해 혁명적 수준의 대대적인 조직 개편을 통해서 변신을 시도했다. 전체 임원 중 3분의 2 이상이 바뀌는 사상 초유의 '인사 혁신'을 통해서 조직의 구조 전체가 바뀐 것이다.

기존의 경영지원총괄, 반도체총괄, LCD총괄, 정보통신총괄, 디지털미디어총괄, 기술총괄 등 6개 총괄 체제를 디바이스솔루션(DS: Device Solution) 부문과 디지털미디어 커뮤니케이션(DMC: Digital Media & Communications) 부문 등 2개 사업 부문으로 통합 재편하고 사장단도 대거 물갈이했다.

애니콜 신화로 유명한 이기태 대외협력담당 부회장과 '황의 법칙'의 황창규 기술총괄 사장, 임형규 신사업담당 사장, 오동진 북미총괄 사장, 이현봉 서남아총괄 사장 등 5명이 현직에서 물러났다.

대표이사 CEO인 이윤우 부회장이 DS부문장을 맡고 최지성 사장이 DMC부문장을 맡는 투톱 체제로 조직이 바뀌었다.

삼성전자의 최고 경영자가 된 이윤우는 '삼성 반도체 신화 1세대'로 통하는 반도체 전문가다. 이병철 선대 회장의 도쿄선언 이후, 1984년 겨울에 뚝심 있는 추진력으로 단 6개월 만에 반도체 공장을 완공하고, 그 해 가을 256K D램을 개발하며 일등 공신이 된 삼성 반도체의 산증인이자 산 역사였다. 이후 반도체총괄 사장, 삼성종합기술원장, 기술총괄 부회장 등 삼성의 요직을 두루 거치고 난 후 이제 삼성그룹 내 전자 계열사들의 투자조정위원장 역할까지 맡으며 위기 돌파의 제일선에 선 것이다.

최지성은 2006년 디지털미디어총괄 사장으로 일하면서 '보르도 TV'를 앞세워 삼성 LCD TV를 세계 1위 반열에 올려놓은 인물이다. 현재는 휴대전화 사업에 총력을 기울이며 세계 1위인 노키아를 바짝 추격하고 있다. 그는 입사 후 반도체 해외 영업만 14년을 담당했다. 1985년 독일 프랑크푸르트에 1인 사무소장으로 발령받은 뒤 1,000여 페이지의 반도체 기술 교재를 통째로 암기하고, 알프스 산맥을 직접 차로 넘나들며 부임 첫 해 100만 달러의 반도체를 팔았다는 일화로 유명하다. 반도체를 비롯해 TV, 휴대전화 사업을 두루 거친 최지성의 역할은 크게 강화되었다.

삼성전자가 이렇게 조직을 개편한 것은 '현장 중심 경영' 체제를 구축하기 위해서였다. 조직 개편 이후 경영지원 총괄과 기술 총괄 인력을 본사에서 현장으로 대거 내려보냈는데 본사 인력 1,400명 중 1,200명을 현장에 배치했다. 서초동 사옥에는 인사, 홍보 등 필수 인력만 남고 대부분은 주요 사업부가 자리 잡고 있는 수원(디지털 미디어, 정보통신)과 기흥·화성(반도체), 탕정(LCD) 등으로 보냈다.

이윤우는 서초동 삼성타운으로 이사를 하면서 "임직원 모두가 신뢰하고 업무에 대한 강한 자부심을 가지며, 신바람 나게 일하는 세계 최고의 GWP(Great Work Place)를 만들어 나가야 할 것"이라고 강조하고 유연하고 개방적인 조직 문화를 만들겠다고 선언했다.

그는 우선 삼성전자 직원의 근무복장을 비즈니스 캐주얼(Business Casual)로 바꾸고, 탄력근무제도를 도입했다.

비즈니스 캐주얼이란 비즈니스 에티켓에 위배되거나, 회사의 이미지를 실추시키지 않는 범위 내에서 근무 복장을 자율화한 것인데 T-셔츠, 청바지, 면바지, 운동화 등의 차림은 피해야 하지만 칼라가 있는 재킷, 칼라가 있는 캐주얼한 드레스셔츠는 입어도 무방하다. 8만 6,400명에 달하는 삼성전자 직원들은 비즈니스 예절에 어긋나지 않는 범위 내에서 자유롭게 자신만의 스타일을 드러낼 수 있게 됐다. 비즈니스 캐주얼은 세계적 추세였다. 구글, 애플, HP, 노키아가 선도적 역할을 했고 국내에서도 많은 대기업이 비즈니스 캐주얼을 도입했는데 삼성도 조직 문화를 바꾸는 차원에서 도입한 것이다.

근무 시간도 탄력적 근무제를 도입해서 근무 분위기가 상당히 부드러워졌다. 자율출근제 시행으로 오전 6시부터 오후 1시까지 자유롭게 출근할 수 있게 된 것이다. 그렇다고 10시 넘어서 출근하는 직원은 없다. 출근 시간에 대해 뭐라고 하는 사람이 없지만 직원들은 오전 9시 정도까지 거의 다 출근한다.

삼성전자는 서초동 삼성타운 C동에 자리를 잡았다. 신사옥 C동은 국내 최고 수준의 업무환경을 가진 최첨단 빌딩이다.

삼성타운은 일본 도쿄의 롯폰기힐스와 미국 IBM본사를 설계한 미국 유명 건축사무소 KPF가 설계한 것으로 7,500여 평 부지에 삼성생명빌딩(A동)과 삼성물산빌딩(B동), 삼성전자빌딩(C동)으로 구성되어 있고 삼성그룹 계열사 직원 2만여 명을 수용한다. 삼성생명빌딩은 35층이고 삼성물산빌딩은 32층, 삼성전자빌딩은 이 중 가장 높은 43층이다. 삼성타운은 연 면적만 해도 38만 9,000제곱미터로 단일 그룹 빌딩으로는 국내 최대 규모다.

삼성 서초타운 빌딩의 콘셉트는 '에코 인텔리전스(ecointelligence, 친환경 정보화)' 다.

첨단 IT 장치를 총동원해 세계 수준의 편의 시설을 갖추는 동시에, 빌딩에 근무하는 임직원들이 최고의 업무 효율을 발휘할 수 있도록 친환경적으로 꾸며져 있다.

건물 로비에 서 있는 보안 요원의 수가 적고, 얼굴에 웃음을 띠고 있다는 것이 인상적이다. 처음 서초동 삼성타운을 방문하는 사람들은 최첨단 시설에 잘 적응하지 못한다. 모든 것이 지나치게 첨단화되어 있어서 혼란스럽기 때문이다.

건물에 들어서면 SF 영화에서나 볼 수 있을 법한 광경이 벌어진다.

우선 엘리베이터 버튼부터 일반 건물과 다르다. 타기 전에 먼저 층을 누르게 돼 있어 안에서 또 누를 필요가 없다. 엘리베이터에 신분증을 대면 소속 부서가 있는 층의 버튼에 불이 들어온다. 회의실에 직원들이 모이면 환기 장치의 속도가 빨라져 신선한 공기가 들어온다. 건물 옥상의 태양열 시스템이 온수를 공급한다. 해가 구름 속에서 빠져 나와 쨍쨍 내려 쬐면 창문에 블라인드가 내려온다. 밤이 되면 남아 있는 직원의 자리만 빼고 전등이 꺼진다.

직원들의 신분증(Bio Tag)에는 위성 위치 확인시스템(GPS)이 붙어 있어 출입문에 접근하면 문이 자동으로 열린다. 사무실에 들어서면 공기가 신선해 오피스빌딩인지 아파트인지 분간이 안 될 정도다.

건물의 온도와 환기 시스템은 지하 1층의 중앙 관리센터에서 원격 조정한다. 무선주파수 기술이 활용되어 천정의 에어컨과 난방장치, 공조장치가 원격 조정된다. 4중 에어필터는 최적의 실내 공기를 보장한다. 회의실도 사전에 사용 계획을 중앙통제 시스템에 띄우면 회의 시간에 맞춰 온도 조절 및 환기가 이뤄진다. 불 꺼진 빈 사무실에 들어가면 불이 자동으로 켜지고 냉난방 시스템도 자동으로 작동하는 것이다. 말하자면 빌딩 자체가 살아 있는 지능형 로봇처럼 작동된다.

무엇보다 눈길을 끄는 것은 전자태그(RFID)를 이용해 실내 인구 밀도를 측정하는 기술이다. 휴게실이나 사무실에 직원들이 많이 몰리면 회사 중앙통제 시스템이 인원 정보를 수집해서 자동으로 환기량을 늘려준다. 또 실내에 사람이 없으면 환기 및 조명 기기 작동을 중단시켜 에너지 낭비를 막는다.

전자태그는 이외에도 각종 자동화 기능을 수행한다. 직원들은 자가용을 몰고 주차장 안으로 들어갈 때 카드를 찍거나 주차권을 뽑지 않아도 된다. 전자태그를 통해 직원의 주차 정보가 자동으로 중앙통제 시스템에 입력되기 때문이다. 중앙통제실에서 보면 직원이 어디서 어떤 상황에 있는지 추적이 가능하다. 신분증은 신용카드로 사용 가능하고, 위급 상황에서 신분증 뒤에 달린 버튼을 누르면 구조 요청도 할 수 있다.

이와 함께 휴대전화를 이용한 모바일 서류 결재, 프린터 용지 및 토너 부족 자동통보 시스템 등도 삼성타운이 갖춘 첨단기능들이다.

인터넷 속도도 10배 이상 빨라졌다. 강북 태평로 삼성전자 사무실보다 10~100배 이상 빠른 초당 1기가비트 전송속도급 광케이블이 임직원들 책상까지 연결되었다. 또 상무 이상 임원 책상에는 영상 전화가 설치돼 국내는 물론 전 세계 법인 근무자들과 얼굴을 보면서 통화할 수 있다. PC와 프린터는 건물 중앙 통제시스템에 연결되어 있다. PC가 고장이 나거나 프린터의 잉크가 부족할 경우 곧바로 관리자에게 알려 업무에 차질이 없도록 해준다.

삼성타운은 산업스파이들의 침투를 막기 위해 '철통보안' 체제를 구축하고 있다.

컴퓨터에서 작성한 문서는 CD나 USB 메모리와 같은 외부 저장장치에 저장할 수 없어서 회사 기밀이 빠져나가는 것을 원천적으로 차단한다. 컴퓨터 서버 등 주요 기기에는 전자태그를 부착시켜 회사 밖으로 반출할 때는 즉시 체크된다. 이 같은 보안시스템이 도입되기는 이번이 처음이다.

회의실 창문에는 진동주파수를 쏘아 도청을 방해하는 시스템이 설치되어 있다. 또 주요 출입구에는 영화에서 등장하는 지문인식, 정맥인식 등 생체인식 시스템이 설치돼 출입자가 엄격히 통제된다. 기밀문서나 개발 진행 중인 제품을 빼돌리는 것을 막기 위해 X-레이 검색대도 도입된다.

사무실 전화번호도 국번 2255로 모두 바뀌었다. 한때 무선사설교환기(WPBX)를 설치해 휴대전화로 사무실 전화를 대체한다는 소문도 있었지만 이는 백지화됐다. 대신 기존 유선전화가 모두 인터넷 전화로 교체됐다.

후생복지 수준도 높아졌다. 그동안 태평로 사옥에는 구내식당이 없었지만 신사옥 C동 지하 2층에는 스낵, 한식, 양식 등 사원식당 3개가 마련됐다. 또 지하 1층에는 강가, 메드포갈릭 등 유명 음식점이 입주했다.

지하 3층에 위치한 헬스클럽은 수용 인원에 한계가 있어 추첨을 통해 이용자를 선정한다. C동 1층에는 전자 계열사 직원 자녀를 위한 '서초 어린이집'도 마련되었다. 어린 자녀를 둔 직원들이 가장 반기고 즐겨 찾는 곳이다. 신청자가 한꺼번에 몰릴 것에 대비해 계열사 인원수에 비례해 적정 숫자를 배분하는 것으로 알려졌다.

지나치게 까다로운 보안 조치 때문에 스트레스를 받을 것 같지만 이미 단련이 된 삼성맨들은 자신의 회사 e메일이 수시로 점검당하고 있다는 것을 대수롭지 않게 생각하는 듯하다. 입사 3년 차인 한 직원은 공적인 e메일 시스템을 사적인 용도로 쓰지 말라는 뜻 정도로 받아들이고 있다고 말했다.

그러나 그 반대의 목소리도 물론 있다. 출근할 때 검색대를 서너 번 통과해야 하고 휴대전화의 카메라 렌즈도 봉인한다. 보안에 지나치게 신경 써서 짜증스럽다는 것이다. 아무리 좋은 환경이라도 모든 사람이 다 만족할 수는 없는 법이다.

전문가 20명이 말한 삼성전자
2004년 〈매경 이코노미〉 기사

1 균형잡힌 포트폴리오

삼성전자는 알토란 같은 4대 사업군으로 꽉 짜여 있다. 정보통신, 반도체, 디지털 미디어, 생활가전이다. 이 4대 분야는 애널리스트들로부터 '포트폴리오 황금 비율'로 불린다. 쉽게 말해 반도체 경기가 안 좋아도 휴대전화으로 먹고 살 수 있다는 얘기다. 실제 사상 최고 실적을 올린 2004년 43조 5,800억 원 매출액 중 정보통신과 반도체, 디지털 미디어가 각각 30퍼센트에 가전 10퍼센트 안팎의 비중을 차지했다. 영업이익(7조 1,900억 원)과 순익(5조9,600억 원)에서도 황금 비율을 맞추겠다는 게 삼성전자의 전략이다. 특히 9개 품목은 세계 넘버원이라는 점에서 경쟁력을 인정받는다. D램과 S램, 낸드 플래시메모리, CDMA 휴대전화, VCR, 전자레인지, LCD 구동칩, TFT-LCD, 컬러모니터가 세계 1위다. 메모리 반도체에서 삼성전자는 벌써 10년째 1위다. 세계 점유율도 2002년 20.9퍼센트에서 현재 29퍼센트로 상승했다. 정보통신에선 CDMA 휴대전화 1위를 발판으로 전체 휴대전화 점유율 7퍼센트로 세계 3~4위권이다. VCR과 전자레인지에서 수년간 세계 1위를 경험한 디지털미디어 분야도 최근엔 디지털 TV, DVD, 디지털 셋톱박스, PDA 타입형 정보단말기, 홈씨어터 분야에서 상위권 이상을 달리고 있다.

2 조직의 대응 능력

삼성전자는 남들보다 항상 한 발짝씩 빨리 대응해왔다. 애니콜이 그랬고 반도체 진출이 그랬다. 특히 LCD 제품에 있어선 선택이 탁월했다. 논란도 많았지만 결정(리더십)이 서면 일사불란하게 따르는 팔로우십도 대단했다.

91년 초 삼성전관에서 삼성전자로 LCD 사업이 이관되고, 94년 기흥에 설립된 생산라인에서는 불량이 속출했다. 도시바, 샤프 등 일본 회사들은 가격 할인으로 맞섰다. '위험한 선택'이라는 주위 평가대로 끝날 판국이었다.

그러나 얼마 지나지 않아서 LCD는 삼성전자에 효자 노릇을 톡톡히 했다. IMF를 전후 해 삼성전자에 당시 누적 적자만 3,000억 원을 안겨 주었지만 최근 LCD 사업은 1조 원의 이익을 안겨준다. '첨단산업은 기회를 선점하는 사업'이라는 삼성식의 발 빠른 대응과 밀어붙이는 추진력이 '삼성이 하면 다르다'란 인식을 만들었다. 민후식 동양종금증권 기업분석팀장은 "투자의사 결정력이 삼성전자의 강점 중 강점"이라고 평가한다. 현재도 삼성전자는 잘나가는 3대 사업군을 5년 뒤, 10년 뒤를 내다보고 있다. 반도체에서는 모바일 CPU와 MCP, 정보통신에서는 3~5세대 모바일 네트워크, 디지털 가전에선 포스트 PC, DTV 등 용어도 생소한 미래 사업을 발 빠르게 추진하고 있다.

3 우수 인재 포진

삼성전자엔 이공계 박사 2,000여 명이 포진해 있다. 이뿐 아니다. 전체 인력의 35퍼센트인 1만 9,500여 명이 연구개발 인력이다. 한마디로 "사업 열쇠는 인재에 달려 있다"는 이건희 지론이 녹아 있다. 실제 삼성구조조정본부는 2002년부터 연말 사장단 업적 평가에 인재 확보 달성률을 반영 중이다. 배점도 100점 만점에 30점을 할당했다. 인재 확보가 부족한 몇몇 CEO들은 연말마다 심한 스트레스를 받고 있다는 게 삼성 측 귀띔이다. 윤

창보 튜브투자자문 사장은 "우수한 인적 자원 확보야말로 삼성전자의 미래를 밝게 하는 원동력"이라고 밝혔다.

4 안정된 재무구조와 현금 창출 능력

삼성전자의 2003년 말 부채 비율은 33.28퍼센트에 지나지 않는다. 전년 37퍼센트에 비해 더 개선됐다. 차입금 의존도도 2.99퍼센트로 2002년 4.72퍼센트에서 훨씬 나아졌다. 특히 이 자보상배율은 75.19배에 달한다. 보통 12배면 세계적 우량기업으로 꼽히는데 삼성전자는 그 6배가 넘는 초우량 기업임을 입증한 셈이다. 이 같은 안정된 재무구조를 바탕으로 삼성전자는 수익성 지표도 괜찮다. 매출액 영업이익률은 16.5퍼센트에 달한다. 1,000원어치를 팔면 최소한 165원이 남는다는 얘기다. 순익을 자기자본으로 나눈 자기자본순이익률은 21.85퍼센트에 달한다. 삼성전자가 제때 투자를 통해 이익 극대화에 나설 수 있는 것도 이 재무구조 덕분이다. 실제 삼성전자는 과감한 투자도 강점으로 꼽힌다. 98년 1조 6,000억 원에서 99년 3조 4,000억 원→2001년 4조 2,000억 원→2003년 6조 7,400억 원에서 올해엔 7조 9,200억 원을 시설 투자에 쏟아부울 계획이다.

5 이건희 리더십

삼성 CEO들은 '이건희 회장은 오너라기보다 리더'라고 말한다. 특히 이건희의 말은 쉽고도 어렵다고들 말한다. 그런 이건희 리더십은 취임 전부터 발휘됐다. 삼성전자가 반도체 사업 전신인 한국반도체를 인수한 1976년, 당시 이병철은 반도체 사업에 대해 망설이고 있었다. 그때 이건희 중앙매스컴 이사는 "전자 사업을 하려면 반도체가 중요합니다. 필요하다면 개인 출자까지 하겠습니다"란 직언을 했고 이를 이병철이 받아들였다는 게 강진구 전 삼성전기 회장이 기억하는 청년 이건희 모습이었다. 그룹 회장에 취임한 1988년엔 '제2창업'을 선언했다. 5년 뒤 그는 '신경영'이란 화두와 함께 '질 중시 경영'을 역설했다. 초일류 경영이란 특명이 떨어진 직후인 94년 SCH770이란 제품이 나왔다. 애니콜 신화의 출발이다. 외환위기가 터졌을 때 "10년 뒤 뭘 먹고 살 것인가"라고 꾸짖었다. 이때 이학수 구조조정본부장을 필두로 한 삼성식 구조조정이 IMF 전과 IMF 후의 달라진 삼성을 만든 원동력이라는 사실을 외국에서 더 높이 평가한다. 지난해 11월 24일자 〈뉴스위크〉는 "삼성과 이건희 회장이 한국 경제를 부활시켰다"고 표제에 실었다. 그의 용병술은 '1등주의'로 집약된다. 특히 그는 '의인불용 용인불의'를 주창한다. 미덥지 못하면 맡기지 말고 썼으면 믿고 맡기라는 지론이다. 윤종용 부회장과 85년부터 비서실에 있던 이학수 부회장을 20년 넘게 중용하는 것도 그렇다.

벤치마킹은 끝났다

2011년 CES

CES(Consumer Electronics Show)는 미국 라스베이거스에서 매년 1월 초에 개최되는 세계 최대의 가전 전시회다. 2011년 1월 6일부터 9일까지 개최된 CES에는 전 세계 유수의 IT 업체들이 참가하여 자신들의 기술을 자랑하고, 향후 출시될 신제품을 소비자들에게 선보인다. CES가 가지는 중요성은 IT 업계의 최신 트렌드를 결정하고 가까운 미래에 나올 제품들을 미리 경험해보고 방향을 결정할 수 있는 자리라는 데 있다.

세계 1위의 전자 기업으로 자리를 굳건히 한 삼성전자의 위상은 CES에서도 여실하게 드러났다. 30개 국가의 2,500개 업체가 참석해 열띤 홍보전을 치르는 가운데, 삼성전자는 가장 넓은 총 2,584제곱미터(786평)의 전시 공간을 마련하고 글로벌 삼성의 제품들을 선보였다.

삼성전자는 스마트 라이프를 즐기기 위한 3가지 핵심적인 요소로 'Smart Design, Smart Experiences, Smart Connections'를 꼽고, 이를 구현해 2011년 세계 전자 업계를 이끌어갈 전략 제품들을 대거 공개했다.

그중에서 가장 눈에 띈 것은 스마트 TV였다. 2010년이 스마트폰의 해였다면, 2011년은 TV와 인터넷이 융합된 스마트 TV가 대세를 이룰 것이라는 의견이 지배적인데 삼성전자는 2011년을 스마트 TV 원년으로 삼고 그 준비를 철저히 한 것이다. 삼성전자는 시장 주도권을 확실히 굳히기 위해 '5년 연속 세계 TV 1위' 기술력으로 탄생한 75인치 스마트 TV를 처음으로 선보였다.

이 제품은 TV 시청을 하며 트위터, 페이스북에 글을 남기거나 다른 사용자와 실시간 채팅도 할 수 있는 기능과 소비자의 사용 편의성과 친화성을 더욱 향상시킨 스마트 UI로 기존 스마트 TV에서 확실하게 진화한 제품이다.

그리고 삼성전자는 4세대 LTE 기반의 스마트폰 등 다양한 LTE 단말기 라인업을 공개했다. 4세대 LTE 스마트폰은 3세대 제품에 비해 5~10배 빠른 인터넷 및 파일 전송 속도를 갖췄고 안드로이드 2.2 버전에 4.3인치 슈퍼 아몰레드 플러스, 1기가헤르츠 초고속 CPU, 800만 화소 카메라 등 첨단 기능을 탑재했다. 삼성전자 무선 사업부 신종균 사장은 "삼성전자는 LTE 단말기, 시스템, 표준 기술 등 LTE 토탈 솔루션을 제공하는 유일한 업체"라며 "앞으로 차세대 이동통신 시장 주도권을 확고히 해나갈 것"이라고 말했다.

윤부근 삼성전자 영상디스플레이사업부 사장은 CES 2011 개막 기조연설을 통해 "인간이 본질적으로 추구하는 가치를 위해 디지털 기술이 존재한다"면서 '휴먼 디지털리즘'을 선언했다. 삼성전자의 나아갈 방향을 벤치마킹하기 위해서 전 세계 전자 업계의 관계자들이 윤부근의 기조연설을 열심히 경청했다.

전자 업계 관계자로 CES 기조연설을 한다는 것은 개인적인 영광을 뛰어넘어 회사나 그 국가로서도 명예라고 볼 수 있는 일이다. CES 기조연설의 단골 연사는 빌 게이츠 같은 세계 IT 업계를 주름잡는 사람들이었다. 윤부근의 기조연설은 2002년 진대제 전 사장에 이어서 두 번째 일인데, CES 기조연설은 아시아 최고를 넘어 세계 전자 업계를 호령하던 소니나 파나소닉도 하지 못한 일이었다. 이러한 사실은 삼성전자가 글로벌 리딩 전자 업체로 성장했음을 알리는 증거일 것이다.

윤부근은 보르도 LCD TV를 비롯한 삼성 디지털 TV를 이끌어온 인물이다. 삼성전자의 디지털미디어와 커뮤니케이션 부문을 총괄하는 윤부근은 '히트상품' 제조기로 알려졌다. 또한 2010년 3월 뉴욕 타임스퀘어에서 3D 영화 〈아바타〉로 전 세계에서 돌풍을 일으킨 제임스 캐머런 감독과 함께 세계 최초 3D LED TV 출시를 알려 전 세계의 이목을 끌기도 했다. 윤부근은 삼성전자 입사 후 컬러 TV 개발을 시작으로 제조팀장, 개발팀장 등을 거치며 폭넓은 실무를 쌓았다. 그는 완벽을 추구하는 열정적인 업무 스타일로 지난 2007년 부사장 승진 이후 2년 만에 사장으로 초고속 승진한 케이스이다. 개발자이면서 현장 영업 능력을 갖춘 윤부근은 특히 크리스탈 TV를 제작할 때, 주변에서 투자비나 성공 가능성 등을 염려하는 목소리가 많았지만 소신으로 밀어붙여 최고의 히트 제품으로 만들어내면서 ‘5년 연속 세계 TV 1위’를 기록하는 성과를 이뤄냈다.

삼성전자는 매년 ‘CES 혁신상’을 수상하는 저력을 보여주고 있는데 2011년 CES에서도 세탁기, 오븐, LED 모니터, DDR3 메모리, LED 패널 HDD 등 상당수의 제품들이 우수성을 인정받으며 CES 2011 친환경 혁신상을 대거 수상했다.

특히 주목받은 제품은 놀랍고 다양한 기능이 내장되어 있어 유튜브, 트위터, 페이스북, USA투데이 등 다양하고 풍부한 어플리케이션을 TV와 연결해 즐길 수 있는 스마트 TV였다. 이 제품을 사용해본 전문가들은 삼성 스마트 TV와 연결된 다른 삼성 제품(스마트폰, 노트북 PC, 카메라 등)에 저장된 콘텐츠도 검색해볼 수 있는 ‘통합검색(Search All)’ 기능과 TV를 보며 인터넷을 검색할 수 있는 ‘웹 브라우징(Web Browsing)’ 기능, 문자 입력을 편리하게 할 수 있는 터치리모컨, 내장형 무선 인터넷(WiFi) 기능 등이 인상적이라고 소개했다.

‘CES 2011’은 한마디로 세계 정상에 우뚝 선 삼성전자의 위상을 보여주는 전시회였다.

새로운 패러다임의 시대

삼성전자는 부품 사업과 디지털 가전, 통신사업을 골고루 갖추고 있는 세계적으로 몇 안 되는 기업인데 이런 사업 부문들이 서로 협력하고 지원하는 시스템 플레이로 세계 정상에 우뚝 설 수 있었다.

그런데 삼성전자의 앞날이 그렇게 밝기만 한 것일까?

2010년 도요타 리콜 사태와 애플의 '아이폰 쇼크'를 겪으면서 우려의 목소리가 높아지고 있다. 사실 선두를 달린다는 것은 언제 추격당할지 모르는 불안한 위치다. 전 세계 PC 업계에서 선두를 달리던 델이 2000년대 중반 HP에 추월당한 데 이어 대만의 에이서에게도 밀려 3위로 전락했다. 마이크로소프트도 과거 윈도 프로그램 등 소프트웨어를 팔아 IT 업계를 주름잡았으나 이제는 애플과 구글의 상승세에 밀리는 판국이다.

삼성전자는 휴대전화 사업에서 노키아에 이어 세계 2위까지 치고 올라섰지만 글로벌 스마트폰 시장에서는 점유율이 극히 미미했다. 그것은 삼성전자가 스마트폰 시장을 제대로 인식하지 못한 결과다.

2009년 11월 '아이폰'이 국내에 출시되면서 시작된 스마트폰 열기는 2010년 한 해 IT 업계의 가장 큰 화두였다. 들고 다니면서 PC처럼 사용할 수 있는 스마트폰의 보급은 사람들의 생활 패턴을 완전히 바꾸어놓았다. 기업에서도 스마트폰 활용 전략을 세우는 데 분주했다. 사실상 스마트폰이 사회, 경제, 문화 등 우리 사회 전체를 뒤흔들었다고 해도 과언이 아니다.

그런데 삼성전자는 아이폰 쇼크에 맞설 대항마를 미리 준비할 수도 있었다. 스마트폰에 대한 실기는 2008년도로 올라간다.

2008년, 구글이 안드로이드 운영체제를 탑재한 스마트폰의 개발을 삼성전자에 의뢰했으나 삼성은 구글의 구애를 거절했다. 이것은 아예 굴러들어 온 복을 발로 내찬 격이다. 그 결과 구글은 대만의 HTC라는 기업과 손을 잡고 세계 최초의 구글 스마트폰인 '넥서스 원'을 내놓았다.

일개 중소기업이던 HTC는 구글의 구애를 적극적으로 받아들인 대가로 현재 세계 스마트폰 시장에서 삼성과 근소한 차이로 5위의 위상을 자랑하고 있으며, 이제는 독자적인 기술력을 기반으로 삼아 자체 모델들을 내놓고 있어 두려움의 대상이 되었다.

미국 시장조사업체 JD파워가 2009년 하반기 소비자 만족도를 조사한 결과에 따르면, 스마트폰 시장에서 애플은 1,000점 만점에 810점을 받아 1위를 기록했다. 2위는 블랙베리(741점), 3위는 대만의 HTC(727점)가 차지했다. 피처폰 부문에선 1위를 기록했던 삼성전자는 724점으로 그 뒤를 이었고, LG전자는 아예 순위에서 제외됐다.

어떻게 그런 일이 있을 수 있을까?

지금까지 삼성은 새로운 기술이 나오면 그 기술에 대해 언제든지 따라붙을 수 있을 정도의 치열함으로 연구개발을 진행했다. 그러다가 시장이 열릴 것 같다는 확신이 들면, 과감한 투자를 해서 조기에 시장을 점유하는 발 빠른 행보로 시장을 장악해나갔다. 반도체, LCD, LED TV에서 삼성전자는 놀라운 순발력을 보여주었고 강적인 일본 업체들을 물리칠 수 있었다.

하지만 스마트폰에 대한 미래 예측에서 삼성전자는 엄청난 실기를 했다. 현재 삼성전자는 전 세계 휴대전화 시장점유율에서 20퍼센트대로 2위를 차지하고 있지만, 스마트폰 시장에서는 3퍼센트대의 저조한 점유율을 보였다가 그나마 갤럭시S의 선전으로 가까스로 HTC를 제치고 8.9퍼센트의 점유율로 4위에 올라섰다.

세계 최대의 IT 기업이라는 삼성전자가 왜 세계의 문화와 삶의 패턴을 이끄는 시대적인 아이콘을 읽지 못한 것일까?

2009년 12월 15일 모건스탠리는 '모바일 인터넷 보고서'를 발표했는데 이 보고서에 따르면 2012년부터 스마트폰 인터넷 검색이 PC의 그것을 추월할 것이며 2014년에는 휴대전화 사용자 3명당 1명이 스마트폰을 사용할 것이란 전망을 내놓았다.

그런데도 삼성전자는 수수방관하고 있다가 '아이폰 쇼크'라는 직격탄을 맞았다. 애플에서 아이폰을 내놓은 지 3년 가까이 되었고 세계 시장에서 진가를 발휘하기 시작했는데도 삼성은 제대로 된 대항마를 내놓지 못했다. 그뿐 아니라 제대로 된 판단도 하지 못했다. 최지성 사장은 "네티즌들의 한때의 극성일 뿐"이라고 일축하기까지 했다.

관료적 조직을 갖춘 삼성의 한계라고 지적하는 자성의 목소리가 높다.

한국에서 아이폰이 출시되기 한 달 전인 2009년 10월, 삼성 휴대전화의 국내 시장점유율은 56퍼센트였고 LG전자의 시장점유율까지 합치면 90퍼센트에 육박하는 독점적 수준이었다. 특히 1위부터 3위까지를 삼성 브랜드의 휴대전화가 차지하고 있었다.

그런데 아이폰의 한국 판매가 개시되자 모든 상황이 천지개벽을 한 듯이 바뀌어버렸다. 아이폰은 사전 예약만으로도 한국을 뒤흔들었다. 예약 창구인 KT의 '폰스토어'에는 예약 첫날 홈페이지가 다운이 될 정도로 방문객이 몰려들었고, 예약 접수 첫날인 11월 22일 1만 5,000명, 다음 날은 2만 7,000명으로 치솟더니 예약 판매자만 6만 5,000명을 넘어섰다. 예약 판매 이틀 만에 아이폰의 판매량은 한 달 앞서 출시된 옴니아2의 판매량을 간단히 넘어섰다. 아이폰은 출시한 지 열흘 만에 9만 대를 팔았고, 100일 만에 40만 대를 넘어섰다. 아이폰이 한국에서 10~15만 대 팔리면 잘 팔린 것이라던 삼성전자의 예견은 빗나갔다.

아이폰의 경쟁폰으로 알려진 옴니아는 그해 16만 대, 그리고 아이폰 상륙 한 달 전에 대항마로 내놓았던 옴니아2는 한 달 동안 2만 대가 팔렸을 뿐이다.

일부 얼리어답터와 극성스런 네티즌들의 반응일 뿐이라고 치부하던 삼성전자는 참패했고 초상집 분위기가 되었다. 그때 아이폰은 전 세계적으로 3,500만 대 이상이 팔려나가고 있었다. 시장을 잘못 읽어도 한참 잘못 읽은 것이다. 아니면 그동안의 고공 비행에 취해서 갑자기 추락하리라고는 생각지도 못했을 것이다.

2009년 11월 26일 〈월스트리트 저널〉은 '아이폰 출시에 한국이 흔들린다' 고 보도했다.

그랬다. 삼성전자, 아니 한국 사회 전체가 '아이폰 쇼크'를 넘어서서 애플 파워가 무엇인지를 깨닫고 고민에 빠졌다. 하드웨어가 아닌 소프트웨어가 시대를 이끌고 있다는 걸 깨닫게 된 것이다.

아이폰은 사람들의 일상생활 자체를 바꾸어놓는 도구가 되었다. 스마트폰의 활성화로 트위터 문화가 개화했고 그것은 카페, 블로그, 미니홈피에 이어 한국 사회에서 새로운 인터넷 의사소통의 장을 만들었다. '스마트폰 빅뱅'은 시민들의 일상생활은 물론 기업의 업무 체계도 모바일 중심으로 바꾸었다. 스마트폰만 있으면, 어디든 사무실이 될 수 있다는 것을 사람들은 알게 되었다.

IT 강국이라 자부하던 한국, 최대의 IT 기업이라 자부하던 삼성전자가 뒤흔들린 초유의 사건이 일어난 것이다. 그래서 휴대전화의 역사는 아이폰 출시 전과 아이폰 출시 이후로 나뉜다는 말이 생겨났다.

2007년 1월, 애플의 CEO 스티브 잡스는 맥월드 엑스포에서 아이폰을 처음 선보이며 특유의 독특한 어법으로 큰소리쳤었다.

아이폰은 그 어느 휴대전화보다 5년 이상 앞서 있다. 아이폰이 세상
을 바꾸어놓을 것이다.

그러면서 회사 이름도 애플 컴퓨터에서 애플로 바꿨다. 더 이상
컴퓨터를 만드는 제조업체가 아니라는 선언이었다. 당시 애플은 회
사 명칭을 바꾸는 이유를 세계 최고의 모바일 업체로 변신하겠다는
뜻이라고 밝혔다. 과연 스티브 잡스의 호언은 허언이 아닌 것이었
다. 아이폰 판매량은 2010년 9월말 기준 7,370만 대가 판매됐고,
2011년 1분기 중 1억 대를 넘어설 전망이다.

2004년 애플이 아이팟(iPod)으로 MP3 플레이어 시장에 뛰어들
었을 때도 대다수 IT 전문가나 증권가 애널리스트들은 '애플이 컴
퓨터가 하도 안 팔리니까 이제 별걸 다 만드는구나' 하고 생각했다.
그리고 2007년 애플이 아이폰을 내놓았을 때 삼성전자는 애플을
적수로 생각하지 않고 그다지 신경 쓰지 않았다. 당시 애플과 비교
했을 때 삼성전자는 모든 면에서 압도적 우위에 있었다.

애플은 1990년대 후반에는 OS, 즉 운영체제 전략이 원활하지 않
아 자금난에 허덕이다가 매각 위기까지 몰렸던 회사였다. 그런데
PC 제조가 전부였고 빈사 상태에 빠졌던 그 회사가 아이팟을 만들
어서 세계를 뒤흔들고, 이어서 아이폰으로 전 세계 휴대전화 업계에
지각변동을 일으키며 불과 10년 사이에 거인으로 성장한 것이다.

2010년 애플은 아이폰, 아이패드의 폭발적 선전에 힘입어 브랜

드 가치에서 삼성전자를 앞질렀다. 2010년 애플의 브랜드 가치는 17위로 3계단 상승하면서 전년도에 한 계단 높이 있던 삼성전자를 앞질렀다. 삼성전자는 19위로 제자리걸음을 해서 애플에 뒤쳐졌다.

삼성전자는 〈포브스〉가 내놓은 2010년 글로벌 50개 기업의 브랜드 가치 평가에서는 더욱 밀렸다. 애플은 안테나게이트 논란에도 불구하고 기업 브랜드 가치 1위를 차지한 반면 삼성전자는 33위였다. 애플의 브랜드 가치는 574억 달러에 달한 반면 삼성전자는 최근 3년간 매출액이 매년 17퍼센트씩 상승하고 있음에도 128억 달러에 머물렀다. 애플은 기업가치의 객관적 척도라고 할 수 있는 시가총액에서도 삼성전자를 앞지르고 있다. 2010년 11월 애플의 시가총액은 210조 원을 넘어섰는데 삼성전자의 시가총액은 110조 원에 그쳤다.

어떻게 매출액이 애플의 두 배가 넘는 삼성전자가 그런 대접을 받는 것일까?

전문가들은 한마디로 그 이유를 기업의 창조성에서 찾는다. 애플은 무에서 유를 창조하는 마켓 크리에이터로서 시장의 수요를 끌어들이는 전형적인 기업인 반면 삼성전자는 남들보다 한 발 늦게 뛰어들어 그 시장이 열리면 재빠르게 뒤쫓는 후발 주자란 점이 브랜드 가치를 가르는 이유라는 것이다.

삼성전자는 세계 1위 제품을 애플보다 많이 거느리고 있으면서도 삼성하면 떠오르는 창조적 이미지를 지닌 제품을 만들어내지 못했다. 삼성전자는 TV, 가전, 휴대전화, PC 등 IT 산업 전반에 걸쳐 다양한 제품을 만들어내고 있지만 삼성을 상징하는 통합 이미지, 통합 브랜드를 만들지 못했다. 결국 삼성전자 제품의 사용자들은 애플 제품 사용자들처럼 애플 생태계에서 희로애락을 느끼며 애플 자체를 즐기는 것이 아니라 단지 좋은 제품이라서 구매하여 사용하는 정도에 지나지 않는다.

거기에 메모리 반도체와 LCD는 삼성전자가 최고의 기술력을 자랑하고 있기는 하지만 스스로 시장을 주도하는 제품이 아니라 시장 수요에 따라 그 입지가 변화하는 종속적인 사업군이라는 점에서 브랜드 가치 상승에는 큰 도움을 주지 못하고 있다.

반도체 분야에서 삼성전자와 경쟁하고 있는 인텔은 그들이 만들어내는 CPU가 PC와 노트북 시장의 변화를 주도하고 교체 수요를 창출하는 까닭에 항상 글로벌 기업 중 10위권 내의 브랜드 가치를 유지하고 있다.

이미 밝힌 것처럼 삼성전자는 구글이 안드로이드 운영체제를 탑재한 스마트폰의 개발을 의뢰했으나 제의를 거절했었다. 삼성이 구글의 제의를 거절한 것은 아직 열리지 않은 시장에서 모험하기 싫어하는 삼성의 체질에 기인한다고 볼 수 있을 것이다. 2010년 1월 29일자 〈파이낸셜 타임스〉의 기사를 보자.

삼성전자는 혁신보다는 잘 단련된 생산과 추격 능력에 강점이 있고 속도와 민첩성이 성공요인이다. 삼성전자는 세계적인 업체로 급부상했지만 장기적으로 미흡한 혁신성이 수익을 훼손할지도 모른다.

이 기사는 삼성전자가 지닌 한계를 예리하게 지적한 것이다. 하드웨어나 단말기 등 단품 위주의 사업 구조로는 한계에 봉착할 수밖에 없으며 소프트웨어나 솔루션 사업의 실체를 읽고 전환하는 데는 상당한 시간이 걸린다는 시각이다.

2010년 2월 10일, '이병철 탄생 100주년 국제 학술 심포지엄'에 참석한 일본의 삼성 전문가 야나기마치 이사오 게이오대 종합정책학부 교수는 이런 말을 하기도 했다.

삼성은 지금까지는 구미와 일본의 강점, 표준적인 기술과 경영방식을 받아들여 고치는 식으로 한국식 경영을 해왔다는 점에서 '교과서'가 있었다. 전자 부문으로 한정해 보면 반도체와 LCD 등은 이제 삼성이 선발주자라 교과서로 삼을 기업이 없다. (…) 삼성은 앞으로 신개념의 창조적인 제품과 기술을 만들어야 한다.

말하자면 FM대로 사는 모범생들은 창의성이 다소 부족해서 교과서나 참고자료가 없으면 당황하는 경향이 있다는 지적이었다. 사실 삼성은 기민하고 빈틈이 없는 조직을 움직여서 가장 효율적인 경영을 추구하는 모범적 집단이다. 삼성전자는 제조업계의 모범생

답게 외국의 선진 기술을 벤치마킹해서 특유의 성실성과 장인 정신으로 성장해왔다.

그래서 이건희가 아무리 창조 경영을 강조해도 삼성 조직은 애플이나 구글 같은 창조적 경영이 불가능하다는 평판을 듣고 있다. 혹자는 당시 삼성전자는 이건희가 경영 일선에서 물러나 있었기 때문에 잘나가는 피처폰 사업 대신에 장래가 불투명한 스마트폰으로 사업을 전환할 결정 같은 것을 내리기 어려웠을 것이라 말한다. 그것은 삼성 특유의 오너 경영이 가지는 강력한 리더십에 대한 이야기이다.

이유야 어찌되었든 삼성전자는 스마트폰 시장에서 주도권을 잡을 수 있는 기회를 상실했고, 그 상실감은 대단히 클 것이라고 전문가들은 분석한다. 왜냐하면 스마트폰은 음성 통화만 하던 일반 휴대전화는 달리 앱스토어와 다양한 소프트웨어를 경험하면서 친숙하게 되기 때문에 한번 익숙해지면 쉽게 바꾸기 힘든 속성을 지닌 탓이다. 특히 애플의 생태계에 발을 들여놓은 사용자는 어지간해서는 애플을 벗어나지 못하는 마력적 속성이 있다는 것이다.

거기다 변화의 물결은 여기서 끝나지 않는다. 애플은 아이패드를 출시하면서 또 한 번 애플 쇼크를 일으켰다. 삼성전자는 여기에도 갤럭시탭으로 재빨리 응전하고 나섰으나 항상 앞서 가는 자를 허겁지겁 쫓아가는 2인자의 모습을 보일 뿐이다.

아이폰의 등장으로 시작된 스마트 전쟁은 이제 전 세계적인 거대한 변화를 일으키고 있다. 스마트 시대의 주인공인 구글과 애플은 모바일을 넘어 TV시장, 그리고 전천후로 가전 분야 전반을 향해서 진입을 시도하고 있는 중이다. IT 세계는 물론 인류의 삶 전반에 걸쳐서 그야말로 새로운 스마트 태풍이 휘몰아치고 있다.

그나마 다행인 것은 이 스마트 전쟁의 주역 중에 삼성전자가 끼어 있다는 점이다. 하지만 지금의 삼성으로선 구글과 애플을 상대하기에 버거운 감이 너무 많다. 앞으로의 시대는 하드웨어의 시대가 아니라 소프트웨어와 콘텐츠의 시대이기 때문이다. 삼성전자는 세계 최대의 IT 회사답게 세계의 문화와 삶의 패턴을 읽고 시대를 리드하는 아이콘을 만들어내야 한다.

제왕의 귀환

애플의 '아이폰 쇼크'에 이어서 '도요타 리콜 사태'를 겪으면서 삼성전자 내부에서는 불안감을 내비치는 인사들이 많이 늘어났다.

삼성에는 '잃어버린 3년'이라는 말이 있다. 2006년부터 시작된 삼성에 대한 부정적 여론, 특검사태, 이건희의 퇴진과 재판에 이르기까지 삼성이 그동안 앓았던 홍역을 일컫는 말이다.

이건희의 퇴진 이후 삼성은 '삼성다움을 잃어버렸다'는 말을 심심치 않게 들어왔다. 그것은 회장이라는 구심점이 없어지자 그룹 차원의 결속력이 떨어져 계열사 간 사업 조정이 쉽지 않았고, 또 전문 경영인들이 과감한 투자 결정도 내리지 못해 스피드 경영이 막히는 등의 난제가 발생했기 때문이다.

회장 퇴진과 더불어 삼성전자의 방향타 노릇을 해온 전략기획실이 없어지고 계열사별 경영 체제에 들어갔으나 전문 경영인 체제로서는 회사의 5년 후, 10년 후를 책임질 수 있는 과감한 투자를 할 수 없었다.

여기에 일부 계열사에서 파벌이 등장하는 조짐까지 보이자 직원들의 사기마저 저하되는 현상이 일어났다. 거기에 도요타 사태가 일어나자, 삼성 임원진들과 많은 직원들 사이에는 이건희의 컴백을 바라는 분위기가 충만해졌다.

사실 이건희의 경영 복귀는 2009년 12월 특별사면 이후 시기가 문제였지 복귀 자체는 의심의 여지가 없었다. 여기서 일본 제조업의 상징 도요타가 리콜 사태로 휘청거리자 그의 전격적인 복귀가 거론되기 시작한 것이다. 세계 최대 전자 업체로 성장하는 데는 성공했지만 '도요타의 전철'을 밟을 수 있다는 위기감이 그룹 임원들 사이에 팽배했다.

특히 소니는 구글 등과 손잡고 차세대 인터넷 TV를 개발하고 있고, 애플은 아이폰 선풍으로 바람몰이를 하면서 삼성의 핸드폰 시장을 위협하고 있는 예상치도 못한 현상에 삼성의 경영진은 당황하지 않을 수 없었다. 투자나 사업 조정 등 의사 결정 속도를 높이기 위한 강력한 리더십이 절실한 상황이 된 것이다.

삼성과는 경쟁 업체가 아니었던 애플과 구글이 새로운 경쟁자로 나타나는 사업 구도를 읽을 수 있고 그것에 대항할 수 있는 사람은 이건희밖에 없다는 생각이 지배적이었다.

한 시대를 손금처럼 읽을 줄 아는 사람은 거의 없다. 아무도 자신의 손금조차 읽을 줄 모르는데 시대의 손금을 읽다니! 그러데 이건희는 시대의 손금을 읽고 한 시대를 선도한 기록을 남긴 경영자였다.

어쨌거나 애플과 구글이 삼성의 강력한 라이벌로 떠오르는 등 급변하는 시장의 변화는 위기감을 더했다.

2010년 2월 17일 삼성사장단협의회는 세계경제의 불확실성, 글로벌 사업 기회 등을 고려할 때 경륜과 리더십이 절실히 필요하다고 판단, 이건희에게 회장직 복귀를 요청하기로 결정했고, 2월 24일, 이수빈 삼성생명 회장이 이 같은 내용이 담긴 건의문을 이건희에게 전달했다. 그리고 이건희가 이를 수용하면서 그의 회장직 복귀가 결정되었다.

3월 24일 오전, 삼성그룹 커뮤니케이션팀 관계자들은 무척 초조했다. 인트라넷에 이건희의 회장 복귀 소식을 올린 뒤 직원들의 반응을 살피는 중이었다. 과거 특검사태 당시 실명으로 회사를 비난하는 글이 많이 올라오자 게시판을 폐쇄하기까지 했던 전력이 있던 터였다.

오전 10시가 넘으며 댓글이 하나둘 올라오기 시작했다. 초조해하던 표정은 기쁨의 웃음으로 바뀌었다. 올라온 수백 개의 댓글이 모두 선장이 돌아온 것에 대한 환영의 뜻을 담고 있었다. 삼성 관계자는 "단순히 회장이 돌아오는 것뿐 아니라 시대정신을 앞서 가는 리더가 돌아왔다는 사실에 젊은 직원들이 열광하는 것"이라고 해석했다. 삼성의 한 직원은 "삼성 3.0 시대가 열리는 순간"이라고 말하기도 했다.

이로써 1987년 회장 취임, 1993년 신경영 선언에 이은 '3기 이건희 시대'가 직원들의 환영 속에 막을 올렸다. 한 고위관계자는 "이 같은 변화를 한마디로 요약하면 삼성맨들로 하여금 다시 뛰자는 의욕을 불어넣은 것"이라며 "삼성의 미래를 위해 한번 도전해보자는 분위기가 형성되고 있다"고 말했다. 돌아온 선장이 삼성호에 새 활력을 불어넣은 것이다.

그렇다면 이건희는 과연 어떤 구상을 갖고 경영에 복귀했을까?

경영현장에 복귀한 이건희는 그룹회장직 복귀의 변으로 이런 말을 했다.

지금이 진짜 위기다. 글로벌 일류기업들이 무너지고 있다. 삼성도 언제 어떻게 될지 모른다. 앞으로 10년 내에 삼성을 대표하는 사업과 제품은 대부분 사라질 것이다. 머뭇거릴 시간이 없다. 앞만 보고 가자.

그의 취임 일성에 사람들은 '삼성은 전년도에 사상 최대의 실적을 올렸는데 지금이 진짜 위기라니' 하고 처음에는 아주 의아하게 생각했다.

어쨌거나 다시 경영 일선에 돌아온 이건희는 특유의 리더십을 다시 발휘하기 시작했다. 이건희의 복귀 이후 가장 두드러진 변화는 빨라진 의사결정이다. 그는 신수종사업 육성, 반도체 사업에 대한 대규모 투자 등 그룹의 중장기 로드맵을 잇달아 발표하며 공격 경영에 나섰다. 그가 경영에서 퇴진한 후 사실상 올 스톱 상태였던 중장기 비전 수립 및 투자 계획이 복귀와 함께 탄력을 받기 시작했다.

5월 10일, 이건희는 서울 한남동 승지원에서 사장단 회의를 주재하고 "공격적인 투자를 통해 미래를 선점해야 한다"고 강조하면서 '뉴 이건희 플랜'이란 청사진을 제시했다. 그것은 '비전 2020'을 더욱 구체화한 새로운 먹을거리의 제시였다. '선도 경영'이라는 새로운 이념을 지닌 뉴 이건희 플랜은 향후 10년 간, 그룹 차원에서 23조 3,000억 원을 투자해서 태양전지, 자동차용 전지, LED, 바이오 제약, 의료 기기 등 5개 친환경 및 건강 증진 미래 산업 분야에서 2020년 매출 50조 원에 4만 5,000명의 고용을 창출한다는 계획이다.

뉴 이건희 플랜은 과감한 투자로 기존 주력 사업의 경쟁력을 보다 확고히 해 누구도 따라올 수 없는 절대 강자로 자리매김한다는 의지를 표명한 것이라고 할 수 있겠다. 이날 발표한 5대 신수종사업은 완전히 새로운 사업이라기보다 삼성이 진행 중이거나 진출을 검토하며 거론했던 사업들이다.

하지만 삼성으로선 더 이상 미적거릴 시간이 없고 이건희가 직접 나선 만큼 속도가 빨라질 것이다. 지난 2008년 4월, 이건희가 경영 일선에서 물러나면서, 삼성은 굵직굵직한 결단을 내릴 수 없었다. 그것은 계열사 사장 수준에서는 감당하기 힘든 '책임' 때문이었다. 그런데 이건희는 삼성을 다가올지도 모를 위기에서 탈출시킬 첫 번째 해법으로 '신사업 육성'이라는 과감한 투자 카드를 꺼내든 것이다.

이건희는 이날 회의에 참석한 삼성 사장단에게 "다른 글로벌 기업들이 머뭇거릴 때 과감하게 투자해서 기회를 선점하고 국가 경제에도 보탬이 되도록 해야 한다"며 "젊고 유능한 인재들을 많이 뽑아서 실업 해소에도 더 노력해달라"고 당부하면서 핵심인재 발굴을 강조했다.

이날 사장단 회의에는 이건희를 비롯해서, 김순택 삼성전자 부회장(신사업추진단장), 최지성 삼성전자 사장, 장원기 삼성전자 사장(LCD사업부장), 최치훈 삼성SDI 사장, 김재욱 삼성LED 사장, 김기남 사장(삼성종합기술원), 이종철 원장(삼성의료원), 이상훈 사장(삼성전자 사업지원팀장), 이재용 부사장 등이 참석했다.

'비전 2020'의 세부 계획에 따르면 태양전지의 경우 결정계를 시작으로 향후에 박막계를 추진하며 2020년까지 누적 투자 6조 원, 매출 10조 원, 고용 1만 명 달성을 목표로 한다.

자동차용 전지는 2020년 누적 투자 5조 4,000억 원, 매출 10조 2,000억 원, 고용 7,600명을 목표로 한다.

LED 부문은 디스플레이 백라이트에서 조명엔진, 전장(電裝) 등으로 확대할 계획이며 삼성 LED는 이를 통해 2020년 누적 투자 8조 6,000억 원, 매출 17조 8,000억 원, 고용 1만 7,000명을 달성할 것을 목표로 한다.

바이오 제약은 수년 내 특허 만료되는 바이오시밀러(유사 바이오 약품)를 중심으로 의료원 등과 협력을 통해 추진할 계획이며, 2020년 누적 투자 2조 1,000억 원, 매출 1조 8,000억 원, 고용 710명을 목표로 한다.

의료 기기는 혈액검사기 등 체외진단 분야부터 진출해 2020년 누적 투자 1조 2,000억 원, 매출 10조 원, 고용 9,500명을 목표로 하고 있다.

이건희의 스피드 경영, 공격 경영은 곧바로 이어졌다.

뉴 이건희 플랜을 발표한 지 일주일 만인 5월 17일, 이건희는 경기도 화성캠퍼스(반도체 사업장)에서 열린 반도체 16라인 기공식에 참석해서 삼성전자 사상 최대 규모인 26조 원의 연간 투자 계획을 발표했다. 삼성의 스피드 경영이 다시 본격 가동되기 시작한 것이다. 이날 발표된 투자 규모는 '비전 2020'의 투자 금액보다도 많은 것이어서 재계는 놀라움을 금치 못했다.

그동안 회장이라는 구심점이 사라졌던 삼성은 막대한 자금이 소요되는 투자에 선뜻 결정을 내리지 못하고 미적거리는 감이 많았는데 경영 일선에 복귀한 이건희는 과단성 있는 공격 경영의 '키맨'으로서 그간의 우려를 말끔히 씻어내며 삼성에 새로운 활력을 불어넣기 시작했다.

이날 발표된 26조의 투자 금액은 상상을 초월한 것으로 반도체에 11조 원, LCD에 5조 원, 연구개발에 8조 원 등을 투입하는 것으로 알려져 있다. 이는 삼성이 신수종사업을 육성하고 미래 전략을 구사하면서도 반도체와 LCD 등 기존 사업의 가치를 낮추어 보지 않고 여전히 삼성의 핵심 사업이 될 것임을 암시하는 대목이다. 특히 이 가운데 반도체 분야는 2005년 이후 무려 5년 동안 중단됐던 대규모 투자가 재개됐다는 점에서 주목을 받고 있다.

이러한 막대한 투자 결정은 삼성이 이미 세계 시장을 선점한 반도체와 LCD 등의 분야에서 '제품 사이클의 독점'을 계속 이어나가겠다는 강력한 의지를 내비친 것이다.

현재 메모리 시장에서 고가, 저가 제품을 동시에 장악할 수 있는 기업은 삼성전자밖에 없다. 각종 분야의 메모리 시장을 석권하고 있기 때문에 메모리 가격이 떨어지더라도 다른 기업에 비해 삼성은 큰 타격을 받지 않는다. 삼성이 과감한 투자를 통해서 20년간 세계 1위를 줄달음치며 '제품 사이클의 독점'을 이루어낸 결과이다.

최근 들어 애플과 구글이 아이폰, 아이패드, 구글TV 등으로 전자 산업 영역을 해체하면서 새로운 경쟁 구도를 만들어가고 있지만, 모바일 메모리는 물론 비메모리 제품인 모바일 CPU 시장에서도 최고의 기술력을 자랑하고 있는 삼성으로서는 해볼 만한 게임이 시작되고 있다는 판단을 한 셈이다.

이건희는 "세계 최고가 뛰는 트랙은 따로 있다"며 뉴 이건희 플랜과 과감한 투자로 선도 경영한다는 화두를 제시하고 있다. 이건희는 앞으로 삼성이 마주하게 될 트랙은 더 복잡해져 갈 것이고, 같이 뛰고 있는 경쟁자들도 과거에 보지 못했던 기업들이 될것이며, 그만큼 사업의 불확실성이 높아졌다는 것을 인식하고 있다. 말하자면 애플, 구글, 인텔, IBM, 소니 등은 삼성과 사업의 동반자이면서 경쟁자들이다. 서로 모자라는 부분을 채워나갈 수도 있지만, 글로벌 경영의 흐름을 타지 못할 경우 언제 나락으로 떨어질지 모른다는 것이 이건희의 판단이다. 그래서 이건희는 "글로벌 사업기회를 선점해야 그룹에도 성장의 기회가 오고 우리 경제도 성장하게 될 것"이라며 과감한 투자 확대의 필요성을 강조한 것이다.

이에 따라 삼성은 메모리, LCD, TV, 휴대전화 등 선도 사업은 압도적 시장 점유율과 영업이익률 달성 등을 통해 선두의 위상을 더욱 강화하고, 생활가전, 컴퓨터, 프린터 등 6개 사업을 적극적으로 육성해 현재 20퍼센트 수준인 육성 사업의 매출 비중을 2020년에는 30퍼센트대까지 끌어올린다는 방침이다.

이건희는 경영 일선에 복귀하자마자 두 차례의 대규모 투자를 결정함으로써 경영 전반의 불안감을 불식시킬 수 있는 계기를 마련했다. 그와 동시에 신수종사업을 발표해 미래로 나갈 새로운 길을 제시했다.

과연 그가 전처럼 각 계열사들을 일사불란하게 진두지휘하며 '삼성 3.0 시대'를 열고 성공가도를 질주해 나아갈 것인가? 아무것도 참조할 자료가 없는 새로운 영역에서 삼성은 과연 창조성을 발휘할 수 있을까?

이건희 삼성 회장 2011년 신년사

지금부터 10년은 100년으로 나아가는 도전의 시기가 될 것입니다.

이제 삼성은 21세기를 주도하며 흔들림 없이 성장하는 기업, 삼성가족 모두 안심하고 일에 전념하는 기업을 목표로 삼아야 합니다.

이를 위해서는 사업 구조가 선순환되어야 합니다. 지금 삼성을 대표하는 대부분의 사업·제품은 10년 안에 사라지고, 그 자리에 새로운 사업·제품이 자리 잡아야 합니다.

이 일을 혼자서 다하기는 어렵기 때문에 삼성 브랜드 가치를 높이고 인류의 삶을 풍요롭게 하는 일이라면, 누구와도 손을 잡을 수 있어야 하고 모자라는 부분은 기꺼이 협력하는 결단과 용기가 필요합니다.

또한 미래를 준비하기 위해 글로벌 인재를 키우고 유망 기술을 찾아내는 한편, 창의력과 스피드가 살아 넘치고 부단히 혁신을 추구하는 기업문화를 구축해야 합니다.

주주와 고객, 협력 업체는 물론 우리의 모든 이웃과 함께 더불어 성장하는 '사회적 동반자'가 되어야 합니다.

특히 협력 업체는 삼성 공동체의 일원이며, 경쟁력의 바탕이기 때문에 협력 업체가 더 강해질 수 있도록 지원과 노력을 아끼지 말아야 할 것입니다.

나아가 기부와 봉사는 사회를 지탱하는 힘이므로 정성을 담은 기부, 지식과 노하우를 활용한 봉사로 우리 사회를 더 따뜻하고 건강하게 해야 할 것입니다.

변화의 물결이 거세지고 있지만, 임직원 여러분과 함께 맞이하는 것은 큰 행운입니다.

21세기 새로운 10년을 여는 대장정에 다 같이 동참해주시기 바랍니다.

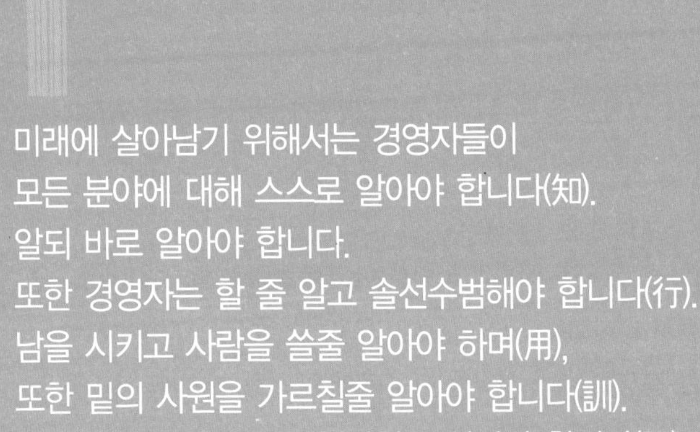

미래에 살아남기 위해서는 경영자들이
모든 분야에 대해 스스로 알아야 합니다(知).
알되 바로 알아야 합니다.
또한 경영자는 할 줄 알고 솔선수범해야 합니다(行).
남을 시키고 사람을 쓸줄 알아야 하며(用),
또한 밑의 사원을 가르칠줄 알아야 합니다(訓).
마지막으로 더 중요한 평가할줄 알아야 합니다(評).

– 이건희

미래의 삼성전자

세계시장을 스토리텔링하라

미래는 기다려서는 안 되며 우리 스스로 만들어야 하는 것이다.

— 시몬 베유

알 수 없는 미래, 그러나……

"개인적으로 집에 컴퓨터를 가지고 있을 이유가 전혀 없다."

이 말은 디지털 이퀴프먼트(DEC)의 창업주이자 CEO였던 케네스 올센이 1977년에 한 말이다. 지금 와서 생각하면 정말 어리석고 바보 같은 말이지만, 당시 최첨단 기업을 경영하던 사람이 이런 생각을 하고 있었으니 일반인들의 생각이야 오죽했으랴 싶다.

30년 전, 오늘날과 같은 인터넷 세상을 예언한 사람은 한 명도 없었다. 앨빈 토플러 정도가 정보화 사회의 도래를 이야기했을 뿐이다. 또 불과 3년 전만 해도 지금과 같은 '스마트 빅뱅'이 일어날 것을 예견한 사람은 한 명도 없었다. 어떤 미래가 펼쳐질 것인지에 대해서 공부하는 미래학자들조차도 정확하게 미래를 예측하기는 힘든 법이다.

1995년 우리나라의 어느 재벌 그룹 비서실에서 10년 후, 그러니까 2005년도 재계 순위를 예측한 적이 있다. 그때 예측한 재계 순위를 보면 1위 대우그룹, 2위 LG그룹, 3위 현대그룹, 4위 삼성그룹, 5위 SK그룹 순이었다.

1위의 기업군이 되리라 예상됐던 대우그룹은 공중분해가 되었고, 2위를 차지할 것이라던 LG그룹은 GS그룹과 나뉘어졌으며, 현대그룹 또한 창업주가 사망한 후 여러 조각으로 나누어지고 말았다. 그 조사를 하면서도 그들은 2년 후에 닥쳐올 IMF 사태는 꿈에도 생각하지 못했을 것이다. 미래를 내다보는 것은 정말 힘든 일이다.

세상은 그만큼 전문가들도 예상하기 힘든 속도로 빠르게 변하고 있다. 특히 IT 기술은 하루가 다르게 변화하고 있고, 변화의 속도는 더욱 빨라지고 있다. 그래서 3년 이후의 기술 트렌드를 전망하는 것은 의미가 없다고 말하기도 한다.

그런데도 사람들은 앞날에 대해서 알고 싶어 한다. 그리고 기업이나 조직을 운영하는 사람들은 중장기 전략을 세워야 하기 때문에 불확실하더라도 앞날을 기획하지 않을 수 없다. 특히 IT 기업들은 기술의 변화에 누구보다 민감해야 한다.

세계적 시장조사 업체인 가트너는 2010년 10월 심포지움을 열고 '2011년 톱 10 전략 기술'을 선정 발표했다. 클라우드 컴퓨팅, 모바일 애플리케이션과 미디어 태블릿, 차세대 애널리틱, 소셜 애널리틱, 소셜 커뮤니케이션과 협업, 비디오, 상황인식 컴퓨팅, 유비쿼터스 컴퓨팅, 스토로지 클래스 메모리, 패브릭 기반 인프라와 컴퓨팅 등이 그것들이다.

가트너는 전년도에도 '2010년 톱 10 전략 기술'을 발표했었는데 6가지가 2010년에 이어 톱 10의 자리를 지켰고, 나머지 4개의 기술은 2011년 목록에서 제외됐다. 가트너는 전략 기술이라는 것을 향후 3년 내 회사에 중대한 영향을 미칠 잠재력을 지닌 기술로 규정하고 있는데 1년 사이에 4개의 기술은 그 중요성을 잃어버린 셈이니 기술의 변화가 정말 빠르다는 것을 실감할 뿐이다.

만약 어떤 회사가 그 4개의 기술에 사운을 걸고 '올인' 했다면 좋지 않은 결과를 얻었을 것이다. 여기서 가트너가 말하는 중대한 영향이란 사업 붕괴 가능성과 기술 채택 연착 가능성을 포함하기 때문이다.

이렇게 빠르게 변하는 기술의 변화에 삼성전자는 어떻게 대처할 것인가?

많은 사람들이 앞으로의 10년이 지난 100년보다 더 많은 것을 바꾸어놓을 것이란 예상을 하고 있다. 2007년 신년사에서 이건희는 이런 말을 했었다.

디지털 시대 1년의 변화는 아날로그 시대 100년의 변화에 맞먹는다. 21세기 디지털 시대의 정상에 서기 위해서는 창조적 발상과 혁신으로 미래에 도전해야 할 것이다.

지금 삼성전자는 반도체, 휴대전화, LCD 등 효자 상품 덕에 사상 최대의 호황기를 맞고 있지만, 5년, 10년 후에도 그러하리란 보장이 없다는 것이 이건희의 평소 생각이다. 이 점에 대해서 이건희는 이미 오래 전에 이런 말을 했다.

과거에 초일류의 영예를 누려왔던 IBM, GM이 흔들리고 있으며 RCA 같은 기업은 지구상에서 영원히 사라져버렸다. 국내의 경우도 마찬가지다. '화신'이라는 이름도 없어져버렸다. 그 외에도 '천우사'다 뭐다 하는 기업들이 수없이 사라졌다. 일류로 가다 이류로 떨어지고, 삼류로 가다가 이류로 가는 기업도 있고, 또 일류로 오는 기업도 있지만, 대부분 일류에서 이류, 이류에서 삼류로 떨어지는 것이 더 많다. •

그는 기업이 살아남고 일류를 유지하려면 현재에 만족하기보다는 부단한 개혁과 노력이 필요하다는 것을 강조했다.

10년 후 우리의 삶의 모습은 어떻게 변해 있을까? 삼성전자는 그때도 초일류 기업으로 자리 매김을 하고 있을까?

지금부터 10년 후는 2020년대다. 사람들은 2020년대면 아주 먼 미래의 이야기로 생각해왔다. 공상과학 만화나 SF소설에서 나옴직한 연도란 생각이 들지만 2020년대는 어느덧 10년 후의 현실이 되었다.

어느 면에서 10년은 아주 짧은 시간이다. 하지만 요즘처럼 하루가 다르게 기술이 발달하고 세상이 급하게 변하는 시대에는 아무도 10년 후를 제대로 예상하지 못한다. 미래학자들도 세상의 변화를 읽는 데 점점 더 곤혹스러워하고 있다. 이건희는 이미 10년 전에 이런 말을 하며 고민을 털어놓은 적이 있다.

몇 년 전부터 5년, 10년 후 뭘 먹고살지를 고민해왔어요. '바로 이거다' 하는 사업이 떠오르질 않더군요. 환경이나 기술이 너무도 빠르게 변하기 때문에 미래의 보장된 사업을 지금 찾아낸다는 것은 정말 어려운 과제였어요.

과연 살아보지 못한 5년, 10년 후를 상상한다는 것은 어려운 일이다. 그런데도 5년, 10년 후를 예상하고 제품을 준비하고 기업을 살려야 하는 기업인의 고뇌는 보통 사람과는 다를 수밖에 없다.

10년 후는 분명 지금과는 다른 사회일 것이다. 많은 사람들이 유비쿼터스, 생명공학, 로봇 시대가 올 것이라고 말하고 있다. 10년 전 사람들에게 오늘날의 인터넷, 스마트폰 시대를 이야기한다면 잘 알아듣지 못했을 것이다. 마찬가지로 우리는 쉽게 그런 사회를 떠올리지 못한다. 앞으로 다가오는 포스트 인터넷 시대, 유비쿼터스 시대, 생명공학 시대는 어떤 모습을 하고 있을까?

삼성전자의 미래를 보려면 앞으로 우리의 일생생활이 어떻게 바

꿸 것인가를 알아야 그 해답을 얻을 수 있을 것이다. 우리의 미래가 어떻게 바뀔 것인가를 살펴보면서 삼성전자의 미래를 논해보기로 하자.

어쩌면 우리는 그 해답을 어느 정도 알고 있는지도 모르겠다.

훗날 모든 정보기기는 휴대전화에 통합될 것이다.

2005년 삼성전자 정보통신총괄 이기태 사장이 한 말이다.

요즈음 지하철에서 보면 대부분 책이나 신문보다 손바닥만 한 스마트폰을 들여다보고 있다. '스마트 빅뱅', '모바일 빅뱅'이 일어난 이후의 풍경들이다. 스마트폰은 휴대전화지만, 전화 기능은 오히려 부가 기능이 되었다. 승객들은 영화를 보고, TV를 보고, 음악 감상을 하고, 게임을 하고, e북을 읽고, e러닝 학습도 할 수 있다. 말하자면 무엇이든지 다 할 수 있는 도구이다.

이런 풍경은 앞으로 변할 세상에 비하면 아무것도 아니다. 스마트 빅뱅은 가정과 직장, 자동차, 거리로 이어져나갈 것이다. 스마트 빅뱅이 예시하는 미래 시나리오에 따르면 내 손 안의 디스플레이에서 냉장고, 에어컨, 세탁기, TV, 커튼, 가스보일러, 전자레인지, 출입문, 창문 등 집 안의 모든 것을 콘트롤하는 시대가 열린다. 기기의 스마트화는 휴대전화을 넘어 '스마트 TV'로 변신하고 있다. 스마트폰이 개인 정보 전달의 허브라면, 스마트 TV는 홈의 허브가 될 것이다. 이를 통해서 다양한 전자 및 가전기기들을 다양한 스마트 세상 속으로 끌어들일 것이다.

이미 구글, 애플이 펼치는 플랜은 집 안의 모든 가전 기기 즉, 냉장고, 에어컨, 세탁기, 캠코더, 카메라, 프린트, 오디오 기기들을 스마트화시키는 것이다.

이미 PC와 가전산업은 경계가 불분명해져 있고, 방송·통신이 융합되어가고 있다. 반도체와 생명공학의 결합은 대세이자 피할 수 없는 외길이기도 하다.

이제부터 기업들의 사업 영역에는 아무런 구분이 없이 완전히 새로운 사업이 시작될 것이다.

사업의 경계가 사라진다

삼성과 경쟁 업체가 아니었던 애플과 구글이 전방위적으로 전자산업 영역을 해체하고 새로운 경쟁 구도를 만들면서 삼성의 강력한 라이벌로 떠올랐다. 삼성전자는 스마트 TV 시장에서 소니나 필립스가 아닌 구글, 애플과 일전을 벌여야 한다. 얼마 전 같으면 그 누구도 상상조차 할 수 없는 일이 현재 벌어지고 있는 것이다.

이제 같은 업종끼리만 싸우던 시대는 지났다. 예상치 못한 경쟁자가 등장하는 '이업종 격투기'가 시작되었다.

뜻하지 않은 곳에서 시장이 겹치면서 비즈니스 구조가 근본부터 바뀌고 있다.

　가장 먼저 구조가 뒤틀리기 시작한 것은 음악 시장이다. MP3 플레이어가 등장하면서 음악 시장의 쟁탈전은 시작되었다. 그동안 소비자들은 음악 CD를 구입해서 음악을 들었다. 그러나 MP3가 등장하면서부터 소비자들은 서서히 레코드점에서 음악 CD나 DVD를 사지 않게 되었다. 인터넷 음원 사이트에 들어가서 음원을 다운로드 받으면 그만이다. 음악 유통의 구조가 뒤바뀌자 수많은 음반 제작사와 그 많던 레코드점들이 사라졌다. 그렇다고 음악 유통시장이 사라진 것은 아니다.

　카메라업계에서도 이업종 격투기가 벌어졌다. 디지털카메라가 나오기 전까지 사람들은 필름 카메라를 사용했다. 디지털카메라는 필름 대신에 메모리에 기록을 저장하는 탓에 서로 아무 관계도 없어 보이던 메모리 회사가 필름 회사를 잡아먹는 불구대천의 원수가 되어버렸다. 현상소 시장도 마찬가지다. 디지털카메라의 사용자는 필름 현상소를 찾는 것이 아니라 포토 프린터를 찾는다. 그동안 사진과는 아무 관계도 없던 프린터 회사는 거대 시장을 만나 신바람이 났고 현상소들은 하나둘 문을 닫거나 업종 전환을 해야 했다.

　신문 시장에도 이업종 격투기가 벌어지고 있다. 무가지가 나타나자 신문 업계는 난리가 났었다. 그런데 이제 신문의 적은 무가지가 아니라 스마트폰이다. 출근 시간에 지하철이나 버스를 타는 승객들은 이제 무가지를 보지 않고 스마트폰을 들여다보고 있다.

위에 든 사례 외에도 이업종 격투기가 부지기수로 일어났고 앞으로도 눈에 보이게 혹은 보이지 않게 일어나서 산업 간의 벽을 허물고 새로운 산업 질서를 재편해나갈 것이다.

업종 간 벽이 무너지고 그전까지는 전혀 다른 업종이라고 생각했던 회사 간 경쟁이 급격하게 느는 이유는 정보통신 기술의 발달 때문이다.

앞으로의 세상은 새로운 콘셉트의 디지털 기기들이 하루가 다르게 등장할 것이다. PC, 휴대전화, MP3 플레이어 등 지금까지 일반적으로 구분하던 디지털 기기의 고정관념을 깨는 새로운 디지털 기기들이 수없이 등장한다. 쏟아져 나오는 다양한 종류의 디지털 기기들에 이름을 붙이고 분류하는 것만도 쉽지 않은 상황이다.

애플이 더는 컴퓨터 회사가 아니듯이 이제 구글은 단지 검색엔진 서비스만을 제공하는 업체가 아니다. 구글은 IT 산업에서 전방위적인 사업 확장을 통해 새로운 사업을 창출하고, 산업의 지형을 변화시키는 장본인이다. 최근 구글은 사업 영역을 점차 확대해 IT 산업 전반에 걸친 밸류 체인을 만들었다. 온라인 서비스에서 시작해서 운영체제를 개발하는 것은 물론 앞서 언급했듯이 대만의 HTC와 손잡고 '넥서스원'이라는 스마트폰을 출시하면서 제조 부문까지 뛰어들었다.

애플리케이션의 경우에는 애플이 단연 선두다. 애플의 앱스토어는 2008년 3월 오픈한 이후 지금까지 20억 다운로드를 돌파한 것으로 알려졌다. 하지만 구글의 안드로이드 마켓의 경우 구글의 강점인 개방성을 무기로 많은 개발자들을 참여시키며 급성장하고 있다.

거기에 구글은 2010년 6월 온라인 음악 서비스 개시를 공표했다. 음악 서비스에서 독보적인 선두를 차지하고 있는 애플의 아이튠즈에 도전장을 내민 셈이다. 이제 애플과 구글은 거의 모든 사업 영역에서 경쟁 관계에 놓이게 되었다.

구글 사업의 핵심은 누구나 잘 알고 있는 것처럼 검색엔진이다. 구글의 검색엔진은 정확성과 양에서 다른 검색엔진을 앞선다. 많은 사람들이 구글 검색을 활용하는 까닭에 검색의 정확도가 더 높아지는 선순환이 계속되고 있고, 이러한 강점을 바탕으로 구글은 온라인 활동 전반으로 사업 영역을 확장할 수 있었다.

검색 부문에서는 마이크로소프트가 구글에게 도전장을 내밀었다. 마이크로소프트의 검색 서비스 빙(Bing)은 동영상, 이미지 등 다양한 차별화 요소를 통해 구글 검색이 제공하지 못하는 고객가치를 제안하고 있다.

또한 구글은 소니 등 제조사와 손잡고 안드로이드 운영체제를 기반으로 독자 운영체제를 갖춘 구글TV를 선보였다. 애플은 애플TV를 통해 구글보다 한 발 앞서 시장에 진입하기는 했지만, 기존의 방송사나 제조사와의 문제, 콘텐츠 수급 문제 그리고 TV가 갖는 가전으로서의 특성 즉, 방송사와의 지분 문제, 교체 주기, 가족 공동 사용 등의 문제를 해결하지 못해서 그리 활성화되지는 못한 상황이다.

앞으로 삼성전자는 세계 스마트 TV 시장에서 구글, 애플과 피 터지는 일전을 벌이게 될 것이다. 스마트 시대를 맞이해서 세계 IT 기업들은 더 자유롭기를 원하고, 편리하기를 원하는 소비자들의 변화에 따라 시장을 선점하기 위해 스마트폰과 태블릿, 운영체제, TV, 검색 등 IT 산업의 모든 영역에서 충돌할 수밖에 없는 것이다.

더 놀라운 이야기가 있다. 전자 산업 영역의 전방위적 해체는 IT 산업에만 국한된 이야기가 아니다. 현대자동차의 경쟁 상대는 삼성전자가 될지도 모른다는 말이 나돌고 있다. 또 애플이 아이폰이나 애플TV에 이어서 아이카(iCar)를 만들어낸다면 어떻게 될까?

산업연구원에 따르면 10년 후 전 세계적으로 8천만 대의 자동차가 생산 판매 될 것인데 그중 500~800만 대 이상이 전기 자동차가 될 것이라고 한다.

전기 자동차는 자동차이기 이전에 전자 제품 덩어리다. 굴러가는 바퀴 외에는 모두가 전자 장치인 것이다. 말하자면 자동차 회사보다는 전자 회사에 가까운 제품이 되는 셈이다. 그렇다면 삼성전자가 그 전자 제품을 만들어내지 말라는 법이 없다. 이미 패러디가 많이 되기는 했지만, 기발하기 그지없는 스티브 잡스가 아이팟, 아이폰, 아이패드에 이어서 아이카, 아이하우스를 만들지 말라는 법이 어디 있는가? 미래의 자동차나 집은 모두 스마트폰으로 원격 제어할 수 있는 전자 기기일 것이기 때문이다. 삼성전자의 엔지니어였으며 현재는 국가연구소인 '전자부품연구원'에서 과제기획 책임자로 있는 안광호는 실제로 이런 증언을 하고 있다.

> 스티브 잡스는 아이레프리(냉장고), 아이오디오(오디오), 아이캠(카메
> 라 및 캠코더), 아이컨(에어컨) 등 독창적이고 혁신적인 제품들을 선보
> 일 가능성이 있다고 봅니다.

구글과 애플의 전략은 2010년대 후반까지 PC, 모바일, TV, 자동차 4개 부문에서 컴퓨터 네트워크 영역을 장악하는 것이라고 한다.

전 세계적으로 인터넷 접속이 가능한 PC(테스크톱, 노트북 포함)는 14억 대에 이르고, 휴대전화은 40억 대, TV는 8억 대, 자동차는 12억 대에 이른다.

안드로이드의 개발자이자 구글의 모바일 플랫폼 담당 부사장이었던 앤드 루빈은 안드로이드를 PC, 모바일, TV, 자동차 4개 부문의 기기에 탑재할 것을 목표로 개발했다고 밝힌 바 있다. 안드로이드는 스마트폰뿐만 아니라 누크를 비롯한 전자책 및 다른 태블릿 PC에서도 작동되고 있다. 구글은 안드로이드와 동시에 '크롬' 이라는 제2의 운영체제를 개발하고 있는데 이 운영체제는 안드로이드와 조합되어 TV와 자동차에서도 구동이 되는 플랫폼으로 진화할 것이라고 한다.

구글은 PC, 모바일, TV, 자동차 4개 부분을 장악하겠다는 실로 거대한 야망을 가진 것이다. 앞으로 애플과 구글은 포스트 PC 시대를 마감하는 운영체제 전쟁을 벌일 것이다.

이러한 때에 변화하는 시대의 키워드를 잘못 읽고 환경 변화에 적응하지 못한다면 누구도 살아남기 힘들다. 앞으로의 사회는 지금보다 더 압축된 지식 경영의 시대가 될 것이다. 미래 사회는 지식과 기술을 가진 기업이 사회가 원하는 제품을 만들어냄으로써 사회를 선도해나가게 되어 있다.

최근 정구현 삼성경제연구소장은 "한국이 오는 2015년까지 'G10(선진 10개국)' 안에 들지 못하면 앞으로 수세기 동안 G10으로 진입하기 어려울 것"이라고 경고했다. 새로운 콘텐츠 시대에는 개방성과 글로벌 정신, 모험과 도전정신, 유연성 등이 필수적이다.

삼성전자의 신수종사업

삼성전자는 일찍이 '신수종사업'이란 프로젝트를 전개하며 미래 경영을 해오고 있었다. 2000년대 들어서 삼성전자가 보여준 놀라운 실적은 신수종사업이란 플랜이 제대로 작동한 덕분이다. 신수종 육성사업은 신경영의 백미라고 할 수 있을 것이다.

이건희는 앞날을 내다보는 경영만이 미래 세계를 지배할 수 있다고 기회가 있을 때마다 강조했고, 삼성 경영진은 그러한 회장의 기대에 부응하기 위해서 1997년 3월, 사업구조 개선을 위해 사업들을 네 가지로 분류하고 대응책을 마련했다.

이 네 가지 사업이란 삼성의 전체적 사업을 '씨앗사업', '묘목사업', '과수사업', '고목사업'으로 분류한 것으로써 미래성장 엔진을 구축하는 신수종사업을 집중적으로 육성하기 위한 방책이었다.

우선 삼성은 사양 산업으로 치부되는 사업 부문을 '고목사업'으로 분류하고 과감한 정리에 나섰다. 그리고 당시 회사의 성장을 견인하고 있는, 한참 잘나가고 있는 사업을 '과수사업'으로 분류하고 마케팅력을 강화해서 집중적으로 시장을 장악해나갔다.

다음은 '묘목사업'인데 지금 당장은 큰 이익을 내지 못하지만 앞으로 과수가 될 수 있는 사업으로서 기술 개발에 총력을 기울이면 뛰어난 제품력, 마케팅력으로 시장을 선도할 수 있다고 판단한 부문이다.

마지막으로 '씨앗사업'은 미래를 먹여 살려줄 차세대 사업으로 5~10년 후 결실을 맺을 사업들이었다. 당시 과수사업으로 분류된 제품은 대형 컬러 TV, 모니터, 노트북 PC, 휴대전화, 메모리 등이었고, 묘목사업은 디지털 TV, PDA, TFT-LCD 등이었으며, 씨앗사업은 이동통신시스템, 네트워킹, 비메모리사업 등이었다.

삼성은 이러한 제품 전략으로 신경영에 성공을 거두고 초일류 기업으로서 입지를 굳혀나갈 수 있었다.

그런데 2000년대 들어서면서부터 삼성전자 경영진들은 또다시 고민거리가 생겼다. 당시에 뿌린 씨앗과 묘목들은 이미 대부분 다 자라나서 열매를 맺었고 삼성이 초일류 기업이 되는 데 밑거름이 되었다. 시간이 지나면서 사업의 성질이 그렇게 변해갔으나 차세대 씨앗사업이나 묘목사업은 분명해보이지 않았던 것이다. 삼성전자는 또다시 미래를 먹여 살릴 차세대 씨앗사업이나 묘목사업을 찾아내야만 했다.

삼성 수뇌부는 장고 끝에 2005년 11월, '2010프로젝트'로 4대 씨앗사업과 8대 성장엔진을 선정하고 세계 톱 3 기업 진입을 위한 미래 경영 엔진을 가동하기 시작했다.

4대 씨앗사업은 삼성의 미래를 짊어질 차세대 주력 제품군이라고 볼 수 있는데 이 네 분야는 앞에서 살펴본 대로 개인 멀티미디어 기기, 홈 네트워크, U-헬스(이동통신을 이용한 원격 건강관리시스템), 가정용 로봇 등으로 향후 삼성은 현재 우위를 점하고 있는 IT 분야에 BT(Bio Technology: 생명공학), NT(Nano Technology: 초정밀공학) 분야를 접목시킨다는 전략을 세운 셈이다.

또한 차세대 주력 분야로서 제시한 '8대 성장엔진' 가운데 메모리, 디스플레이, 이동통신, 디지털 TV 등 네 분야는 삼성이 현재 세계 정상을 달리는 분야이고, 새롭게 추가된 분야는 프린터, 시스템 LSI(비메모리반도체), 고용량 스토리지, 에어컨트롤 시스템이다.

윤종용 당시 삼성전자 부회장은 이런 말을 함으로써 고민의 일단을 피력했다.

10년 뒤 어떻게 될까 예측하는 것은 중요하지만 경험상 예측은 맞지 않았다. 우리는 미래를 예측하기보다 미래를 창조하는 것을 중시하고 그런 능력을 갖추도록 노력할 것이다.

초일류 기업을 달성하기 위해 남을 쫓는 것이 아니라 스스로 길을 만들어가야 한다는 뜻이다. 그래서 이건희는 "그동안 고생하고 치열한 경쟁을 겪었다고 하나 세계를 놓고 보면 아무것도 아니다. 위기는 내가 제일이라고 자만할 때 찾아온다"며 삼성이 다시 한 번 위기 의식을 갖고 변화를 모색해야 할 때임을 강조하고 있다.

삼성전자가 내놓은 '2010 프로젝트'는 각 분야에 지속적으로 투자를 늘려 초특급 인재를 육성해 세계 최고 기술을 내놓겠다는 것으로 요약할 수 있다.

즉 '기술·인재·투자'라는 삼각편대를 구축해 앞으로 5년 이내에 진정한 의미에서의 초일류 기업으로 부상하겠다는 의지를 표현한 것이다.

삼성전자는 '제2신경영 선언'에 따라 새로운 10년을 위한 준비에 들어갔다. 삼성이 '제1회 삼성 애널리스트 데이(2005.11.3~4)'에서 발표한 '2010 프로젝트' 청사진은 그러한 노력의 결산물이었다. 윤종용은 이날 삼성전자의 중장기 전략을 밝히면서 미래 기술을 선도할 것을 강조했다.

전자 산업은 현재 가격, 기술, 부가가치, 지역 등 4대 벽이 붕괴하는 등 커다란 패러다임의 전환기에 있다. 삼성전자는 이런 변화에 빠르게 대처하면서 디지털 컨버전스 혁명을 주도해나갈 것이다.

당시 이윤우 삼성전자 부회장(CTO)은 4대 씨앗사업에 대한 배경 설명을 다음과 같이 하며 4대 씨앗사업 연구에 매진할 것을 밝혔다.

삼성전자의 경우 반도체, 통신, 디지털 미디어, LCD 부문 등 모든 것에서 경쟁력을 갖추고 있는 만큼 4대 씨앗사업을 육성할 경우 최대의 시너지 효과를 볼 수 있다. 앞으로 혁신적인 기술로 혁신 제품을 창출해 새로운 라이프스타일을 창조하는 초일류 기업으로의 도약을 위해 지속적인 연구개발 노력에 최선을 다할 것이다. 1997년 16퍼센트였던 연구개발 인력이 2004년에 24퍼센트까지 증가했고, 향후 2010년에는 전체 인력의 32퍼센트까지 확대시킬 계획이다.

삼성전자는 4대 씨앗사업과 8대 성장엔진을 풀가동했고 또다시 크나큰 성공을 거두어 세계 최고의 IT기업으로 자리매김을 했다. 그러나 여기서도 미래 예측은 빗나간 감이 있다. 4가지 씨앗 사업 중에서 개인 멀티미디어 기기와 홈네트워크 사업은 개화했으나 U-헬스와 가정용 로봇사업은 아직 꽃 피우지 못했다. 삼성전자의 성공은 8대 성장엔진이 풀가동된 덕분일 것이다.

10년 후를 스토리텔링하라

이건희는 산업화 사회에서 지식정보화 사회로 넘어서는 기점에서 신경영, 천재 경영, 준비 경영, 상생 경영 등의 화두를 던지며 자신이 이끄는 삼성을 초일류 기업으로 성장시킨 것은 물론 한국 사회 전반에 많은 변화를 이끌어냈다.

이건희는 앞으로도 예전과 같은 직관의 힘으로 이 변혁의 시대를 읽어내고 선견할 수 있을 것인가?

그가 앞으로도 삼성을 성공적으로 이끌며 미래의 변화를 선도할 것이라는 보장은 없다. 미래 사회의 패러다임이 너무 가파른 속도로 변하고 있기 때문이다.

"10년 후면 삼성의 모든 제품이 사라질지 모른다. 이제부터가 진짜 위기다."

이건희의 이 같은 복귀의 변이 그의 위기감의 일단을 보여주고 있다.

스마트폰 등장 이후 산업의 패러다임이 어떻게 바뀔 것인가를 가늠하는 일도 그다지 쉬워보이지 않는다. 새롭게 등장하기 시작한 여러 가지 신조어들은 우리를 어리둥절하게 만든다. 스마트라는 말 자체가 내포하는 의미도 실로 다양하고, 애플리케이션, 안드로이드, 윈모바일, 멀티테스킹, 테더링, 미들웨어 플랫폼, 클라우드 컴퓨팅, SDK, 거기에 트위터니, 마이스페이스니…… 사실 1년 전만 해도 들어보지 못한 용어들이 마구 쏟아져나오면서 40~50대 중장

년들은 물론 20~30대 청년들도 적응을 못해서 어리둥절해 하는 경우가 많다.

앞으로 10년 후를 잘 준비하기 위해서는 스마트폰이 몰고 온 제2의 전자통신 혁명의 의미를 제대로 파악해야 한다.

스마트폰은 일반 피쳐폰과 달리 운영체제를 가지고 있는 PC 개념의 휴대전화이다. 소비자는 전처럼 집이나 사무실, PC방이 아니더라도 언제 어디서나 인터넷을 사용할 수 있다. 들고 다니면서 PC처럼 사용할 수 있는 스마트폰의 보급은 사람들의 생활 패턴을 완전히 바꾸어놓고 말았다.

그런데 스마트폰보다 더 큰 변화는 스마트 TV가 가져올 것이라고 삼성전자는 판단한 듯하다. 앞에서 살펴본 대로 삼성전자는 2011년은 스마트 TV 원년이 될 것이고, 스마트 TV는 우리네 가정생활 전반을 바꾸어놓게 될 것이라고 했다.

이제는 스마트폰, 태블릿 PC뿐만 아니라, 홈네트워킹, 오피스 네트워킹 시대가 열릴 것이다. 스마트 TV(혹은 집에서 유일하게 항상 켜져 있는 가전제품인 스마트 냉장고)를 정점으로 하는 홈네트워킹으로 우리의 일상생활은 모두 바뀌게 된다.

위키피디아 사전에서는 스마트 TV를 '인터넷 TV' 혹은 '커넥티드 TV' 라고도 하며 '콘텐츠를 인터넷에서 실시간으로 다운로드 혹은 스트리밍 방식으로 볼 수 있고, 뉴스, 날씨, 이메일 등을 바로 확인할 수 있는 것' 이라고 정의하고 있다.

스마트 TV에는 PC처럼 운영체계가 탑재되어 있는데 그것은 PC용 운영체계가 아니라, 스마트폰에 들어가는 구글의 안드로이드, 애플의 iOS, 삼성전자의 바다 등이 스마트 TV에 탑재된다고 보면 된다.

스마트 TV는 스마트폰이 그러하듯이 PC에서 했던 작업을 수행하는 것은 물론 모바일 시대의 모든 콘텐츠들이 담기고 일상생활에 사용하는 모든 기기들을 제어하는 '디지털 허브'의 역할을 함으로써 사람들의 라이프스타일을 바꾸고, 비즈니스에 혁명적인 '변화'를 일으키게 된다. 이 새로운 라이프 스테이지가 열리면 디지털 허브인 스마트 TV와 스마트폰을 사용해서 자동차는 자동항법장치, 중앙제어장치 등을 활용해 운행하고, 가정의 냉난방과 조리, 문단속, 방범 등을 자동화하는 디지털 생태계가 형성될 것이다.

2007년 서울 디지털 포럼의 주제는 '미디어 빅뱅'이었다. 이 자리에서 노키아의 CTO(최고기술경영자)는 걸어 다니며 소비하는 모바일 TV시대를 이렇게 정의한 바 있다.

앞으로의 미디어는 모바일이다. 연결은 관계다. 사람들은 모두 미디어를 통해 얻은 경험으로 연결된다. 모바일은 미디어를 소비하는 가장 자연스런 방법이다. 그리고 이것이 미디어가 미래에 나가야 할 방향이다.

이제까지는 콘텐츠 1등 회사, 서비스 1등 회사, TV 제조 1등 회사가 확연히 구분되었다. 하지만 스마트 TV 시대가 활짝 열리면 이러한 구분이 모호해질 것이다.

이미 미국에서는 새롭게 열리고 있는 커다란 시장을 놓치지 않기 위해 통신, 출판, 신문, 방송, 광고, 교육, 게임, 음악, 패션 등 많은 부분에서 기업들이 치열한 경쟁에 나서고 있다. 일부에서는 애플이나 구글이 의료 기기 운영체제를 개발해서 의료 사업에도 진출할 것이란 예상을 내놓고 있을 정도이다. 이미 구글과 마이크로소프트는 소셜 네트워크를 이용한 의료사업이라는 새로운 블루오션 시장에 뛰어들었다.

실제로 애플이나 구글, 마이크로소프트가 위협적인 것은 스마트 TV 시대에는 단순히 TV를 만드는 것보다 스마트 TV를 구동하는 소프트웨어와 콘텐츠를 누가 공급하느냐에 따라 기존의 라이프스타일과 비즈니스의 판도가 뒤집어지기 때문이다. 스마트 TV 시대가 개화하면 우리가 흔히 말하던 진정한 유비쿼터스의 세상이 열린다고 보아야 할 것이다. 유비쿼터스의 세상은 우리를 편리함과 안온함의 세상으로 안내할 것이다.

유비쿼터스 세상을 장악하는 비즈니스에서 성공하려면 단순하게 TV 제조 1등 회사가 되어서는 안 된다. 제조는 물론 콘텐츠 1등 회사, 서비스 1등 회사가 되어서 소비자의 라이프스타일을 선도하고 스토리텔링해주는 기업이 되어야만 살아남을 수 있을 것이다.

최근 한국 언론의 보도를 보면 세계 스마트 시장이 구글, 애플, 삼성전자의 한 판 대결인 듯이 보도하는데, 냉정하게 판단하면 아직 삼성전자는 그 주인공이 아니다. 삼성전자가 스마트 시대를 움직이는 기술 플랫폼을 개발, 소유하지 못한다면 TV 제조 1등 회사로 머물 가능성이 매우 크다. 더욱 우려되는 것은 스마트 시대에는 제조 기술보다는 소프트웨어와 콘텐츠에 의해 전자 기기들이 구동되는 탓에 최고 사양의 전자 기기가 아니라도 소비자는 만족스럽게 유비쿼터스 세상의 장점을 누릴 수 있다는 점이다. 이것은 삼성전자의 높은 기술력이 불필요한 시대가 열리는 것을 뜻한다.

소비자가 제품을 선택하는 데 제품의 성능은 신경 쓰지 않는 순간은 언젠가 찾아온다. 애니콜이 한국 시장에서 순항했던 이유는 '한국 지형에 강하다' 란 카피와 성능 때문이었다. 즉, 그 시대는 '잘 터진다' 는 것이 휴대전화의 선택 기준이었다. 하지만 현재 휴대전화의 선택 기준을 '잘 터지는 것' 으로 보는 사람은 아무도 없다. 이처럼 삼성이 기술을 기반으로 아무리 노력해도 소비자는 기술 자체에는 신경 쓰지 않는 시대가 곧 다가온다.

그래서 대만과 중국 제품들에게 삼성전자가 심각하게 시장을 잠식당할 수 있다는 우려를 낳는 것이다.

앞으로 삼성전자가 세계무대에서 살아남고 미래의 초일류 기업으로 도약하는 길은 지금처럼 최고의 제품력을 유지하면서 유비쿼터스 세상을 구동하는 소프트웨어와 콘텐츠를 개발해서 소비자의 라이프스타일을 설계하는 수밖에 없다.

그런데 우리에게는 또 다른 혁명의 물결이 몰려오고 있다. 이 혁명은 스마트 혁명이 선도하는 유비쿼터스와 더불어 인류의 라이프 스타일을 바꾸어놓는 흐름이 될 것이다. 어쩌면 이 혁명은 그 어떤 혁명보다 더 큰 변화를 가져올지 모른다.

인터넷 혁명, 스마트 혁명은 우리의 생활과 문화를 바꾸어놓기는 했지만 사람의 행동 구획과 행동 반경까지 바꾸어놓은 것은 아니다. 그러나 앞으로 몇 년 안에 다가올 '생명공학 혁명', '로봇 혁명'은 인간의 사고, 행동, 영역을 송두리째 바꾸어놓을 대변혁을 가져올 것이다. 많은 학자들은 이 두 혁명으로 인류 문명의 패러다임이 바뀔 것이라고 예견하고 있다. 앞으로 이루어질 이 혁명의 물결은 우리를 다른 세계로 데려다 놓을 것이다. 10년 후 우리는 전혀 새로운 세상에서 숨 쉬고 있을지 모른다.

스마트 시대 다음은 로봇과 바이오칩의 시대이다.

이 말은 이미 미래학자들과 선진 기업들 사이에서는 널리 퍼져 있고 그 당위성이 인정되고 있는 대명제다. 이미 로봇 산업은 로봇

청소기, 로봇 학습기, 애완 로봇 등으로 디지털 가전의 영역에 들어와 있고 10년 안에 '1가구 1로봇' 시대가 열릴 것이다.

인류는 10년 안에 유비쿼터스 시티에서 '1가구 1로봇' 시대를 구가하며 평균수명 150살이 가능한 인체 부품 시대에 살게 될지도 모른다.

장소에 구애받지 않고 일할 수 있는 U오피스, 집의 상황을 모니터링할 수 있는 원격 감시 로봇이 작동되는 U홈, 집에서도 건강검진을 받고 치료받을 수 있는 U헬스, 자동 제어 센서에 의해서 움직이는 U카의 시대가 다가올 것이다.

그렇다면 삼성전자는 새로운 패러다임의 시대를 맞이해서 앞으로의 10년 후를 위해 어떤 플랜을 준비하고 있을까?

이미 그 새로운 시대를 맞이할 준비를 차근차근 해오고 있었다는 점이 삼성전자에게는 다행이다. 이미 앞에서 살펴보았듯이 삼성전자는 2005년 신수종사업으로 4대 씨앗사업과 8대 성장엔진을 선정하면서 U-헬스와 가정용 로봇 사업을 핵심 사업군으로 분류해놓았다.

삼성전자는 2009년 10월, 창립 40주년을 맞아서 '비전 2020'을 선포했는데 삼성전자가 예시하는 미래 산업을 나열하면 다음과 같다.

대체 에너지와 친환경 분야

- 태양전지

- 조력 및 풍력발전

- 전기/수소하이브리드 자동차

- LED(디스플레이, 조명 등)

- 2차 전지

- 고효율, 친환경 건축 및 자재

건강, 웰빙, 실버산업

- 로봇 산업

- 바이오산업(센서, 제약, 바이오시밀러, 줄기세포, 건강보조제 등)

- 의료 기기, 서비스, 요양

- 바이오 IT 융복합 기술

정보기전 지능화

- 콘텐츠 분야(소프트웨어, 애플리케이션, 플랫폼, 운영체제, 음원, 영상, 전자책 등)

- 플렉시블/3차원 홀로그램 실감형 입출력 장치, 근거리 초고용량 데이터 전송 기술

다시 경영 일선에 복귀한 이건희가 던진 첫 번째 경영 화두는 환

경, 에너지, 건강이었다. 그는 본격적인 활동을 알리는 신호탄으로 경영 복귀 이후 처음 주재한 사장단 회의에서 '10년 뒤 삼성의 미래' 청사진을 그렸으며, 향후 태양전지, 자동차용 전지, LED, 바이오 제약, 의료 기기 등 5대 신수종사업을 육성키로 하는 등 신수종사업에 대한 새로운 플랜과 구체적인 투자 일정을 밝혔다.

그것은 기술, 시장성, 미래전망, 내부 역량 등을 종합적으로 고려한 추진 계획이었다. 이 5대 신수종사업은 완전히 새로운 사업이라기보다는 삼성이 진행 중이거나 진출을 거론했던 사업이다. 다만 이건희가 경영에 복귀한 뒤 직접 나선 만큼 속도가 빨라질 전망이다.

이건희는 미래를 먹여 살릴 신수종사업을 발굴하고, 이를 강력히 추진해서 세계 1등 제품을 50개로 늘리면 그중에서 반도체, 휴대전화, LCD 같은 효자 사업도 저절로 나온다고 말하고 있다. 삼성전자는 이를 실현하기 위해 창조 경영, 파트너십 경영, 인재 경영을 3대 방향으로 선정했다.

삼성전자가 당분간 신성장 사업으로 가장 많은 투자를 하는 부문은 LED다.

삼성은 2012년부터 본격적으로 LED 조명 시장이 열릴 것으로 판단하고 10년간 8조 6,000억 원을 투자할 계획이다. 반도체, LCD를 잇는 삼성 부품의 축으로 키운다는 계산이다. 현재 LED TV 등에 쓰이는 디스플레이 백라이트에서 조명엔진, 자동차용 전장 등으로 확대할 수 있을 것으로 기대하고 있다. LED 투자는 생산기지 건

Part 3 미래의 삼성전자

설에 상당 부분 집중될 것이며 향후 10년간 고용 창출 인원은 1만 7,000명으로 예상되고 있다.

태양전지의 경우 이미 삼성전자는 결정계와 박막계에서 상업 생산을 위한 연구개발을 완료한 상태다. 삼성전자는 태양전지 등 녹색에너지 분야에 오는 2013년까지 5조 4,000억 원을 투자한다는 계획을 갖고 있다.

이렇게 보면 부품과 IT 세트 제품을 고루 갖춘 삼성전자는 전 세계 어느 기업보다 시너지 효과를 극대화할 수 있는 회사다. 한마디로 삼성전자는 IT 회사를 몇 개 합쳐놓은 것처럼 거의 모든 것을 생산해낼 수 있는 전천후 기업인 덕분에 창조성을 어떻게 발휘하느냐에 따라 앞으로 미래 산업에서도 또다시 '고속성장' 이라는 제2의 신화창조도 가능하다.

현재 삼성전자는 디지털 기기 간 융합을 뜻하는 디지털 컨버전스에서 한 발 더 나아가 산업 간 융합을 의미하는 '더블 컨버전스' 에 도전하고 있다.

지금까지의 컨버전스가 부품과 제품 간의 융합, 기능 간의 융합이었다면 앞으로는 세계 최고의 IT 기술력을 다른 산업과 접목시켜 시너지 효과를 내겠다는 것이다. '더블 컨버전스' 는 기술 융합, 기능 융합을 통해서 산업 융합, 생체-인공 시스템 융합이라는 새로운 블루오션 영역을 확장하는 것을 의미한다.

U-헬스가 의료와 IT라는 두 산업을 결합한 상품이듯 더블 컨버

전스를 통해 미래 먹을거리를 만들어나간다는 것이다.

이 더블 컨버전스 사업의 중심에 로봇 사업이 있다.

이미 산업용 로봇은 공장, 위험한 작업장, 군대 등에 많이 보급되어 있지만 '1가구 1로봇' 시대가 열리면 산업의 핵심으로 올라설 것이다. 가사도우미 로봇, 간호 로봇, 업체 서비스 로봇, 비서 로봇 등 다양한 지능형 로봇은 기계, 전자 등 전통 기술을 기본으로 정보, 반도체, 인공지능, 생체공학, 신소재 등 첨단기술이 융합된 '더블 컨버전스' 기술의 결정판이다.

2005년 4월, 당시 삼성전자 반도체 총괄 황창규 사장은 성균관대학 강연에서 로봇 산업에 대한 질문을 받고 이렇게 전망한 바 있다.

로봇산업은 미래의 새로운 성장 산업으로 정해져 있고 일본은 엄청난 투자를 하고 있다. 로봇 산업은 모든 기술의 총합체다. 로봇의 기구학은 우리가 뒤져 있지만 로봇이 인텔리전트한 지각 활동을 하도록 하는 반도체 기술은 우리가 우위에 있다. 하루아침에 되는 것은 아니고 인프라가 깔려 있기 때문에 우리에게 큰 기회가 있을 것이다.

로봇 산업은 지금 시작 단계인 것처럼 보이지만 전문가들은 PC나 휴대전화처럼 어느 날 갑자기 로봇이 우리의 일상생활 속으로 들어와 있을 것이라고 전망한다. 로봇은 PC보다 유용하고 인간과 대화가 가능할 정도로 친화적이며 필요 부품이 많기 때문에 산업의 규모는 상상을 초월한다.

삼성전자가 지능형 로봇의 핵심부품인 반도체칩 부문에서 외국의 기업들에 비해 유리한 고지를 점하고 있는 덕분에 로봇 사업에서 더블 컨버전스 기술 개발에 성공한다면 반도체처럼 세계를 휘어잡는 캐시 카우를 만들어낼 수 있을 것이다.

삼성전자는 앞으로는 단일 기술에서 벗어나 기술·산업 간 융합을 통해 바이오, 헬스, 태양전지 등의 분야에서 글로벌 1등을 향한 질주를 시작할 것이다. 과거 삼성이 발 빠른 추격자(fast followers)로서 성장을 해왔다면 앞으로는 새로운 제품으로 새로운 시장을 만들어나가는 개척자가 돼야 하는 상황이다. 애플 쇼크가 준 교훈을 잊지 말고 남들이 생각하지 못한 제품으로 새로운 시장을 만들어내야 한다.

2005년 9월 7일, 서울을 방문한 미국의 저명한 사회학자 레스터 서로 MIT대학 교수는 '산업혁신포럼 2005' 혁신클러스터 국제회의에 참석해서 21세기 산업과 한국이 나아갈 길에 대해서 이렇게 전망했다.

증기기관의 발명에 따른 제1차 산업혁명, 전기의 발명에 따른 제2차 산업혁명에 이어 제3차 산업혁명이 진행 중이다. 마이크로전자 컴퓨터 통신, 인터넷, 연료전지, 로봇, 유전공학이 미래성장 동력산업이다. 특히 21세기는 생물공학의 세기가 될 것이고 최근 한국에서 이뤄진 세계 최초의 연구 성과를 볼 때 이 분야의 리더가 될 수 있을 것이다. 빌 게이츠는 제3차 혁명의 상징이다. 현재 최강국과 최빈국의 차이가 140배이지만 앞으로는 훨씬 높아질 것이다. 모두 제3차 산업혁명에 뛰어들어야 한다. (…) 한국은 높은 교육수준, 중국과 인접성, 높은 창의력 등 보유한 혁신 자원을 최대한 활용하고 그 외 성장에 필요한 다양한 성공 요인을 스스로 찾아내야 한다.

이제 새로운 패러다임의 시대는 거칠 것 없이 밀려오고 있다.

앞으로의 선택에 따라 바이오 혁명 시대에 삼성의 위상이 달라질 것이다. 한국은 유비쿼터스와 바이오산업을 국가 아젠다로 설정할 정도로 BINT(IT+BT+NT)를 통한 기술 혁신을 빠르게 이뤄내고 있다.

삼성전자는 5~10년 후의 미래사회를 주도할 차세대 핵심 사업으로 생명공학, 생활용 로봇, 유비쿼터스, 지능 장치, 차세대 반도체 소재 부품, 헬스 케어, 스마트 홈을 기반으로 한 보안네트워크 솔루션사업을 꼽고 있는데, 그중에서 스마트 홈, 로봇 사업과 더불어 주목해야 할 부분은 바이오칩(Bio chip) 분야이다.

바이오칩이란 작은 기판 위에 DNA 단백질 등 생물분자를 결합해 유전자 발현 양상, 유전자 결함, 단백질 분포 등을 분석하거나 생물학적 반응 등을 수행하는 초미세 칩을 뜻한다. 이미 삼성전자는 이들 DNA칩, 단백질칩 등의 기술 개발을 통해서 앞으로 다가올

생명공학 시대를 리드한다는 전략을 세워놓았다.

바이오산업은 유전자 치료제 등 신약 개발에서부터, 각종 질병을 손쉽게 검진할 수 있는 바이오칩, 기능성 화장품, 바이오 식품에 이르기까지 생명공학 기술을 이용한 제품을 개발·생산하는 분야다.

바이오산업은 크게 신약개발, 치료, 진단, 장비업으로 나누어지는데 그 잠재적 응용 분야는 제약·의료, 환경·에너지, 식품·농축수산, 정보·전자, 엔터테인먼트 등으로 대단히 광범위하다.

삼성전자는 DNA칩, 단백질칩 등 바이오칩뿐만 아니라 바이오센서, 바이오컴퓨터 등 생명공학 제품을 차차세대 제품으로 선정하고 기술 개발을 진행 중인 것으로 알려져 있다. 삼성전자가 이처럼 생명공학에 관심을 갖는 이유는 향후 전 세계 시장이 IT를 넘어서 BT로 갈 것으로 전망하기 때문이다.

삼성전자는 이미 한국인 고유의 유전자 정보와 바이오칩 등에 대한 연구개발을 상당한 수준까지 진행했다. 삼성의 첨단 반도체 기술을 이용해 빠르고 정확하게 질병 유무를 검진할 수 있는 칩 개발에 주력하여, 혈액을 이용해 손쉽게 당뇨병 진단 등을 할 수 있는 시제품을 개발해놓고 성능 개선 작업 등을 하고 있다.

그래서 삼성전자는 최근 대형병원을 잇따라 설립하려는 움직임을 보이는 등 보건 사업 부문을 강화함으로써 앞으로 의약품 개발 등으로 연구개발 대상을 확대해나갈 의지를 내비친다.

특히 삼성 바이오 사업의 기초 연구를 하고 있는 삼성종합기술원은 DNA칩 분야에서 지금의 DNA칩과 달리 별도의 기기 없이도 작은 칩 안에서 각종 질병 진단을 한 번에 할 수 있게 하는, '칩 위의 실험실'이라는 뜻을 가진 차세대 DNA칩인 '랩온어칩(Lab on a chip)'을 개발했다.

DNA칩은 손톱 크기의 기판 위에 수백에서 수만 개의 유전자를 빽빽하게 배열해놓고, 수많은 유전정보를 탐색할 수 있게 만든 칩이다. 이 칩은 질병 진단, 의약품 실험, 친자 확인 등 법의학적 진단, 동식물 검역, 환경오염 모니터링 등 아주 다양한 분야에서 쓰일 수 있기 때문에 '21세기의 반도체'라 불리고 있고 선진 기업들과 벤처 기업들이 앞 다투어 개발에 투자하고 있다.

BT 혁명은 이제 시작 단계에 불과하다. 이인식은 『제2의 창세기』(김영사, 1999)에서 지금과는 전혀 다른 세계가 열릴 것을 예견했다.

인체의 질병은 대개 나노미터 수준에서 발생한다. 바이러스는 가공할 만한 나노 기계라 할 수 있다. 이러한 자연의 나노 기계를 인공의 나노 기계로 물리치는 방법 말고는 더 효과적인 전략이 없다는 생각이 나노 의학의 출발점이다. 바이러스와 싸우는 나노 기계는 잠수함처럼 행동하는 로봇이다. 이 로봇의 내부에는 병원균을 찾아서 파괴하도록 프로그램되어 있는 나노 컴퓨터가 들어 있으며 모든 목표물의 모양을 식별하는 센서가 부착되어 있다. 혈류를 통해 항해하는 나노 로봇은 센서로부터 정보를 받으면 나노 컴퓨터에 저장된 병원균의 자료와 비교한 다음에 병원균으로 판단되는 즉시 이를 격멸한다. 인체의 면역계와 진배없는 장치이다. 또한 세포 수복 기계(cell repair machine)라 불리는 나노 로봇은 세포 안으로 들어가서 마치 자동차 정비공처럼 손상된 세포를 수리한다. 이와 같이 이론적으로는 나노 의학이 치료할 수 없는 질병이 거의 없어 보인다. 어쩌면 인간의 굴레인 노화와 사멸까지 미연에 방지할 수 있을는지 모를 일이다.

디지털화된 생체 정보가 NT를 만나면 가히 환상적인 일이 벌어진다. 인간은 질병과 노화 없는 사회의 문턱에 와 있는 셈이다. 그런 시대에 거부감이 드는 사람도 있을 것이다. 하지만 시대의 흐름은 막는다고 막아질 일이 아니며 지금 우리는 그것을 두려워할 필요가 없다. 요는 어떻게 그것을 슬기롭게 인간에게 유용하게 쓰느냐의 문제이다.

현실적으로 어떻게 실현되고 정리될지 모르겠지만 삼성전자가 미래의 핵심 사업으로 연구개발과 투자를 집중하고 있는 분야는 IT 분야, 에너지 분야, 바이오 분야 세 부분이다.

우선 IT 분야에서 SoC(System on a Chip), 탄소나노튜브, 전자종이, 서비스 로봇, 에이전트 소프트웨어, 애드호크 네트워크, 양자암호 등이 있고 에너지 분야에서는 연료전지, 2차전지, 태양전지 그리고 바이오 분야에서는 프로테오믹스, 인공 장기, 바이오칩 등이 있다.

삼성전자는 5~10년 후에 실용화될 차세대 바이오 제품으로, 인간의 오감을 활용한 '생체신호 처리기술' 개발을 적극 추진하고 있다. 전자 제품이나 기계에 듣고 맛보고 느끼는 인간 감각을 부여하겠다는 의도로 이 제품을 개발하고 있는데 이것이 완성되면 '인간형 로봇' 완성에 근접하게 된다. 최근 개발되어 상품화되고 있는 가정용 로봇은 장난감 정도에 불과한 것이다.

또한 바이오칩은 지금은 진단용이나 신약 개발에 국한된 시장을 가지고 있지만 앞으로 줄기세포 연구가 더 큰 진전을 보여서 바이오 치료가 활성화되면 '생체이식용칩' 등 '치료용 바이오칩'이 개발되어 암, 치매, 심장 질환, 당뇨의 난치병과 돌연변이 진단, 병원균 검출, 유전자 발현 분석 등의 의료 시장 전반에 폭발적인 영향을 미칠 것이다. 뿐만 아니라 바이오칩은 생명과학, 환경보존, 농업, 식품, 법의학, 군사 등 인류가 활동하는 전 분야에서 광범위하게 이용될 것으로 예측되고 있다.

바이오산업은 앞에서 살펴본 대로 환경공학, 에너지공학, 우주공학 분야까지 이어지는 대규모 산업과 융합할 것이기 때문에 선견력을 가진 강력한 리더십이 필요하다. 바이오 사업은 반도체, 휴대전화, LCD 등에 투자한 것보다도 더 장기적인 레이스를 벌여야 하는 사업이다.

만약 첫 발을 잘못 들여놓으면 엄청난 위험에 처할 수 있다. 초기에 막대한 투자 비용이 요구되며 실패 확률이 높고 장기간 투자해야 한다. 하지만 일단 성공하면 엄청난 수익을 거둘 수 있는 것이 바이오산업의 특성이기 때문에 삼성이 반도체, LCD에서 보여준 저력을 로봇 산업, BT 산업까지 이어 가서 미래 산업을 선도하는 역할을 한다면 지금보다 10배는 더 큰 영향력을 가진 회사로 다시 태어날 수 있을 것이다.

# 이건희의 21세기를 위한 의제(1995)

기업 미래는 의지에 달려 있다. 보통 '현재의 기업 구조'와 '현재의 경영 방법'은 과거의 활동이 누적되어온 결과로 인식된다. 사람들은 과거가 현재를 만든다고 생각한다. 그러나 다음 시기의 현재는 미래에 의해 결정될 것이다. 이 경우 현재란 지금 일어나고 있는 순간이 아니라 가능성과 잠재력에 접근할 수 있는 무엇을 말한다. 이런 의미에서 현재는 궁극적인 변화의 원천이며 무한한 가능성의 모태이다. 이제 우리는 과거보다 미래에 더 많은 의미를 두게 될 것이다. 그러므로 오늘날에는 기업이 이미 무엇을 가지고 있느냐보다는 무엇을 더 이룰 수 있는지, 그리고 무엇을 더 달성해야 하는지가 중요하다.

이제까지 기업의 활동은 과거의 업적을 토대로 지난 일을 반추하는 데 그치는 경우가 태반이었다. 미래를 위해 어떤 일을 계획할 때도 항상 과거를 되돌아보았다. 그러나 불연속성의 시대에 있는 기업은 미래의 가능성을 우선 생각해야 한다.

반도체 분야에서 삼성이 거둔 엄청난 성공은 현재와 과거를 완벽하게 경영한 산물이 아니다. 기업의 개척 정신과 미래에 대한 관심이 성공을 가능하게 했다. 삼성은 70년대부터 산업 사회의 미래에 대해 연구해왔다.

그래서 반도체에 착안하게 되었다. 반도체 분야에서 우리는 수많은 장애를 극복해야 했고 또 헤아릴 수 없이 많은 실패도 감내해야 했다.

오늘의 성공에 이르기까지는 멀고도 힘든 길이었다. 그러나 우리는 포기하지 않았다. 아니, 오히려 반대로 우리는 이 분야에 매년 투자를 증대했다. 얼마 전에 삼성은 256메가 D램 반도체를 세계 최초로 개발했다. 이로써 삼성은 반도체 산업에서 선두 위치를 확고히 다졌다.

　미래의 기업은 약한 곳을 보강하여 평균을 유지하기보다 강한 곳을 집중 육성하여 세계 수준으로 발전시켜야 성공한다고 생각한다. 평균적인 기업은 살아남을 수 없다. 남이 모방할 수 없는 특별한 능력을 갖춘 기업만이 경쟁력이 있다.

　국내 시장의 경우 그간 삼성은 불패의 신화를 닦아왔다. 독특한 개성과 능력으로 이제까지 제1의 자리를 지킬 수 있었다. 그러나 세계시장에서도 이 같은 성과를 기대할 수는 없다. 향후 삼성의 역사에는 숱한 패배의 기록이 등재될 것이다. 그러나 우리는 이러한 패배를 통하여 보다 강인하고 시세에 밝은 기업으로 계속하여 거듭날 것이다.

소프트 경쟁력이 미래를 좌우한다

그간 한국 비즈니스는 '손'에 의존했지만 이제 머리에 기반을 두어야 한다. 소득 2만 달러 시대로의 전환에서 가장 중요한 부분이다. 열심히 생산하고 조립하는 것은 미래와 거리가 멀다. 미래는 통합, 고객 중심, 서비스, 소프트웨어, 스마트 워크다. — 데이비드 스틸

스마트 전쟁의 시대

2010년은 스마트폰 전쟁의 시기였다. 그러나 알고 보면 그것은 스마트폰 단말기만의 전쟁은 아니었다. 우리가 주목해야 할 것은 아이폰 사례에서 깨달았듯이 말끔한 디자인의 단말기 그 자체가 아니다. 중요한 것은 2009년 4분기 매출액만 100억 달러를 넘어선 '애플 앱스토어' 라는 오픈마켓이다. 애플 앱스토어에서는 소프트웨어 다운로드로 매달 100여 명의 백만장자가 탄생한다고 한다.

애플리케이션('앱') 개발자 앞에 1억 명 이상의 고객에게 자신이 개발한 앱을 선보일 수 있는 시장이 열렸고, 그 앱이 다운로드될 때, 판매가의 70퍼센트가 개발자들에게는 수익으로 돌아간다. 앱스토어는 유저 평가시스템, 공정한 순위 운영 방식을 채용했기 때문에 훌륭한 앱을 제공하는 업체는 가격 정책만 잘 세우면 브랜드가 알려져 있지 않아도 상업적으로 성공을 거둘 수 있다.

앱을 통한 백만장자의 탄생, 가전 기기 간 컨버전스, 가전제품 네트워크, 스마트 홈 등, 언뜻 들으면 복잡한 과학용어 같지만 현재 우리 주변에서 일어나고 있는 몇 가지 현상을 나타내는 징후들일 뿐이다.

2000년 이후, 정보화 기술은 본류 시장에 스며들어와 이른바 '뉴 웨이브' 기술로 진화했다. 뉴 웨이브 기술이란 개인이나 집단 간의 연결과 상호작용을 용이하게 해주는 기술을 말한다. 뉴 웨이브 기술은 블로그, 유튜브, 트위터, 페이스북 같은 소셜 네트워크 서비스가 확대된 덕분에 가능해졌다.

불과 몇 년 전만해도 상상할 수 없는 새로운 패러다임이 펼쳐지고 있는 것이다.

이처럼 스마트폰의 등장은 모바일과 비즈니스의 패러다임에 획기적인 변화를 가져왔다. 스마트폰은 모든 콘텐츠가 거쳐가는 모바일 시대의 '허브 미디어'로서 사람들의 라이프스타일을 바꾸고, 비즈니스에 혁명적인 변화를 일으키는 중심핵이 되었다.

모건 스탠리 보고서에 의하면 2015년이 되면 모바일 디지털 기기로 인터넷에 접속하는 사람들이 PC로 접속하는 사람보다 훨씬 많아질 전망이라고 한다.

애플이 위력적인 이유는 수년간 구축해놓은 '아이튠스', '앱스토어', '아이북스토어'라는 '비즈니스 생태계' 때문이다. 애플은 이 콘텐츠와 애플리케이션이 통합된 새로운 비즈니스 생태계를 통해서 아이팟, 아이폰, 아이패드로 이어지는 라인업을 구축했고, 음악, 동영상, 통신, 책, 소프트웨어 등 모든 콘텐츠를 장악해가고 있으며 이제 스마트 TV인 애플TV를 준비해놓고 있다. 스마트폰 업계의 주인공인 구글과 애플 등 거대 기업들은 모바일 시장을 뛰어넘고 있는 중이다.

스마트폰에 이어 닥쳐오고 있는 스마트 TV는 '스마트 시대'라는 전에 없던 거대한 변화의 시대를 몰고 올 것이다. 컴퓨터가 '두뇌의 확장'을 가져왔다면 인터넷은 '관계의 확장'을 가져왔다. 그리고 스마트 혁명은 스마트폰과 스마트 TV를 통해서 유비쿼터스 세상을 만들고 '존재의 확장'을 가져올 모양이다.

'경쟁력' 있는 운영체제와 콘텐츠를 확보하라

구글과 애플의 소프트 파워가 막강하긴 하지만 삼성전자의 저력 또한 만만치 않다. 삼성전자는 애플의 아이폰에게 호되게 얻어맞았으나 갤럭시S를 초고속으로 만들어내서 아이폰을 추적하는 괴력을 보여주었다. 구글의 안드로이드를 운영체제로 한 갤럭시S는 시판 5일 만에 10만 대를 돌파하고, 두 달 만에 100만 대, 그리고 7개월 만에 1,000만 대가 팔려나가는 빅히트 상품이 되어서 구겨진 삼성전자의 자존심을 살려주었다.

2010년 상반기까지만 해도 삼성전자에는 위기감이 팽배했다. 애플의 아이폰에게 핵주먹을 맞은 것뿐만 아니라 노키아, 림(RIM), 그리고 대만의 HTC에게도 밀려 스마트폰 순위에서 5위로 밀려났기 때문이다.

2010년 3월, 경영 일선에 복귀한 이건희는 삼성전자 기술진에게 "최고의 제품은 아니더라도 경쟁제품과 비슷한 수준으로라도 서둘러 따라 잡으라"고 질타하며 반전의 계기를 만들었다. 그날부터 삼성 휴대전화 개발 사업부에는 불이 꺼지지 않았다. 보통 1년씩 걸리던 휴대전화 개발 사이클이 절반 이상 줄어들었고, 그렇게 내놓은 갤럭시S는 대성공을 거두었다. 휴대전화가 다시 삼성전자의 캐시카우 자리에 복귀한 것이다.

만약 삼성이 1위를 구가하던 피처폰의 안락에만 빠져 있었다면 갤럭시S와 갤럭시탭으로 이어지는 재빠른 반격을 시도하지 못했을 것이다. 갤럭시탭은 태블릿 PC 시장에서도 아이패드를 추적하며 나름 선전하고 있다. 이것이 삼성전자가 지닌 무한한 가능성이라고 믿는다.

반면 노키아는 휴대전화 시장에서 아직 세계 1위를 유지하고 있지만 연속 적자의 늪에 빠져들고 있다. 노키아는 2009년 세계 시장 점유율 38퍼센트를 자랑했으나 2010년에는 22퍼센트대로 추락했다.

삼성전자가 갤럭시S를 통해 휴대전화 사업을 부활시킬 수 있었던 것은 삼성전자가 미래 스마트 전쟁에 필요한 다양한 병기를 지니고 있기 때문이었다. 사실 전 세계에서 앞으로 펼쳐질 모바일 시대에 필요한 사업 포트폴리오를 모두 갖추고 있는 기업은 거의 없다. 삼성전자는 스마트폰은 물론 태블릿 PC, 노트북 PC 등 IT 완제품뿐 아니라 반도체, 디스플레이 등 주요 부품까지 생산해내는 일괄 사업 체계를 갖추고 있다. 또한 삼성전자의 계열사들이 만들어내는 부품들도 삼성전자에게 엄청난 시너지 효과를 주고 있다. 삼성전자는 모바일 제품에서 중앙처리장치 역할을 하는 애플리케이션 프로세서(AP), 모바일 D램, 낸드 플래시를 직접 생산하고 있고 삼성모바일디스플레이(SMD)는 유기발광다이오드를, 삼성SDI는 배터리를 갤럭시S 부품으로 납품하고 있다. 이들 부품은 모두 세계 최고의 경쟁력을 갖추고 있다.

하지만 안심할 수는 없다. 대만의 HTC와 같은 복병이 언제 어디서 튀어나올지 예측할 수 없는 것이 IT 산업의 생태계다.

미래에는 사람들이 어떤 스크린에 주목할지 예측하고 이에 대비한 신제품을 만들어내는 기업이 미래 IT 산업의 주인이 될 것이다. 이것이 핸드폰일지, PC일지, TV일지 혹은 전혀 새로운 기기일지 서로의 판단과 예측은 다른 방향으로 흘러갈 것이다.

거듭 강조하지만 삼성전자가 진정한 IT 산업의 주인이 되려면 소프트웨어와 콘텐츠 사업에서 홀로서기를 해야 하며, 그를 통해서 다양한 사업 영역을 확보해야 한다. 삼성전자가 스마트 시대의 운영체제를 보유하지 못하게 된다면 껍데기만 만드는 회사로 남을 뿐이다. 그래서 호사가들 중에는 삼성전자가 구글의 하청 공장으로 전락할 가능성이 있다고 말하는 사람도 있다. 최근 삼성은 대만 HTC에게 빼앗겼던 시장을 되찾아와서 구글 브랜드의 넥서스S를 생산하고 있다.

삼성이 IT 및 정보가전 분야의 사업을 계속하겠다는 확실한 의지가 있다면, 미래 스마트 가전 시장에 대비해서 자체적인 콘텐츠 확보에 기업의 사활을 걸어야 한다. 이것은 기업의 철학, 문화, 경영 스타일까지 모두 다 바꾼다는 것을 내포하고 있다. 결코 쉽지 않은 일이고, 자칫 잘못했다가는 지금까지 이루어놓은 기업의 성장세도 하루아침에 무너질 수 있을 만큼 위험한 모험이 될 것이다.

이미 살펴보았지만 IT 기기의 스마트화는 휴대전화을 넘어 TV 영역으로까지 진화하고 있다. 스마트 TV는 명실상부한 정보 전달 및 장치 관리자가 될 것이며, 다양한 가전 기기들을 스마트화로 이끄는 촉매제 역할을 할 것이다.

TV의 큰 화면으로 전 세계 신문과 잡지를 읽는다면 어떤 느낌일까? 거실 소파에 비스듬히 편안한 자세로 기대어 앉아서 TV의 대형 화면으로 해외의 지인과 화상 통화를 하는 것은 어떨까?

새로 등장한 'N스크린(N-Screen)' 기술은 스마트 시대의 또 다른 묘미를 일깨워 준다. N스크린은 공통된 운영체계를 탑재한 다양한 장치, 그러니까 스마트 TV, 스마트폰, 태블릿 PC, 노트북 등에서 공통된 서비스를 이용할 수 있는 것을 의미한다. 다양한 기기의 개별 스크린이 마치 하나의 공유 스크린처럼 사용 가능하게 되는 것이다.

가령 퇴근길에 스마트폰으로 보던 드라마를 집에 도착하자마자 TV로 계속 이어볼 수 있고, TV로 다른 작업도 병행할 수 있는 것이 N스크린 서비스다. 최근 삼성전자는 갤럭시S 호핀에 이 기술을 접목했다.

3D TV와 스마트 TV 등에서 첨단 조류를 선도하고 있는 윤부근 삼성전자 영상디스플레이사업부 사장은 2011년 CES 기조연설을 통해 TV 시장이 성장 정체 단계에 진입했다는 외부 평가에 대해서도 단호하게 반박했다.

> 현재 TV 시장은 기술 잠재력의 50퍼센트도 못 보여주고 있다. TV의 혁신은 휴머니즘에 기여할 것이고 스마트 TV는 이 중 초기 단계일 뿐이다. 애플과 구글이 TV 시장에 뛰어드는 이유가 바로 그것이다. IT를 전혀 모르는 사람도 쉽게 쓸 수 있게 스마트 TV를 만들겠다.

삼성전자가 CES 2011에서 선보인 스마트 TV 신제품은 '편의성'을 높이는 데 주력했다. 리모컨에는 터치 화면이 들어 있어 이를 TV 조작에 활용할 수 있을 뿐 아니라 작은 TV 화면으로도 활용할 수 있다. 거실에서 TV를 보다 잠깐 다른 방으로 이동해야 한다면 리모컨 속의 작은 화면으로 TV를 계속 시청할 수 있는 것이다.

또 삼성 스마트 TV의 가장 큰 특징은 '올 쉐어(All Share)' 기능이다. 갤럭시S나 갤러시탭 사용자들은 알겠지만 이들 스마트폰의 기본 애플리케이션들 중에도 '올 쉐어' 라는 애플리케이션이 있다. 이 프로그램은 이름 그대로 모든 것을 공유시키는 애플리케이션이다. 스마트 TV 사용자는 스마트폰과 올 쉐어 기능을 같이 이용함으로써 스마트폰에 있는 동영상이나 사진, 음악을 TV에서 그대로 보고 들을 수 있다.

시장조사기관 디스플레이서치에 따르면 세계 스마트 TV 시장 규모는 2010년 4,084만 대에서 2011년 6,737만 대, 2014년 1억 1,851만 대 등으로 빠르게 성장할 전망이다.

삼성전자는 6년간 재패해온 세계 TV시장을 주도해나가서 2011년에 LED TV 2,200만 대, LCD TV 1,800만 대, PDP TV 500만 대 등 총 4,500만 대의 평판 TV를 판매하고, 새로 선보인 75인치 스마트 TV를 주무기로 1,200만 대의 스마트 TV를 판매해서 LED TV와 3D TV에 이어 스마트 TV에서도 글로벌 넘버원 자리에 오른다는 방침을 정해놓고 있다.

앞으로 삼성전자가 이런 시대적인 변화의 물결 속에서 TV 이후의 IT 기기들의 스마트화에 대한 전형을 경쟁사들보다 앞서서 스스로 정의하고 그 방향으로 시대의 패러다임을 제시하는 것은 실패와 성공 여부를 떠나서 궁극적으로 소프트파워로 향하는 시대 속에서 회사의 성장에 큰 도움을 주리라 생각한다.

제조 분야에서 세계 최고 수준을 자랑하는 특장점을 살리면서 소

프트웨어와 콘텐츠 부분에 집중력을 발휘한다면 삼성전자의 성장
은 앞으로도 계속 이어져나갈 것이다.

10년 후, 삼성전자

2009년 10월, 창립 40주년을 맞은 삼성전자는 2020년까지 매출
4,000억 달러 달성을 통해 글로벌 10대 기업으로 도약한다는 '비전
2020'을 선포했다. 또 이를 실현하기 위해 창조 경영, 파트너십 경
영, 인재 경영을 3대 방향으로 선정했다.

1987년 이건희가 회장으로 취임한 후 20여 년간 삼성전자는 빛
나는 성공을 거두었다.

그러나 앞으로 20년 후에도 삼성전자가 한국을 대표하는 기업으
로서 글로벌 리더의 지위를 확보하고 있을 것인가?

이 과정에서 삼성이 넘어야 할 산은 험난할 수도 있다.

우선 이건희에서 외아들인 이재용 현 삼성전자 사장으로 이어지
는 경영권 승계가 어떻게 이루어질 것인가 하는 문제가 있다. 이건
희는 앞에서 살펴본 대로 후계 문제로 큰 좌절감을 맛보았다. 하지
만 결과적으로 일이 잘 풀려서 조용하면서 원만한 경영권 승계를
이룰 수 있는 여건은 이제 만들어졌다.

이재용이 삼성의 후계자가 되어서 이건희와 같이 뛰어난 카리스
마를 발휘하면서 한국 기업의 장점으로 알려진 오너십 경영의 묘를

살리며 스피드 경영, 창조 경영을 이어나갈 수 있을까?

어찌 보면 이재용만큼 준비된 후계자도 없을 것이다. 그는 이건희의 외아들로 태어나서, 좋은 교육을 받았고, 다년간의 훌륭한 경영수업도 받아왔다. 이재용의 경영 참여가 본격적으로 가시화된 것은 2001년 초반부터였다. 그때부터 그는 상상을 초월할 정도로 치밀하고 조직적으로 치러지는, 이른바 '제왕학'이라고 불리는 경영자 수업 코스를 거친 것으로 알려져 있다.

특히 이재용은 2002년 까다롭기로 유명한 미국 GE그룹의 크로톤빌 연수원에서 실시하는 최고경영자 양성 과정(EDC: Executive Development Course)을 연수함으로써 국제적으로 공인된 최고 경영자 수업을 받았다. 이재용이 이 연수에 참가할 수 있었던 것은 당시 GE그룹 회장으로 선임된 제프리 이멜트가 한국을 방문해 이건희와 한남동 승지원에서 만나는 과정에서 특별히 초청한 덕분이었다.

이재용은 연수에 참가하기 위해 철저한 준비를 했고, 이 연수를 통해 글로벌 비즈니스 리더와 최고경영자가 되는 법을 배웠다. 이 외에도 그는 제프리 이멜트 GE그룹 회장, 니시무로 다이조 도시바 회장, 잭 웰치 전 GE그룹 회장 등 세계적인 기업인과 만났고, 주룽지 전 중국 총리, 자크 로게 IOC 위원장, 앨빈 토플러 등 국제경제·정치 분야의 리더들과 두터운 교분을 쌓는 경영 수업도 받은 것으로 알려져 있다.

경영 수업을 잘 받았다고 해서 반드시 훌륭한 경영자가 되는 것은 아니지만, 훌륭한 교육을 받은 사람이 훌륭한 경영자가 될 가능성이 높다는 것을 이미 아버지 이건희가 보여주었다.

삼성은 그동안 이재용을 후계자로 만들기 위해 다양하고 철저한 경영자 수업을 시킨 것뿐 아니라, 법적으로도 모든 준비를 끝냈다. 현재 이재용은 설사 이건희가 경영권을 물려주지 않겠다고 결정하더라도 이에 상관없이 삼성 계열사들을 지배할 수 있는 소유권을 확보하고 있다.

이재용은 이건희가 퇴진을 선언한 이후, 세계 각지에 널려 있는 삼성 해외 현장에서 경영 감각을 익히며 글로벌 경영에 몰두하는 모습을 보여줬다. 아주 특별한 변수가 작용하지 않는 한 후계자 문제는 일단락이 지어졌다고 보아야 할 것이다. 이건희는 기회가 있을 때마다 이재용이 경영자로서의 뛰어난 자질을 갖고 있다고 밝혔다. 이건희는 〈신동아〉와의 인터뷰에서 이렇게 이재용을 평가했다.

본인이 경영에 자질이 있는 것 같고, 훌륭한 분들을 열심히 찾아다니면서 필요한 것은 누구한테나 배우려고 합니다. 또한 어릴 적부터 선대 회장의 경영 철학을 몸에 익혀 왔고, 일본과 미국 등지에서의 유학 생활을 통해 국제적 경영감각을 갖춰왔기에 경영자 준비는 상당히 되어 있다고 생각합니다. 특히 게이오(慶應)대학에서 〈일본 제조업 산업공동화에 대한 고찰〉로 석사학위를 받았고, 삼성의 사업 구조가 컴퓨터 관련 분야에 집중되어 있다는 점을 감안해 하버드대에서 컴퓨터 산업을 주 연구 분야로 선택하는 등 국내 산업 및 삼성의 사업발전과 직결된 공부를 통해 경영자 소양을 쌓은 것은 대견한 일입니다. 이처럼 경영에 대한 열정과 관심이 높은 것 같지만, 아직은 경영 현장에서 열심히 배우는 것이 중요하다고 봅니다.

'비전 2020'을 달성하기 위해서 넘어야 할 두 번째 산은 삼성의 조직문화다. 삼성은 알게 모르게 '삼성병'이라는 것에 걸려 있다. 오랜 기간 성장가도와 안정적인 체제를 유지해오는 동안 삼성 내부에는 관료주의와 줄서기 폐단이 공공연하게 퍼진 것이다. 삼성전자는 고도 성장을 이루어내는 과정에서 지나친 내부 경쟁, 인사 적체, 성장동력 발굴부진 등 마이너스적인 요소가 발생했다.

많은 사람들이 삼성전자가 새로운 패러다임에서 창조성을 발휘하려면 시대에 맞는 조직 문화가 필요하다고 말한다. 그동안 삼성전자를 최강의 기업으로 만들어낸 조직 문화는 상명하달의 조직 문화였다. 동양의 유교 문화와 한국의 군사 문화, 그리고 오너 경영과 기민함이 접목되어 삼성만의 일사불란한 조직 문화를 만들었다. 제조업 중심의 사업 구조일 때는 이 조직문화가 먹혀들었다. 삼성전자는 이병철, 이건희라는 한 시대를 풍미하는 최고의 리더가 있었다. 그리고 이러한 조직 문화 덕분에 전자 산업의 후발 주자임에도 불구하고 단시간 내에 경쟁사들을 따돌릴 수 있었다.

그러나 이제는 삼성전자 조직 내부에서도 위기를 알리는 자성의

목소리가 높다. 삼성전자의 엔지니어였던 안광호는 이렇게 진단하
고 있다.

삼성전자의 조직은 워낙 빈틈이 없다 보니까 인간적인 면이 너무
부족해서 숨이 막힌다는 사람들도 있다. 삼성전자가 제조업 중심으
로 움직일 때는 삼성의 이런 조직 문화는 큰 장점으로 작용했다. 돈
이 된다고 확실하게 판단이 서면 순식간에 경쟁사 대비 몇 배의 돈
과 인력을 집중적으로 투자해서 단시간에 시장을 선점해버리는 전
략으로 크게 성장했다.

삼성전자는 비록 선진기업들보다 출발은 늦었지만 언제나 결단
력 있는 선택으로 선두 주자들을 추월하는 괴력을 발휘해왔다. 삼
성전자에는 능력 있는 전문 경영인들이 사업을 이끌지만 중요한 순
간에는 이건희가 삼성의 방향을 설정하며, 언제든 키를 쥐고 강력
한 드라이브를 걸면서 카리스마 넘치는 선장의 역할을 해냈다.

일본의 기업들을 하나둘씩 추월하고 정상의 고지에 오른 전략도
바로 이것이었다. 연구와 개발은 미국과 일본 기업들이 먼저 시작

Part 3 미래의 삼성전자

했을지 모르지만, 삼성은 전 세계적인 동향들을 주도면밀하게 파악하고 있다가 확실한 성장의 징후가 보이기만 하면 경쟁사 대비 서너 배 이상 빠른 속도로 개발에 박차를 가하며 성장해왔다. 반도체, LCD, 휴대전화에서 삼성전자는 그 진가를 아낌없이 발휘했다.

그러나 지금은 제조업의 시대가 아니다. 삼성전자의 적수는 더 이상 소니나 HP가 아니라 애플이나 구글이다. 애플은 PC와 MP3 플레이어를 만들어 팔지만 제조 업체가 아니다. 애플은 세계 어느 곳에도 공장 같은 것을 가지고 있지 않은 소프트웨어 콘텐츠 기업이다. 그런 애플이나 구글이 휴대전화와 TV를 가지고 삼성전자와 경쟁하게 될 줄은 몇 년 전만 해도 누구도 예상하지 못했다. 그야말로 새로운 패러다임의 시대가 시작된 것이다.

콘텐츠 기업과 상대해야 하는 앞으로의 시대에는 삼성이 가지고 있는 가장 큰 장점들이 통하지 않을 수도 있다.

지금까지 삼성전자의 장점과 성공 스토리가 삼성의 발목을 붙잡지는 않을까 하고 걱정하는 이들도 많다. 적어도 삼성이 현재 가장 잘하고 있고 관심을 가지고 있는 정보 통신, 가전 단말 분야에서는 이러한 우려가 현실화되고 있는 듯하다. 이제는 시장점유율 확장이 아니라 트렌드를 전복하는 새로운 생각으로 시대에 맞서야 한다.

경영의 귀재로 불리는 잭 웰치 전 GE 회장은 최근 한국 언론과의 인터뷰에서 창조적 사고는 동양적 유교 문화의 연공서열 속에서는 만들어지기 힘들다며 "한국에 애플의 아이팟과 같은 창조적인 제품이 있는가?"라는 질문을 던졌다. 그는 성과에 따른 인센티브를 통해 창조적 역량을 강화하는 것이 무엇보다 중요하다고 강조했는데 "인센티브 면에서 삼성이 다른 기업보다 낮다고는 하지만 삼성이 창조자로서의 역할을 하고 있느냐는 질문에는 '그렇다' 라고 선뜻 답하기 곤란하다"고 말했다. 그는 삼성전자가 메모리와 TFT LCD, 디지털 TV 시장에서 세계 톱의 위치에 오르면서 과거 선두 기업을 따라가던 전략은 머지않아 한계에 도달할 것이라고 말했다. 삼성이 내부의 관료주의를 타파하고 앞선 창조를 통해 시장을 만들지 않으면 대만, 중국 등의 후발 주자들에게 추격을 받을 수밖에 없는 위기 상황에 처하게 될 것이다.

피터 드러커는 『미래경영』(청림출판, 2002)에서 21세기 지식 사회를 이렇게 전망하고 있다.

> 지식 사회에서는 조직 내에서 상사와 부하 구분도 없어지며, 지시와 감독이 더 이상 통하지 않을 것이다.

즉 리더가 부하들보다 우월한 위치에서 부하들을 이끌어야 한다는 기존 리더십 패러다임에서 부하들을 위해 헌신하며 부하의 리더십 능력을 길러주기 위해 노력하는 패러다임으로 전환해야 한다는 것이다. 갈등을 봉합하고 조직 내부는 물론 외부 조직과 통합을 도모하기 위해서는 '눈높이를 낮추고 조직 구성원에게 귀를 기울이는’ 리더십으로 시급히 전환해야 한다는 것이다.

피터 드러커의 이 말은 삼성병에 걸려 있는 삼성전자의 전 조직원들에게 적용되는 지적이나 다름없다. 타인 위에 군림하기보다는 타인을 위한 봉사에 초점을 두고, 종업원은 물론 고객과의 커뮤니티를 우선으로 여기고, 그들의 욕구를 만족시키기 위해 헌신하는 리더십이 필요한 시점이다. 이처럼 21세기에 이르러 피터 드러커를 비롯한 많은 경제학자들이 기업의 이익은 곧 공공의 이익이라는 ‘공존 공영의 경영 철학’을 강조하고 있다. 결국 기업가와 노동자와 소비자는 서로가 속해 있는 사회와 국가, 세계경제의 질서 속에서 공존 공영하며 살아가는 존재라는 인식의 전환이 필요하다.

피터 드러커는 “기업의 CEO는 의도적이든 아니든 공인(公人)이며, 경제적 성과의 달성을 위한 관리적 기능과 그 성과에 대한 사회적 책임(Social Accountability)을 지닌 존재”라고 하였다. 다시 말하면 CEO는 자신이 경영하는 기업의 리더일 뿐만 아니라 사회조직 전반을 움직이는 리더로서 회사의 직원은 물론 주주, 소비자, 지역사회를 리드하고 사회를 변화시키는 창조력을 발휘해야 하는 사람이다.

일본의 경제학자 노나카 이쿠지로 교수는 『지식창조의 경영』(이십일세기북스새날, 1995)이란 책에서 ‘미들 업다운 경영(Middle Up Down Management)’이라는 개념을 제시했는데 기업 조직에서 허리 역할을 하는 중간 간부의 중요성을 강조한 개념이다. 아무리 오너십 경영에 장점이 있다고 하더라도 오늘날은 최고 경영자의 의지와 능력만으로 조직을 끌고 나갈 수 있는 시대는 아니라는 것이다. 노나카는 중간 관리자의 7가지 역할을 강조했다.

중간 관리자는 첫째 업무 담당자로서 전문가 역할, 둘째 팀 내부의 조정자 역할, 셋째 업무 관련 조언자 역할, 넷째 후배 육성에 신경을 쓰는 교수 역할, 다섯째 팀장을 보좌하는 스태프 역할, 여섯째 차기 팀장으로서 코칭 리더 역할, 마지막으로 그러한 조정자로서 조직 내 지식 창조자 역할을 수행해야 한다는 것이다. 삼성도 이제는 상명하달식의 일사불란한 조직 문화에서 벗어나서 허리가 강한 조직 문화를 창출해야 할 때가 되었다.

'비전 2020'을 달성하기 위해서 넘어야 할 세 번째 산은 삼성전자가 얼마나 창의성을 발휘하느냐 하는 문제이다. 이 문제는 경영 체제와 조직 문화와도 깊은 관련성이 있다. 어쩌면 경영 혁신과 조직 문화 개선이 이루어지지 않으면 불가능할지도 모르는 미래 경영의 요체라고 할 수 있겠다.

삼성전자는 극한까지 원가를 관리하고, 불필요한 재고가 생기지 않도록 철저하게 모니터링하고, 생산 효율성을 올리기 위해서 다양한 아이디어를 통해 끊임없는 쇄신을 거듭하고, 기술 선점을 위해서 어마어마한 돈을 투자하며, 브랜드 가치나 디자인 품질을 높이기 위해 노력해왔다.

삼성전자뿐 아니라 한국의 대기업들은 효율과 비용이라는 면에서 뛰어난 능력을 발휘하며 세계 시장을 재패해왔다. 다른 나라 기업들보다 앞선 스피드 경영으로 싸고 품질 좋은 제품을 빨리 내놓는 방식이었다. 하지만 이제 그런 방식으로는 미래 시장을 장악할 수 없다. 애플 쇼크는 그런 경향을 단적으로 보여준 예였다. 세계적 마케팅 전문가인 잭 트라우스는 삼성전자에게 이런 충고를 했다.

> 아이폰은 참신하지만 삼성의 휴대전화는 그렇지 못했다. 삼성전자가 차세대 아이디어를 주도하기 위해서는 반드시 리포지셔닝 과정을 거쳐야 한다.

말하자면 창의적인 제품을 먼저 내놓는 선도 기업이 되어야 한다는 이야기다. 남들이 내놓은 창조적인 제품을 흉내 내며 쫓아가기 바쁜 후발 주자들은 미래 시장에서는 설 자리가 없다.

애플 쇼크를 거치면서 삼성전자의 내부 직원들이 느끼는 위기감은 크다. 한 연구원은 "개발하다 보면 가끔 정말 획기적인 아이디어가 떠오른다. 하지만 이런 아이디어를 내면 '뜬구름 잡지 말고 다른 거 생각해봐! 바로 시장에 낼 수 있는 걸로……' 라는 반응이 나온다"고 털어놓기도 했다. 그러다 보니 삼성전자는 가장 먼저 구글폰을 만들 절호의 기회를 맞이했으나 그 기회를 스스로 발로 차버리고 스마트폰 시장에서 앞서 나갈 수 있는 기회를 놓쳤다.

우리는 뭔가 창조적 제품을 만들 필요가 없었고 만들어서도 안됐다.
성공 사례들을 벤치마킹해 성장해왔기 때문에 위험을 무릅쓸 필요가
없었다. **

이런 경직된 조직 문화 때문에 새로운 시대, 새로운 소비자들의
트렌드를 따라가기에 삼성은 역부족으로 보일 때가 있다. 이러한
반성의 결과물이 창조적 조직문화, 혁신 경영으로 이어져야만 새로
운 패러다임 시대를 주도하는 주역이 될 수 있다.

근래 들어서 시대의 흐름을 제대로 읽지 못하는 것처럼 보이는
기업은 마이크로소프트다. 마이크로소프트는 요즘 구글과 애플에
게 밀리는 형국이다. 몇 년 전만 해도 말도 안 되는 소리였다.

마이크로소프트의 CEO 스티브 발머는 월스트리트 저널이 개최
한 'All Things Digital Conference'에 나와서 "아이패드 같은 태
블릿 PC"라는 말을 아무렇지도 않게 했다. 그러나 아이패드는 단순
한 태블릿 PC가 아니었다. 스티브 발머는 자신들이 가장 먼저 태블
릿 PC를 만들었는데 애플이 자신들의 아류 제품을 만들면서 큰 소
리를 친다고 본 것이다. 그는 아이패드란 기기의 성질을 잘 모를 뿐
만 아니라 전반적인 구글의 전략에 대해서도 크게 착각하고 있었던
것이다. 델컴퓨터가 태블릿의 OS로 안드로이드를 채택하자 불편한
심기를 감추지 않았고 구글이 안드로이드 외에 크롬이란 OS를 동
시에 개발하는 것에도 일관성이 없다는 비난을 퍼부은 것은 더욱

가관이었다.

최고 경영자가 시대의 흐름을 제대로 읽지 못한 탓에 세계에서 가장 발 빠르게 시장을 읽고 IT 사업을 주도하던 마이크로소프트는 최강자의 모습을 잃고 스마트 시대에서 밀려나고 있는 것이다.

이 점은 삼성전자의 최고 경영진이 눈여겨보고 깊이 반성해야 할 문제다. 삼성전자는 이제부터 더욱 눈을 밝히고 시대 변화와 제품의 변화 사이클, 소비자 심리의 흐름을 제대로 읽는 조직 문화와 시스템을 작동시켜야 한다.

IT 세대의 대표 주자인 안철수 카이스트 석좌교수는 2009년 12월 17일 열린 '오마이 뉴스 10만인 클럽 특강'에서 애플 쇼크는 우리 대기업이 위기에 처해 있음을 알려준 경고라고 다음과 같이 말하고 있다.

하청 업체들에게 일을 떼어줘서 최단 시간 내에 최저의 가격으로 최고의 품질을 만들어내는 데는 우리 대기업들이 능하다. 그러나 아이폰, 페이스북, 구글은 수평적인 네트워크 모델에서 비롯된 것이다. 수직적 관계에서는 하청 업체를 쥐어짜는 '관리'를 통해 경쟁력을 유지할 수 있다. 그러나 수평 모델에서는 수평의 위치에 있는 다른 회사와의 협력을 통해 경쟁력을 갖는다. 우리는 다른 회사를 내 편으로 만드는 데 약하다. 왜 우리나라에 닌텐도 같은 회사가 없느냐? 그것은 우리가 설득, 수평적인 구조, 이익 공유를 통해서 우리 편으로 이끄는 관리 역량이 없기 때문이다. 아이폰 상륙은 수직적인 구조의 국내 대기업과 외국의 수평적인 비즈니스 간의 충돌이다. 우리나라 대기업들에게는 위기의 순간이 올 것이다. 기존의 수직적인 사고방식을 가진 사람들은 수평적인 사고로 바뀌지 않는다. 기존 하드웨어 중심이 소프트웨어 중심으로 안 바뀌듯이 아이폰은 애플리케이션 개발자에게는 굉장히 큰 기회다. 그러나 대기업에게는 위기다. 패러다임의 충돌이라 볼 수 있다.

이러한 패러다임 충돌의 시대에 삼성전자는 창조적 마인드로 무장해야 한다. 이것은 삼성전자 임직원만의 문제가 아니라 삼성과 거래하고 있는 납품 업체들과도 수평적 네트워크를 형성해서 이익을 공유하고, 창조적 역량을 키워나가 해결해야 할 문제다.

뛰어난 경영자는 기업, 주주, 노동자, 소비자가 다른 세계에 사는 것이 아니라 동일한 세계 속에서 공존하되 서로의 역할이 다를 뿐이라는 점을 인식하고 있다. 뛰어난 경영자는 사회 전체적으로 볼 때 기업은 생산자인 동시에 노동자이고, 기업을 구성하고 있는 모든 사람들은 궁극적 소비자라는 것을 인식하고, 이해관계를 맺고 있는 모든 집단과 사회에 대한 봉사를 강조하고 실천한다. 또한 그들은 상품을 만드는 것도 사람이며, 소비하는 주체도 사람이라는 것을 정확히 인식하고 있다.

지난 40년간 삼성전자의 성장에는 이병철 선대 회장, 이건희 회장의 걸출한 리더십이 큰 역할을 했다. 그러나 삼성특검 이후 삼성전자는 리더십의 공백이 생겼다. 그럼에도 불구하고 삼성전자는 최고의 IT 기업 자리를 유지했다. 23개월 만에 돌아온 선장 이건희는 100년 기업을 위한 미래 성장 프로젝트를 가동 중이다. 100년 기업으로 나가려는 삼성전자는 새로운 리더십을 세워야 하는 현실적 과제를 안고 있다.

이건희는 100년 기업을 위한 미래 성장 프로젝트를 짜기 전에 반면교사로 삼아야 할 기업이 있다. 바로 제너럴 모터스(GM)이다. 1908년 설립된 GM은 지난 100년 동안 세계 최고의 기업이자 미국 제조업의 상징으로 군림해왔다. 탁월한 경영자 알프레드 슬로언은 GM에서 무려 33년간 최고경영자로 일하면서 놀랍도록 모범적인 경영을 통해 선두였던 포드를 누르고 GM을 반석 위에 올려놓았다. 그러나 그가 떠난 이후 그의 후계자들은 "GM에 좋은 것이 미국에도 좋다"라며 과거의 성공에 도취해 무모한 경영을 일삼다가 결국 초우량 기업을 수렁에 빠뜨리고 말았다. GM은 2009년 6월 1일 법원에 파산 보호를 신청함으로써 그 신화의 막을 내렸다. 삼성전자는 GM 사례에서 많은 것을 배워야 한다.

기존의 시장 질서가 와해되는 시기에 신성장 동력을 발굴한 기업은 미래에도 지금의 지위를 유지하겠지만, 그렇지 못한 기업은 역사에서 흔적도 없이 사라질 것이다.

앞으로 5년, 10년 안에 다가올 유비쿼터스, 로봇, 생명공학으로 무장된 세상은 인간의 사고, 행동, 영역을 송두리째 바꾸어놓을 대변혁의 시기가 될 것이다.

그때에서도 삼성이 '초일류 기업의 신화'를 이루어낼 수 있을까?

우리는 미래에 무엇을 먹고살 것인지 연구하고 또 다른 변화의 길을 모색하고 있는 삼성을 통해서 앞으로 우리 기업과 사회가 나아가야 할 길을 찾고 바로잡을 수 있을 것이다.

1_ 우리가 지금 어디에 서 있는지, 어디로 가는지 파악하라.

2_ 5년, 10년 후를 내다봐야 한다.

3_ 체질, 구조, 사고방식 모두 바꿔야 한다.

4_ 사업의 개념파악 여부에 따라 성패가 좌우된다.

5_ 버릴 건 버리고, 시작할 건 빨리 시작해야 한다.

6_ 모든 제품과 서비스는 세계 1등을 목표로 한다.

7_ 21세기에 맞는 경영 구조와 시스템을 구축하자.

8_ 단지 복합화로 효율을 증대해야 한다.

9_ 미래를 위해 가장 먼저 할 일은 인재 확보다.

10_ A급 직원이 능력 발휘하도록 챙겨야 한다.

11_ 성과를 내는 직원은 사장보다 더 많이 보상하라.

12_ 우수한 여성인력을 적극 활용하자.

13_ 경륜보다 실력 있는 젊은 고문을 영입해야 한다.

14_ 다양한 복지제도를 마련하라.

15_ 노사간 갈등은 회사 존폐와 직결된다.

16_ 경영자 양성을 체계적으로 실시해야 한다.

17_ 10년 앞을 내다보고 인재를 양성해야 한다.

18_ 불황에도 R&D 투자는 줄이지 말아야 한다.

신화는 계속 된다

전시장에 들어가기 전에 잠깐 마음에 준비를 하고 들어갑니다. 내가 모르는 신기술을 보면 그 기술에 대해 파악하고, 그 기술을 확보할 고민을 합니다. 우리가 그 기술이 필요한데 없을 때는 밤에 잠도 안 오고, 자도 몸을 오그리고 잠이 듭니다. 기술이 바로 기업의 미래 가치이기 때문입니다.
— 이기태

현재 우리나라에서 삼성의 위치는 공고하다. 공정거래위원회의 '2010년 기업집단지정' 현황에 따르면, 삼성은 6년 연속 자산총액 1위 자리를 지키고 있다. 매출, 당기순익, 고용, 조세납부에서도 부동의 1위다. 국민 경제에서 차지하는 비중만을 놓고 볼 때, '삼성에 좋은 것이 대한민국에도 좋다'를 부정할 수 없는 상황이다.

지금 삼성은 조심해야 한다. '삼성공화국'이란 말은 삼성을 칭찬해서 나온 말이 아니다.

그동안 삼성전자가 화려한 '성공 스토리'를 썼다는 것을 부인할 사람은 없다. 최대의 경쟁자인 일본 업체가 경기침체기에 투자를 줄일 때, 삼성전자는 설비 가격이 싸지는 경기침체기를 오히려 투자 기회로 활용했다. 일본의 전문 경영인인 '고용 사장'이 몸을 사릴 때 '오너'는 중장기적 플랜을 짜고 과감한 투자로 시장을 선점함으로써 IT 강국의 기반을 마련했다.

하지만 GM의 예에서 살펴보았듯이 늘 위기는 성공의 정점에서 시작된다. 삼성전자는 이제 최고 우등생이 되었으므로 컨닝을 하거나 한 수 배울 수 있는 동료 기업이 없다. 홀로 길을 찾아야 하는, 어떻게 보면 외로운 처지다. 새로운 나침반을 찾지 못하면 삼성전자의 미래는 지난할 수밖에 없다.

프랑스의 석학 자크 아탈리는 "21세기는 디지털 장비를 갖고 지구를 떠도는 디지털 노마드(nomad: 유목민)의 시대"라고 했다. 21세기 격변하는 환경은 우리에게 유목민을 능가하는 기동력을 요구한다. 속도를 위해 인터넷과 무선 노트북, 휴대전화 등 모바일 통신기기로 무장한 모습은 말 위에서 먹고 자는 유목민과 다름없는 모습이다. 디지털 시대의 유목민들은 성(城)을 쌓지도 성에 머물지도 않는다. 디지털 시대의 정신은 '길 위의 정신'이다. 유목민들이 길 위의 삶을 선택하는 것은 거기에 '해답'이 있기 때문이다. 아울러 빛의 속도로 세상 모든 사람을 만나고 대화하고 의사를 결정해야 하는 시대가 되었다. 유목민들에게 새로운 길이 생존을 위한 필수 요소이듯 안주하지 않고 변화와 새로움을 추구하는 유목민 정신에 따라 삼성은 변신해야 한다.

삼성전자는 이러한 관점에서 미래의 판도를 바꾸는 '게임 주도자'가 될 준비를 얼마나 했는가를 성찰해야 한다.

어떤 삼성전자 관계자는 "우리가 애플을 따라갈 수는 없는 것 아니냐? 우리의 강점을 살리면서 약점을 보완하는 전략이 필요하다"

고 말하고 있지만, 필자는 이 전략으로는 절대로 애플이나 구글을
이길 수 없다고 본다.

> 생물 정보학과 바이오 혁명이 결합해 IT 분야나 다른 부문에도 변화
> 를 몰고 올 것이다. 앞으로는 칩을 제조하는 것이 아니라 재배하는
> 시대가 올 수도 있다. 컴퓨터도 디지털 기반에서 DNA 기반으로 발
> 전할 수 있다. 발전에는 융합이 중요하다. 개별 기술이 아니라 여러
> 기술의 수렴과 융합이 진정으로 거대한 변화를 가져오는 것이다. •

산업의 성격이 바뀔 때 새로운 기회가 생긴다. 세계경제는 정보
통신, 바이오, 나노, 유비쿼터스 등 각종 기술 혁명과 기술·산업
간 융·복합화가 가속화하는 가운데 기술 경쟁에서 승리하는 국가
가 시장을 선점하는 구조로 바뀌고 있다. 삼성전자는 칩을 제조하
는 것이 아니라 재배하는 창의적 대열에서도 선두에 서야 한다.

윤종용 삼성전자 상임고문은 2010년 4월 26일 〈중앙일보〉 경제
월간지 〈포브스코리아〉와의 인터뷰에서 애플엔 있고 삼성전자엔
없는 게 무엇인가라는 질문을 받고 이렇게 대답했다.

> 우리에겐 콘텐트와 솔루션을 만들어내는 힘이 상대적으로 약하다.
> 창의력은 아무래도 조금 떨어지는 것 같다. 시장 규모도 불리하고,
> 마케팅 능력도 부족하다. 하지만 애플에 비해 기술력은 만만치 않다.

40년 전 라디오 하나 제대로 만들지 못한 삼성전자가 소니를 제치지 않았는가. 기술도 사람도 자본도 없는 상황에서 해냈다.

그렇다. 기술도 사람도 자본도 없는 상황에서 시작한, 라디오도 제대로 만들지 못하던 삼성전자가 세계 최강의 IT 기업이 되었다. 삼성전자는 위기에 강한 기업이다. 외환위기 후에 삼성전자는 더욱 강해졌다. 지금 삼성전자는 세계에서 보기 드물게 기계, 전자, 통신, 제어 등이 융합된 메카트로닉스의 총아로 성장해 있다. 하지만 만족하는 순간, 성장은 멈춘다는 것을 명심해야 한다. 삼성의 이와 같은 저력을 바탕으로 애플이나 구글과 같은 창의적 인재, 창의적 조직을 만들어낼 수 있다면 차세대 사업에서도 세계를 리드하는 기업이 될 수 있을 것이다. 삼성전자가 조직문화를 개선하고 창조력을 계속 키워나간다는 전제하에 신화는 계속될 것이다.

참고자료

본문에 밝히지 못한 참고 자료는 다음과 같다.

프롤로그
* http://cafe.daum.net/parkgunhye
** 『삼성 vs. LG』 박승엽 · 박원규 공저, 미래의 창

2장
* 『생각 좀 하며 세상을 보자』 이건희, 동아일보사, 1997

4장
* 『생각 좀 하며 세상을 보자』 이건희, 동아일보사, 1997
** 〈월간조선〉, 1989. 12

5장
* 『이건희 개혁 10년』 김성호 · 우인호 공저, 김영사, 2003
** http://www.samsung.com/sec
*** 『생각 좀 하며 세상을 보자』 이건희, 동아일보사, 1997
**** 『삼성붕괴 시나리오』 안광호, 다산북스, 2011

6장
* 경영자 대상 수상 기념 강연, 이건희, 1992
** 〈동아일보〉, 2003. 6. 24
*** 〈신동아〉, 2004. 3
**** 〈매일경제〉, 2005. 4. 11

8장
* 『생각 좀 하며 세상을 보자』 이건희, 동아일보사, 1997

9장
* 『삼성붕괴 시나리오』 안광호, 다산북스, 2011
** 〈한국경제〉, 2010. 1. 24

에필로그
* 〈신동아〉, 2010. 7